역대 대통령 정상외교

# 역대 대통령 정상외교

초판 1쇄 2014년 4월 15일 발행

지 은 이 ㅣ 임정규
펴 낸 곳 ㅣ 해누리
고     문 ㅣ 이동진
펴 낸 이 ㅣ 김진용

편집주간 ㅣ 조종순
마 케 팅 ㅣ 김진용 · 유재영

등록 ㅣ 1998년 9월 9일 (제16-1732호)
등록 변경 ㅣ 2013년 12월 9일 (제2002-000398호)

주소 ㅣ 121-151 서울시 마포구 성미산로 60(성산동, 성진빌딩)
전화 ㅣ (02)335-0414   팩스 ㅣ (02)335-0416
E-mail ㅣ haenuri0414@naver.com

ⓒ임정규, 2014

ISBN 978-89-6226-042-7 (03340)

# 역대 대통령
# 정상외교

SUMMIT DIPLOMACY OF KOREA PRESIDENTS

해누리

# 역대 대통령들의
# 정상외교 현장을 보도하다

저자는 역대 대통령들이 펼친 정상외교 현장에 직접 동행하여 당시의 상황을 방송으로 제작하면서 보고 느낀 점을 가장 사실적으로 한 권의 책에 기록하여 한국이 글로벌시대에 진입한 과정을 상세히 서술하였다.

외국에서 벌어지는 주요 행사를 특종 보도하기 위해서는 신속한 취재는 물론 하드웨어와 소프트웨어 준비가 얼마나 중요한지를 알 수 있도록 서술한 점도 돋보인다.

특히 이 책은 2000년 6월 남북 정상회담 현장인 평양을 사전에 방문하여 북한 측과 끈질긴 협상력을 발휘해 SNG 사용 허가를 받고 사상 처음으로 북한에서 남북 정상회담을 생방송한 과정을 밝힌 값진 기록물이다. 당시만 해도 미지의 땅인 평양을 사진과 함께 소개하여 북한의 실상을 가장 리얼하게 서술한 책이다.

한반도 주변 국가에 대한 정보를 자세히 소개하면서 한국이 세계로 뻗어 나가는 방향을 제시하였다. 특히 전문 외교관이 아니면서 정상외교 중 일반에게 알려지지 않은 외교 비사, 일화를 소개한 것은 주목할 만하다.

이 책은 정치인, 청소년, 학생, 기업인 등 다양한 계층이 함께 정보를 공유할 수 있도록 구성하여 젊은이들이 세계 진출은 물론 향후 한국 기업들이 세계로 뻗어 나가는 데에도 도움이 될 것으로 보여 감히 일독을 권하는 바이다.

KBS 이사장 이길영

# 지구촌 전체가 생활 경제권

## 성장 과정

한국이 반세기만에 이룩한 경제기적은 국민들의 헌신적인 자기희생, 기업인들의 노력, 우수한 공무원들의 헌신, 역대 대통령들의 노련한 정상외교 등을 통해 이룩된 결과다. 외교란 일방적인 것이 아니라 서로 주고받는 것이라는 사실은 누구나 아는 상식이다. 역대 대통령들이 힘들게 비용을 많이 지출하면서 왜 수많은 외국 국가를 방문하였는지, 또한 대통령들이 방문한 국가들과 어떠한 외교적 관계 증진으로 무역을 촉진하고 상호교류를 확대하면서 전통 우방의 관계가 유지되었는지 그 과정을 서술하였다.

한국은 천연자원이 빈약한 나라다. 외국에서 원자재를 수입해서 완제품을 만들고 그 제품을 외국에 수출해서 외화를 벌어들어야만 생존이 가능한 나라이다. 또한 박정희 대통령이 '수출입국_輸出立國'을 선언하면서 시작된 수출산업정책 덕분에 모든 수출제품에 대해서는 지금도 관세가 없는 나라다.

초기에 벌인 정상외교의 목적은 남북 대치 상황 때문에 국제무대에서 한국에 대한 지지를 확보하는 것이었다. 세월이 흐르면서 외교 환경도 변하여 외국의 원자재 확보 및 수출확대를 추구하게 되었다.

국가 간 교역 규모가 확대되면서 투자 확대, 국내 기업의 해외 진출 등 다방면의 교류로 변천하였다. 1977년에 최초로 100억 달러 수출을 달성하였고, 그 후 역대 대통령들이 벌인 외국 순방을 통해 국제 교역이 꾸준히 증가하여 2012년 말 현재 무역 규모는 수출입 총액 1조 달러를 달성하였으며, 2012년도 경상수지에서 432.5억 달러의 무역 흑자를 기록하였다. 과거 냉전시대에는 비행기를 타고 유럽이나 미국에 갈 때 미국 알래스카 주 앵커리지 시를 거쳐서 가면 거의 이틀이 소요되었다. 그러나 노태우 대통령의 북방정책으로 러시아, 중국, 몽골하고 수교한 결과, 모든 항공기가 이들 나라의 영공을 통과함으로써 비행시간이 단축되어 지금은 10~13시간 이내에 어디든지 갈 수 있는 시대가 열렸다. 이처럼 국가 간 외교관계의 수립은 국민들이 가장 많이 혜택을 누리는 수단일 뿐만 아니라 수출입, 투자를 증대하여 일자리를 늘리는 방법이기도 하다.

한국 경제는 1986년 서울 아시안게임을 계기로 도약하였고, 1988년 서울올림픽의 성공을 바탕으로 1990년 초 1인당 국민소득 1만 달러 시대를 열어 드디어 후진국에서 중진국으로 발돋움했다. 그리고 2002년 월드컵을 치르고 소득 2만 달러 시대를 열었다. 앞으로 '2018년 평창 동계올림픽' 을 계기로 선진국의 관문을 통과, 1인당 국민소득 3만 달러 시대를 달성할 것이다.

디지털 혁명, IT 코리아, 전 세계에 불고 있는 한류 열풍은 새로운 한국의 도약을 예고하고 있다. 우리나라가 2011년 12월 5일 세계에서 아홉 번째로 무역 1조 달러를 돌파했다. 1948년에 건국한 지 63년, 그리고 1962년에 경제개발 5개년 계획을 세워 수출 주도의 경제 정책을 본격적으로 추진한 지 50년도 채 안 되는 시기에 무역 1조 달러라는 상징적인 기록을 달성한 것이다.

우리나라에 앞서 무역 1조 달러를 달성한 국가는 미국, 독일, 일본, 중국, 프랑스, 영국, 네덜란드, 이탈리아 등 8개 국가이다. 이 가운데 중국을 제외한 7개 국가는 모두 1인당 GDP가 4만 달러 내외의 선진국이다. 한국이 이들 국가와 어깨를 견줄 정도로 무역대국으로 성장한 것이다.

오늘날 유럽 각국이 과도한 복지정책으로 재정위기를 맞아 파국의 길로 가는 것을 한국도 귀감으로 삼으면서 지속적인 성장을 유지해야 할 것이다. 1970년대 신발과 섬유제품이 수출의 주력 품목이던 우리나라는 본격적인 공업화를 거치면서 오늘날에는 석유화학 제품, 반도체, 선박, 조선, 자동차, 휴대폰, 디스플레이 등으로 고부가 가치 수출품목으로 다양화되었다.

해외의 현지 생산 확대와 자유무역협정_FTA 체결로 앞으로 무역 규모도 더욱 커질 것으로 보인다. 2011년에 무역 1조 달러를 달성하는데 결정적인 기여를 한 31명의 유공자에게 포상이 이뤄졌다. 이 31명에는 우리나라에 조선기술의 기초를 가르친 영국인에서부터 고_故 박태준 포스코 명예회장과 함께 한국에 철강 산업의 기초를 다진 일본인, 국내 생산현장의 여러 기술자에 이르기까지 그 이름이 포함되어 있다. 이제는 무역 2조 달러 달성을 위해 우리 산업이 한 단계 성장해야 한다. 그러나 우리 무역이 덩치는 커졌지만 경쟁력은 여전히 선진국들보다 부족한 면이 많다. 세계 시장 점유율 1위 제품은 우리나라가 74개로 미국의 12%에 불과하다.

수출은 세계에서 일곱 번째로 많이 하지만, 세계 1위 제품 순위는 13위에 불과하다. 전문가들은 세계 1위 제품을 만들기 위한 연구개발_R&D의 확대와 수출시장 다변화 등을 무역 2조 달러 달성을 위한 과제로 꼽았다.

한국은 세계 무역 규모에서 9위를 랭크하고 외환 보유고도 2012년 말 현재 3,269억 7천만 달러를 상회하며 다방면에서 한국의 국격_國格이 급격히 향상되어 세계경제선진국가그룹_OECD인 G-20 대열에 합류하였다. 경제 선진국들의 기준은 대부분 국내총생산_GDP 규모와 국제 교역 규모로 평가한다. 중국은 1980년대 개혁 개방을 시작하면서 한국이 시작한 수출 주도형 경제를 벤치마킹하였다.

한국이 초기에 만든 수공업 제품인 인형, 가위, 젓가락, 저가의 섬유 제품 등 소비재 품목 등을 중국이 만들어 수출하여 막대한 외화를 벌기 시작했다. 개혁 개방 30년이 흐른 지금 중국은 철강, 금속, 반도체, 가전제품, 첨단 군사무기까지 만들어 전 세계에 수출하여 2012년 말 통계에서 연간 3조 달러가 넘는 외화를 보유하고 있다. 중국은 엄청난 외화로 전 세계에 분포된 자원을 확보하고 거침없는 투자로 세계를 집어삼킬 태세다. 그만큼 지금은 지구촌 전체가 생활 경제권이 되어 세계적 프렌들리_friendly로 만들기 위해 대통령의 다양한 외교 활동은 대단히 중요하다.

한국은 작은 영토를 가진 국가이지만, 5천만 명의 인구가 내수_內需를 받쳐주는 거대 시장이 세계로 뻗어 가는 원동력이 되었다. 자동차, 가전 제품, 각종 소비재를 생산하면 우선 국내의 많은 인구가 소비해주는 덕분에 세계로 뻗어 나가는 원동력이 생기는 것이다. 미래의 한국 산업은 지금까지 세계 각국을 상대로 진행했던 자원 확보 중심에서 다양한 내수 시장을 공략하는 전략을 구사해야 한다.

우선 이 책에서는 한반도 주변을 둘러싸고 있는 세계 4대 열강국과 역대 한국 대통령들이 벌인 정상외교를 중심으로 구성하였다. 특히 북한과는 역대 대통령들이 끊임없이 북한과 비밀 접촉을 한 과정과 비화들, 두 차례 남북 정상회담 진행 과정과 합의서 및 비화들을 소개하여 북한의 실상을 가장 리얼하게 소개하여 독자들이 그동안 미지의 세계로만 알던 북한을 가장 사실적으로 기록하였다.

이후 작업으로는 유럽, 동서남아시아, 남미, 아프리카 국가들과 벌인 정상외교를 소개하여 학생, 청소년, 경제인, 기업인 등 다양한 계층이 함께 정보를 공유할 수 있도록 구성할 예정이다. 한 국가의 국민생활 수준, 국민성, 산업, 경제 수준을 알아보고 향후 한국 기업들이 이들 나라와 어떤 분야에 진출해 먹을거리가 있는지 알아볼 예정이다.

지금은 지구촌 전체가 한 국가로 살아가는 시대다. 지구촌의 모든 국가는 우리의 내수 시장이다. 특정 지역, 국가만이 우리가 대처하는 시대는 지났다. 나라마다 우리가 필요한 자원이 있고 우리 물건을 팔 시장이 있다.

### 해외 진출

지구촌 모든 국가는 우리의 내수 시장이다. 특정지역, 국가만이 우리가 대처하는 시대는 지났다. 나라마다 우리가 필요한 자원이 있고 우리 물건을 팔 시장이 있다. 지구상에 있는 221개 국가의 모두는 우리와 함께 공존할 수 있는 국가들이다. 외국에 물건을 내다 팔려면 그 나라의 정치, 경제, 사회 등 제반 사항을 알아야 한다. 또 우리가 가져올 자원이 어떤 것이 있는지 알아야 한다.

앞으로는 수많은 국가들과 본격적인 자유무역협정(FTA) 시대를 맞이할 것이다. FTA를 이용한 수출입에 대응하면서 많은 일자리 창출을 위해 외국 자본을 더 많이 유치해야 한다. 현재 전체 근로자의 80% 이상은 중소기업에 종사하고 있다. 그러나 수출이 증가하고 달러 보유고가 높아지는 등 사회적으로 부유한 것 같지만 일반 대중들은 많은 중산층이 무너져 경제적으로 어렵다고들 한다. 이것은 자본주의 체제에서 가난한 사람들

에게 가해지는 빈익빈_貧益貧 모순이자 돈이 돈을 버는 부익부_富益富 현상
때문이다.

이와 같은 현상은 대기업, 부유층이 모든 수단과 방법을 동원해 승자
독식_勝者獨食의 기득권을 유지하려고 하는 데서 나온다. 대기업들은 업종
을 불문하고 국내에서, 세계 시장에서 번창하고 있는 반면, 고용창출의 진
원지라고 할 수 있는 중소기업은 쇠락의 길을 걸으면서 청년실업, 비정규
직, 등록금 문제, 교육 문제 등이 심각하게 나타나고 있는 것이다. 오늘날
중소기업의 현주소는 자본과 일감이 없어 미래가 불투명하다. 정부도 중
소기업 진흥을 위한 정책적 배려가 부족한 것 같다. 그래서 중소기업을
경영하는 기업주도 여기에 종사하는 근로자도 항상 불안하다.

이를 해소하기 위해서 정부의 과감한 재정지원과 외국 자본을 유치
해 일자리를 만들어야 경제의 롱런_long run이 가능하다. 한국의 공식 통
계상 실업률은 3.5%대라고 하지만 실질적 실업률은 약 10%대라는 것이
정설이다. 청년 실업이 심각하고 노령 인구는 늘어만 간다. 일본 기업들
이 한국에 투자를 하지 않는 이유는 아직도 복잡하고 까다로운 행정 절차,
노조의 위압적 요구 때문에 일본 기업들은 동남아 각국에는 투자하지만
한국에는 투자하지 않아 국내의 공업단지 어디를 가도 일본 기업이 별로

없다.

그렇다면 한국을 둘러싼 미국, 일본, 중국, 러시아 등 4개국은 어떤 나라이며 소위 4대 열강으로 불리는 이들과 향후 한국은 어떤 외교로 대응해야 하는가? 유럽 주에 분포한 유럽연합국EU 27개국과 동유럽·북유럽 나라들은 왜 한국에게 중요한 나라인가? 아시아 각 나라를 비롯한 아메리카, 아프리카, 중남미대륙, 오세아니아의 모든 나라는 한국의 미래 시장으로 앞으로 어떤 스킨십으로 대처해야 하는가?

한국은 사상 처음으로 두 차례 남북 정상회담을 개최하면서 북한은 한국을 자신들의 체제 유지에 필요한 자금 지원 국가로 인식하고 단순히 자신들의 이용 대상으로만 생각하는 집단이라는 것을 알게 되었다. 즉 북한은 한국을 진정한 같은 민족으로 보지 않고 있다. 북한은 아직도 한국을 적화 통일하는 것이 가능하다고 착각하고 있다. 두 차례 남북 정상회담의 이상한 합의 때문에 종북세력의 자생, 그리고 남북갈등, 남남갈등만 심해졌다.

### 부정부패 척결
국내적으로 한국은 물질적으로 풍요한 경제 선진국은 달성하였지만 한국사회는 지도층을 중심으로 모든 분야는 부정부패와 도덕적 해이가 심각한 지경이다. 유럽의 포르투칼, 이탈리아, 그리스, 스페인 PIGS 등 소위 재정위기를 겪고 있는 PIGS 그룹의 국가들의 공통점은 부패지수가 높은 나라들이다. 한국도 현재의 부정부패를 과감히 척결하지 않으면 유럽 각국이 겪는 재정위기에 직면할 것이다.

남서유럽은 십자군 전쟁, 신성 로마제국 지배, 영·불간 백년전쟁, 나폴레옹 유럽 침략, 수많은 대륙 침략, 1·2차 세계대전 등 많은 혁명의 역사를 거치면서 서유럽의 역사, 가치, 이익을 가지고 일찍이 문명이 발달하였다. 찬란한 예술, 문화, 화려한 건축의 흔적, 질 높은 음식문화를 간직한 백인 중심의 국가는 다른 피부색을 가진 민족보다 우수한 민족으로 일찍이 성장을 시작했다.

이들 유럽 열강들은 세계 각국을 상대로 침략해 여타 다른 민족들의 역사는 말살되고 후진성의 정치 혼돈으로 많은 자원을 보유하고 있으면서도 대부분 국가들은 아직도 개발도상국에 머물고 있다. 각 대륙마다 수많은 국가들은 오랜 유럽인들의 지배 후 정부 관료를 중심으로 부정부패로 인해 많은 나라들이 여전히 빈국으로 남아 있다. 아시아 각국도 많은 동남아 나라들을 중심으로 아직도 궁핍하게 살고 있거나 개발도상국 수준을 유지하고 있다. 그러나 향후 아시아 파워는 한·일·중·인도가 중심이 되어 세계 지배그룹으로 부상하며 세계를 지배하는 시대를 맞이할 것이다.

221개 나라 중 경제적으로 잘 사는 나라는 소위 경제협력개발기구_OECD에 속한 34개국이다. 이 안에 G-7_미국, 일본, 독일, 프랑스, 영국, 이태리, 캐나다 국가들과 한국도 회원국 기구인 G-20, OECD 국가들이 포함된다. 나머지 187여 개 국가들은 개발도상국, 저개발국 및 후진국이라 부른다. 선진국, 개발도상국, 후진국들도 각자 나름대로 희망과 이상을 가지고 행복을 추구하며 열심히 살아가고 있다.

역대 대통령들은 4강 외교_미국·일본·중국·러시아, 유럽, 아시아, 중남미, 아프리카, 오세아니아를 포함한 여러 나라들과 순방외교를 펼쳐 이들 국가들과 우의를 돈독히 하여 자원 확보의 교두보를 마련하였다. 이를 토대로 한국이 G-20국가에 진입하여 2011년에는 G-20회의를 주최하고 요동치는 세계 금융질서를 바로 잡아 한국의 국력을 세계에 과시하였다. 이처럼 우리 제품의 수출확대, 기업의 해외진출 분야 등 다방면의 진출 계기를 마련해준 것은 역대 대통령들의 순방외교를 통해 이룩한 결과이다.

한 나라의 탁월한 지도자의 리더십은 국가의 흥망성세를 결정하는데 대단히 중요하다. 단적인 예로 북한의 몰락이다. 특수 소수 집단만을 위한 유일 세습체제 유지를 위해 개혁 개방을 거부하고 폐쇄된 국가를 운영하여 21세기 풍요한 물질문명시대에 수많은 북한 국민들이 웰빙_well being 행복은커녕 의식주조차 해결 못하고 풍요로운 바깥세상을 모르고 민생고와 기아에 시달리며 수많은 아사자_餓死者마저 발생하고 있는 것이 그 예다.

한 국가의 부의 원천은 넓은 국토, 풍부한 자원, 많은 인구, 근면한 국민, 훌륭한 교육, 격이 높은 정치, 국가관이 투철한 정치 지도자들이 이끄는 지도력 등이 하모니_harmony를 이루어야 가능하다. 선진국의 공통점은 오랜 전쟁의 역사를 통해 신무기를 개발하면서 공업을 발전시켰다. 공업의 발달은 선진국이 되기 위한 기본 초석이 된 것이다. 지금까지 이룩한 경제발전은 아날로그시대에 이룩한 성과이다. 그러나 시대는 아날로그에서 디지털시대로 완전히 바뀌었다. 오늘날 유행하는 디지털화는 과학문명의 발달이 남긴 시대적 흐름일 뿐이다. 지금은 정보화가 준비된 디지털시대에 살고 있다. 아날로그시대에 살던 기성세대 사람들이 적응이 안 되는 이유는 변화에 대한 수용이 안 되기 때문이다.

## 미래 전략

미래에는 디지털기술을 이용해서 발달한 인터넷을 접목한 사업이 글로벌화 전략 핵심이다. '인류 최고의 발명품' 인터넷혁명은 산업혁명을 능가하고 말았다. 인터넷의 발전과 정보혁명의 위력은 모든 분야에서 위력을 발휘하고 있다. 네트워크를 이용한 무선 인터넷은 한 국가를 넘어 세계를 하나로 결합했다. 특히 소셜미디어 네트워크_social media network 인 SNS는 대중의 소통을 선도하는 도구가 되었다. SNS를 대표하는 페이스북, 트위터, 스마트폰으로 소통의 방식을 변화시켜 소비자를 충족시키고 있다.

이 책에 인용한 자료들은 당시 각국에 사전조사를 하면서 대사관에서 제공한 자료와 필자가 확보했던 행사 당시 자료들을 비망록 형태로 장기간 보관했던 것들을 인용하였다. 최근의 일부 자료들은 대통령 기록원, 국가 기록원, 청와대 비서실 자료, 유엔 통계연감, 국제통화기금_IMF 통계, K-TV자료, 정부 각 부서의 발표 자료, 국내 주요 일간 신문기사, 인터넷 포털사이트 기사, 한국무역협회_KITA, 대한무역투자진흥공사_KOTRA 자료, 미국 군사 전문지 성조지 발표, 국내외 대외경제 정책연구기관 발표

자료, 방문 국가의 정부 발표 자료 및 국가의 웹사이트 원문을 번역한 자료들을 인용하였다.

이 책은 결코 역대 대통령들을 미화하거나 특정 사안에 대해 폄훼하기 위한 것이 아니다. 특히 특정 정치권을 염두에 둔 것도 아니다. 대통령은 국가와 국민을 위해 최선을 다해야 한다는 것은 만고의 진리이다. 방법론에 있어서 대통령은 일반 국민과는 달리 자신만의 혜안과 안목, 철학을 바탕으로 국가를 이끌게 된다. 오늘날 국민들은 역대 대통령들의 순방 외교 성과를 이해하지 못하고 한국의 국격_國格은 스스로 자생된 것처럼 생각하는 것 같다.

경제적 부를 이룩하였지만 계층 간에 빈부 격차가 심하고 다양한 갈등으로 선진국에 진입하는데 많은 장벽이 있다. 만연한 부정부패, 지역간 갈등, 집단 이기주의, 보수와 진보의 대결로 남남갈등은 남북 대결보다 더 심각한 지경이다. 한반도에서 한국은 현재 무척 혼란스럽다. 힘들여 이룬 경제적 기적도 좌우 이념 때문에 상당히 위험한 처지에 놓여 있다. 언론 매체인 방송과 신문도 철저히 좌우로 양분되어 있다.

필자는 최초로 개최된 남북 정상회담 때 행사의 일부 역할을 위해 약 3주간 평양에 체류했는데, 북한 측 인사들과 실무협상을 진행한 과정, 평양에 체류하면서 다양한 주요 시설들을 보고 느낀 여러 가지 이야기들을 흥미롭게 전개하였다. 정상회담 진행 과정 비화, 성사 조건, 남북 간의 아슬아슬한 협상, 정상회담 당시의 팩터_factor, 정상회담 후 복잡한 남북 관계 등을 생동감 있게 접할 수 있을 것이다.

저자 임정규(林廷糾)

*Contents*

 서문

# 한국의 과거, 현재
# 그리고 미래를 읽다

아날로그시대의 근대화, 산업화 주역 ｜ 경제발전의 원동력 ｜ 자유무역_FTA 시대
해외로 뻗어나는 한국 기업 ｜ 디지털혁명 ｜ 미래 산업을 견인하는 세력
인터넷이 디지털혁명을 주도하다 ｜ 정보기술_IT 수혜 ｜ 한류 열풍
아시아 시장의 중요성 ｜ 한국의 딜레마

**3장**

# 4강_미국, 일본, 중국, 러시아 외교

## 미합중국_United States of America 외교

ALASKA
KAMSCHATKA
Japanese Current
North Pacific Current
JAPAN ISLANDS
San Francisco
Sea Weed
NORTH PACIFIC OCEAN
Tropic of Cancer
North Equatorial Current
Equatorial Counter Current
Equator
South Equatorial Current
BORNEO
NEW GUINEA
Coral Sea
AUSTRALIA
SOUTH PACIFIC OCEAN
AMERICA
SEPTEN TRI
ONALIS

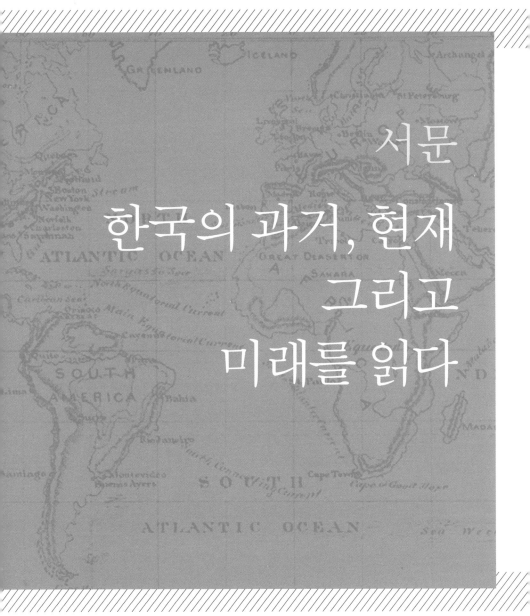

# 서문

# 한국의 과거, 현재 그리고 미래를 읽다

■ ■ ■ ■ ■ ■

한국은 정부 주도의 경제 개발에 성공한 나라, 단시간에 경제 발전한 국가로 전 세계에 알려져 있다. 이는 절약과 근면, 교육 등 유교적 가치로 국가주도형 발전이라는 정부와 기업이 함께 뭉쳐 투자와 수출정책을 극대화 한 결과이다. 정상외교는 기업인들이 해결할 수 없는 문제를 국가의 정상들이 일거에 해결하는 중요한 지름길이다. 국가의 정상 간에 맺은 조약 체결을 바탕으로 기업이 진출하고 무역이 시작된다는 점에서 정상외교는 대단히 중요하다.

## 🦢 아날로그시대의 근대화, 산업화 주역

한국은 아날로그시대에 정보와 지식의 교류가 제한되고 느렸지만 정치 지도자, 공무원, 근로자, 기업인 등이 협력해서 근대화에 성공한 나라다. 한국전쟁으로 서구 문물이 한반도에 상륙하였고, 특히 미국의 우수한 물질문명을 제대로 받아들인 국가다. 미국의 지원으로 자유와 민주주의 가치를 지켜냈다.

산업화에 성공하고 경제 강국에 진입한 나라, 교육열은 유대인을 능가하고 국민들의 강인한 정신은 국가를 유연하게 도약시키는 발판이 되었다. 건국 대통령 이승만을 거쳐 혁명가 박정희는 잘살아 보자는 일념을 국민들에게 가난에서 벗어나야 한다고 호소하고 국민들은 묵묵히 그를 따라 주었다.

반세기 동안 아날로그시대에 이룩한 경제 기적은 박정희 대통령을 비롯한 역대 대통령, 각료들과 공무원들, 위대한 기업인 이병철, 정주영, 박태준 세 명의 기업 영웅과 남덕우 등 경제 각료들이 우리나라의 경제 발전을 견인하였다.

한국 기업 경영의 국부 이병철은 "기술을 지배하는 자가 세계를 지배한다"라는 기술 중시, 사람 중시를 모토_moto로 전후 제일제당, 제일모직을 설립하고 전자산업에 진출하였다. 그는 1956년 제일모직을 설립하면서 기숙사를 먼저 짓고 뒤에 공장을 건설하면서 사람중시, 실력위주 채용,

인물위주로 산업보국을 실천하였다. 삼성은 자본, 기술도 없이 최신, 최고, 최대를 추구하며 1969년 전자사업에 진출하여 부품, 완제품 간 연구개발, 생산, 물류 시너지 극대화를 통해 해외 수출을 추진하여 41년 만에 1,170억 달러 연매출로 독일 지멘스와 미국의 HP_휴렛팩카드를 제치고 세계 1위 전자업체로 부상하였다.

오늘날 고 이병철 회장 뒤를 이어 흔히 지_智를 겸비한 아들 이건희 회장이 물려받은 삼성전자는 태국, 중국, 말레이시아, 인도, 베트남, 체코, 멕시코, 헝가리 등 해외 공장에서 전자제품을 만들어 전 세계를 마케팅하며 유럽 가전 시장을 겨냥하고 있다. 시간산업인 반도체는 인건비, 재료비 비중은 낮지만 설비 투자비가 높은 사업으로 삼성은 과감한 도전정신으로 공장을 건설하여 PC용 메모리 분야 D램, 플래시 반도체, 시스템 반도체를 만들어 세계 전자산업의 메카로 자리 잡았다.

삼성은 제조기술력을 바탕으로 승자 독식 체제를 굳혔다. 가전제품, 반도체, 디스플레이 제품인 LCD, PDP, OLED_유기발광다이오드 TV, 핸드폰을 자체 기술로 개발 생산, 수출한 결과 2012년에 연 200조 원이 넘는 매출을 기록하였다.

2013년 정부 1년 예산은 325.4조 원으로 삼성 매출이 국가 1년 예산의 절반이 넘는 액수이다. 이는 기흥에 있는 첨단 원천 기술개발을 위해 '삼성종합기술원 중앙연구소' 에 550여 명의 석박사가 '무한탐구' 라는 설립자 이병철 회장의 신조를 실천함으로 이룩한 결과이다. 비로소 삼성전자는 '세계최대의 정보기술회사' 로 자리 잡았다.

삼성의 장점은 단기수익에 집착하지 않고 장기 전략을 구사한다는 점이다. 2020년까지 태양열판, LED 전등, 전기자동차용 배터리, 비이오텍

약품, 의료기기 등 5개 분야에 200억 달러를 투자, 연 500억 달러의 매출을 올릴 계획을 추진 중이다. 삼성전자를 '아시아의 모범회사'로 평가한 이유로 '권위적이면서도 창조적이다. 장기적 투자, 직원들에 대한 동기부여, 도약 직전의 시장을 발견하면 집중투자, 늘 조직을 긴장시키는 이건희 회장의 지도력, 잘 나갈 때 개혁하는 자세' 등이다.

기업인 정주영은 1만 원 짜리 지폐에 그려진 거북선과 울산 앞 바다의 백사장 사진만 휴대하고 영국 스콧틀랜드 '글래스고 시'를 방문하였다. 그는 백사장 사진을 보여주고 선박기술과 자금을 지원 받음으로, 한국의 대표적인 도전 정신을 발휘해 선박을 만들어 세계 1위 조선입국을 만들었다. 수공업으로 시작한 자동차산업을 모태로 불과 반세기 만에 전 세계 도처에 자동차 공장을 지어 세계 5위권 자동차 수출을 달성하였다. 국내 자동차 등록 대수는 2013년 말 현재 약 1,900만대, 현대, 기아자동차는 2013년에 이미 연간 국내 생산 470만대, 해외 생산 400만대를 총 870만대를 기록하며 해외 생산 부분 세계 1위를 차지하였다.

정주영 회장은 산업의 원동력인 국가의 동맥 경부고속도로 건설에 참여해 산업이 발달하는 토목건축 산업에 신화를 창조하였고, 이 기술을 바탕으로 전 세계 건축, 토목기술에 진출해 많은 외화를 벌어들였다. 그는 산업화로 가는 수많은 업적을 남긴 인물로 우리에게는 신이 내린 국부로 취급 받아야 마땅하다.

또 하나의 신화를 창조한 박태준은 기간산업의 뿌리인 종합제철을 영일만에 착공 3년 만에 완공하여 중화학공업의 모체인 철강을 생산해 공장을 짓고, 선박을 만들고, 각종 건설에 사용할 수 있는 원천으로서 철강은 공업 한국의 모태가 되었다. 그는 인재 양성을 위해 1968년 포항공대를 철강단지에 학교를 세워 훌륭한 인재를 배출하였다. 그의 애국정신과 청렴정신으로 영원 보국애를 실천한 한국사회가 영원히 기억해야 할 인물이다.

박정희 대통령은 독일 방문 당시 아우토반을 보고 돌아와 1967년 대통령 선거에서 경제성장에 꼭 필요한 고속도로를 건설하겠다고 선거공약을 하였다. 야당은 차도 없는데 부유층의 유람길 도로로 폄훼하였지만 그의 지도력과 결단력, 기업가 정신의 정주영과 합작으로 고속도로 건설을 성사시켰다.

박 대통령은 공산주의에 승리하는 대항마는 경제 건설밖에 없다는 신념으로 강력한 리더십을 발휘하였다. 그는 자본, 기술, 장비, 경험이 전무한 상황에서 경부고속도로를 건설함으로 산업화를 20~30년 앞당겨 미래를 보는 지도자의 혜안과 추진력에 전 세계가 감탄하였다. 삼성과 현대, 포철 세 기업의 트리오는 근대화 영웅 박정희를 탄생시켰고, 이 나라에 경제적 기적을 가져다주었다.

## 〓 경제발전의 원동력

한국은 정부주도의 경제개발에 성공한 나라로, 단시간에 경제발전한 국가로 전 세계에 알려져 있다. 이는 절약과 근면, 교육 등 유교적 가치로 국가주도형 발전이라는 정부와 기업이 뭉쳐 투자와 수출정책을 극대화한 결과이다.

1990년대 수출은 1~10위를 종합상사가 이룩하였고 이후 중공업, 첨단 산업기술이 만든 제품으로 변천하였다. 한국 기업의 특징은 인재를 세계 시장 구석구석에 배치한 글로벌 전략으로 예전에 소외 지역이었던 아프리카, 중남미 등 세계 어디를 가도 지금은 한국 전자제품이 1, 2위를 차지하고 있다. 이는 역대 대통령들이 세계의 정상을 상대로 펼친 정상외교의 결과로 한국이 세계로 도약하는 계기를 만들었다. 이승만 초대 대통령에서부터 문민정부 기간까지는 아날로그시대 대통령들이 이룩한 업적이며 21세기에 진입한 시기에는 디지털 기술의 수혜로 불과 몇 년 만에 이룩한 업적이다.

한국이라는 존재감이 국제사회에서 인정을 받지 못할 때 역대 대통령들이 때로는 구걸 외교로 상대 국가를 방문해 한국의 존재감을 알리고 세일즈외교를 통해 한국 제품이 수출하는 길을 열었고, 국가 간 외교 교섭으로 외국에 투자하는 길을 만들었다. 즉 정상외교는 역량을 가진 기업인들이 해결할 수 없는 문제를 국가의 정상들이 일거에 해결하는 중요한 지름길이다. 국가의 정상 간에 맺은 조약 체결을 바탕으로 기업이 진출하고 무역이 시작된다는 점에서 정상외교는 대단히 중요하다. 그러나 지금은 디지털시대에 진입하면서 디지털기술과 인터넷시대를 맞아 국제간 외교 환경도 많이 달라졌다.

## ✈ 자유무역_FTA시대

한국은 현재 세계 46개국과 FTA를 체결하였다. 미국을 비롯해 EU 27개국, 아세안 10개국, EFTA_유럽자유무역연합 4개국, 칠레, 싱가포르, 페루, 콜롬비아, 인도 등이다. 한국의 2010년 기준 교역 규모는 중국과 1,884억 달러, 미국 902억 달러, EU와 916억 달러로 향후 중국과 FTA를 체결 시 파급 효과는 가공할 수준에 이를 것이다. 앞으로 한·중·일 FTA 체결도 교섭이 진행 중으로 한국은 다양한 국가와 FTA를 통해 교역을 넓혀 세계화에 한 걸음 다가설 것이다.

## ✈ 해외로 뻗어나는 한국 기업

기업들이 해외로 진출하는 이유는 우리나라보다 임금이 훨씬 싼 곳에 인력을 많이 필요로 하는 중국, 필리핀, 인도네시아, 베트남, 러시아 등을 비롯해 남미 등 전 세계를 대상으로 진출하고 있다. 인구가 많아 제품이 많이 팔릴 수 있는 나라에 공장을 세워 제품을 만들면 운반비용이 적어 싸고 빠르게 물건을 팔 수 있다. 목재, 고무, 설탕, 밀 등의 원료 생산국으로 가서 공장을 지어 물건을 생산함으로 원료를 쉽게 구하고 운반비도 적게 든다. 외국에서 물건을 직접 만들어 팔면 물건을 수출할 때 붙는 높은 관세를 내지 않음으로써 상품의 원가를 낮출 수 있다. 한국에는 노사분규가 많지만 외국에 진출하면 값싼 노동력을 구할 수 있다.

이 같은 과정을 거쳐 대기업들도 해외에 진출하였고 오늘날 디지털 기술 산업의 선두 주자인 삼성전자, LG전자의 해외 매출 비중은 이들 기업 총 매출의 85%를 차지하고 있다. LG전자와 삼성전자는 국내에서 선의의 경쟁으로 가전부분에서는 1,2위를 다투고 있으며 세계 시장을 석권하고 있다. 상품 개발력이 뛰어난 LG전자는 가전제품 분야에서 세계 160여 개국에 전종업원의 66%인 5만 6,000여 명을 배치해 영업망을 갖추고 글로벌 경영을 하는 다국적 기업이 되었다. 이는 수출 상품, 지역 다변화를 꾀하면서 기술혁신, 정부의 과감한 개방, 내수시장 확대, 중국과 일본, 중동, 동유럽, 아프리카, 중남미를 포함하는 정상외교와 세일즈외교의 몫으로 이루어 낸 결과이다. 오늘날 한국의 수출 주력 품목이 다양해 졌는데 첨단 IT제품이나 반도체, 휴대전화, 자동차, 철강 제품보다 수출 1위 품목은 석유화학 제품이다.

1960년대, 70년대의 빈곤 국가 시절에는 한국의 장관급 고위급 관료가 미국이나 유럽 선진국 정부를 방문해도 과장급 밖에 못 만났지만 정부와 기업의 세일즈외교, 대통령의 정상외교 차원에서 벌인 외교로 정부 관료는 물론 기업인들의 세일즈외교도 탄력을 받아 지금은 대등한 입장에서 글로벌 마케팅이 가능해졌다.

이처럼 한국이 선진국 문턱에 있는 것은 지도자와 기업인, 국민들이 만든 작품이지만 원천은 과학기술이다. 아직도 기초 원천기술의 부족, 부품산업의 취약, 생명공학, 신약 분야, 신소재와 같은 미래 산업 분야에서 우리가 가진 원천기술은 제한적이다. 경제 성숙단계에 서비스산업 경쟁력을 높이고 녹색 성장 등 미래 산업에 초점을 맞추어야 한다. 지금은 정보화시대다. 미국, 일본, 중국 등 선진국들은 정보 분야에 우수한 다방면의 인재를 활용한다. 한국 정부의 정보기관도 특정 분야 출신들만 채용하던 방식을 탈피해 다양한 전공자, 세계 주요 언어 전공자를 선발해 해외공관에 파견해 기업 활동을 지원해야 할 것이다.

우리나라의 최초 기업은 1896년에 설립한 두산그룹이며 뒤이어 1897년 동화약품, 1930년에 신세계를 설립하였다. 그러나 일본은 약 1000년 전에 기업이 100개가 넘게 있었고, 500년 전에 1만여 개가 넘는 기업이 있어 일본은 일찍이 공업국가가 된 것이다. 한국은 일본보다 뒤늦게 출발하였지만 1970년대 중반 1,000억 달러 수출, 1인당 GDP 1,000 달러, 쌀 자급을 실현하여 기아의 긴 터널에서 빠져 나왔다. 한국은 '88 서울올림픽', '2002월드컵', 산업화, 민주화를 통해 세계무대에서 본격적으로 국격이 상승하였다.

## ✈ 디지털혁명

디지털이란 1_one과 0_zero, 즉 있느냐(유), 없느냐(무) 뜻을 가진 두 개의 숫자로 환산하여 표시하는 기호로 정보를 처리하는 것을 말한다. 10위권 경제대국, 민주화, 유·무선 통신기술을 기반으로 하는 인프라가 최고 수준인 IT강국, 휴대전화 제조업의 세계 1.2위, 가전제품 세계 시장 점유 1위, 반도체 제조업 세계 1.2위는 미래 한국의 디지털시대의 좌표이다. 그러나 한국은 IT 강국이지만 소프트웨어, 컨텐츠, 핵심 부품 분야는 아직 취약하다. 이 부분을 보강해야 진정한 정보통신 강국이 된다.

오늘날 중국의 약진으로 중국의 국부가 미국을 앞지를 것으로 예측하지만 미국 대형 투자은행 '골드만삭스' 는 ICT기술과 디지털기술, 다른 산업의 지속 성장으로 인도가 2030년에 세계 2위 경제 강국으로 등장할 것이며 뒤이어 한국이 지속적인 성장을 하여 석유화학, 반도체, 정보기술_IT, 가전, 조선, 자동차, 철강 등 제조업 분야에서의 앞선 기술력과 함께 독보적인 경제개발 경험을 축적한 국가로, 한국이 2050년에 인도 중국을 추월하고 GDP 규모에서 미국 다음으로 세계 2위를 차지할 것이라고 예측하고 있다.

이 예측은 한국이 디지털혁명을 통해 미래 산업으로 세계 시장을 장악해 이룩할 수 있다고 진단한 결과이다. 그러면 20~30년 후에 한국이 세계 2위 경제 강국을 어떻게 실현할 것인가? 앞으로 산업은 바이오, 신약, 반도체, 인터넷, 무선을 기본으로 한 첨단기술이 모태가 되고, 세계 각국과 FTA체결로 새로운 불루오션은 디지털시대 적응이 빠르고, 정보화가 준비된 한국에게 유리하게 전개되어 세계 경제의 주역으로 세계 2위 경제대국 진입이 가능하다는 논리다.

## ✈ 미래 산업을 견인하는 세력

세계 각국과 FTA체결, 디스플레이 기술, 디지털 미디어 방송, 게임 소프트웨어, 나노기술, 생명공학, 스마트 섬유_smart textiles, 디지털 콘텐츠 및 애니메이션 등이 미래를 견인하고 있다. 이를 뒷받침하기 위해 한국의 산업 분야 연구개발_R&D비는 전체 지출의 약 3분의 2를 차지하고 있다. R&D의 대부분이 응용 분야에 이루어지고 있으며, 투자의 대부분은 삼성, LG, 현대와 같은 거대 재벌이 주도하고 있다. 대규모의 민간 R&D 분야로 LG 엘리트와 삼성종합기술원(SAIT)은 각각 수천 명의 연구원을 고용하고 있다.

정부도 30여 개의 정부 연구기관을 운영하고 있다. 이들 중 대부분은 대덕과학단지에 모여 있다. 1970년대 이후 이 지역은 R&D 중심지로써 계획적으로 개발해 한국의 연구기반단지가 되었다. 현재 연구단지에는 총 242개의 연구센터와 벤처기업이 입주해 있고, 대략 24,000여 명의 종업원을 고용하고 있으며, 이들 중 6,236명이 박사학위 소유자이다. 연구단지에는 대략 정보기술, 생명공학, 방사선기술, 나노기술의 4개 주요 부문으로 나누어져 있다.


## ✈ 인터넷이 디지털혁명을 주도하다

아날로그시대에 살던 기성세대들은 디지털시대로 쉽게 넘어 가지 못하는 이유는 알려고 하지 않고 변화를 수용하지 못하기 때문이다. 디지털혁명시대에 살면서 디지털화 개념을 적극적으로 수용하지 못하면 스스로 도태하게 될 것이다. 이것은 보이지 않는 공포다. 디지털경제에서는 산업사회와 같은 방식으로는 부_富의 창출이 어렵다. 아날로그시대에 이룩한 경제 기적은 이제 모두 망각하고 디지털시대에 대비해야 한다. 인터넷은 인류 최고의 발명품으로 우리가 살고 있는 디지털 경제체제를 변화시키고 있다. 오늘날 세계는 컴퓨터와 인터넷이 닿지 않는 곳은 없다. 인터넷과 컴퓨터는 출현 20~30년 만에 이 시대의 주역이 되었다.

디지털기술은 네트워크를 통해 인터넷의 도구가 통합되어 하나의 연결망으로 형성, 하나의 지구촌을 만들고 있다. 변화의 흐름을 주도하는 인터넷혁명은 단숨에 산업혁명을 능가하고 인터넷의 발달과 정보혁명의 위력으로 IT산업은 글로벌 시장 판도를 바꾸어 버렸다. 한국의 전자산업은 아날로그시대를 지나 디지털시대를 맞아 2006년에 디지털기술로 일본을 제치고 세계를 제패하기 시작했다.

2012년 삼성전자의 정보기술_IT을 바탕으로 제조한 장비로 수출액이 1,500억 달러를 돌파해 HP, 애플, IBM 등 세계적 기업들을 모두 앞질러 이를 증명하고 있다. 또 한국은 LTE_long term evolution 기술로 3G_generation를 지나 4G 통신기술로 과거 유선에서 무선으로 무선혁명을 주도하고 있다. LTE 등장으로 유선은 구시대 산물이 되었으며 무선이 주도하는 인터넷혁명과 결합하여 IT기술을 선도할 것이다. 지금은 변화무쌍한 디지털 경제시대이다. 생명공학_BT, 나노공학_NT, 환경공학_ET, 우주공학_ST 등은 IT기술을 기본으로 미래산업도_IT와 인터넷을 기본으로 한다,

디지털 기술은 컴퓨터, 정보, 네트워크, 멀티미디어가 발달하면서 새로운 권력이 되었다. 디지털 발달로 전자상거래_e-commerce가 발달하여 과거 재래시장이나 대형 상권, 백화점 상권 환경이 바뀌었다. 스마트폰 등장으로 데스크탑 컴퓨터는 이동체 스마트폰이 대신하고 사무실에서 이동사무실로 바뀌었다. 인터넷 성장은 컴퓨터가 아닌 휴대전화 사용자 손

에 달렸다. 유선에서 무선으로 지구촌 전체가 무선 사이버_Cyber시대가 되었다. 방송 미디어계는 IPTV, 케이블TV, 위성TV, 스마트TV 등장_登場으로 혼돈 그 자체다. OSP_Open Smart Platform를 바탕으로 하는 스마트TV 부상은 인터넷TV 시장의 성장과 인터넷 이용 시간을 증가시킬 것이다. 따라서 지금까지 방송의 플랫폼을 담당하던 아날로그 지상파 방송은 2012년 말에 마감하였고 새로운 디지털 지상파 방송으로 완전히 전환되어 스마트TV가 대세다.

미래 방송은 UHDTV_HDTV의 4배 화면 해상도 즉 4K시대 8K시대를 목전에 두고 있다. 또 하나의 디지털혁명은 SNS_Social Network Service 등장이다. 즉 쇼설미디어(Social Media)인 SNS는 스마트혁명 시대에 모든 정보의 흐름을 주도하게 되었다. SNS는 대중의 소통을 선도하는 도구로서 소통의 방식을 변화시켜가며 소비자를 충족하고 있다. 대표적 SNS로 페이스북, 트위터가 담당하고 있다.

### ❧ 정보기술_IT 수혜

정보기술의 발달로 한국에는 세계가 도저히 추격할 수 없는 5가지가 존재한다. 대표적 우월 시스템으로 인천국제공항 운영시스템, 고속열차_KTX 무인 개찰시스템, 전국 대중교통 환승시스템, 항만 자동 물동처리시스템, 우먼파워_Woman Power 등이다.

인천공항 운영시스템은 항공기 이착륙, 승객, 화물 입출입, 환승시스템 등은 인터넷 네트워크망을 이용해 원스톱으로 이루어져 연속 5년째 세계 최우수 공항운영상을 받았다. 오늘날 전국 철도 여객 터미널에는 과거에 존재하던 티켓 검표, 기차표 수거 업무가 없어졌다. 그러나 무임승차나 불법승차가 없는 선진형 여객 운송이 이루어지고 있다. 이는 네트워크를 이용한 전산시스템으로 열차 전 구간에 모니터가 가능하기 때문에 외국 철도 운영에서는 모방할 수 없는 IT기술의 수혜 제도이다.

교통카드 하나로 서울 등 대도시 지하철 버스를 환승할 수 있는 대중교통 환승시스템은 IT기술의 총아_寵兒다. 수많은 교통회사가 결합된 구조에서 요금을 계산하는 시스템은 네트워크 기술과 인터넷, 컴퓨터가 결합된 최첨단 과학기술이 접목된 시스템으로 일본조차도 도저히 모방하지 못하는 제도이다. 그리고 각 항만에서 처리하는 수출입 컨테이너 선적과 하역 등은 세계 어느 나라도 모방할 수 없는 컴팩트시스템으로 처리해 세계 선주 회사들이 혀를 내두른다고 한다. 마지막으로 우먼파워가 향후 한국이 자랑하는 자원이라고 한다. 모든 분야에 여성들이 진출해 남성들을 압도하고 있는 현실을 보고 미래에 최대 주역이 될 것이라고 한다. 그러나 여러 나라에서 한국에 와서 공부하는 여학생들은 한국 젊은 여성들이 너무 사치를 즐기고 분수에 맞지 않는 소비, 얼굴마다 성형을 해 인위적으로 공장에서 생산한 제품에 비유하는 등 좋지 않은 지적을 개선할 때만 가능하다고 생각한다.

### ⚘ 한류 열풍

한류 열풍의 주인공은 당연히 인터넷혁명이 만든 위대한 산물이다.

오늘날 한국은 한국 근대사에 박정희, 새마을운동, 이병철 삼성, 정주영, 현대조선, 포철 박태준, 삼성 스마트폰 한류드라마, K-POP, 자동차 등 여러 가지가 전 세계에 알려져 있다. 한국의 국격이 상승하면서 드라마를 중심으로 한류 열풍이 일본, 중국, 동남아를 거쳐 이제는 유럽, 남미, 아프리카 등 전 세계로 확산되고 있다.

이는 디지털혁명이 만든 SNS 매체가 주인공이다. 전 세계 한류팬들은 한국의 젊은 세대들이 펼치는 역동적인 리듬과 멜로디, 매력적인 댄스가 인터넷을 통해 실시간으로 전 세계에 확산되기 때문이다. 이들은 아이돌이 펼치는 K-pop의 노래와 춤을 따라 부르고 한류 열풍은 한국의 제품이 전 세계에 선풍적 인기를 얻어 또 하나의 새로운 무역 확대에 일조하고 있다.

### ᘒ 아시아 시장의 중요성

아시아는 세계 인구의 60%를 차지하며 세계 총생산 GDP의 26%, 수출 26%, 외환 보유액 50%를 차지하는 세계 경제허브 위치에 있다. 아시아에는 다자회의 기구로 아세안 10개국과 한·중·일이 합해 GDP규모가 11조 7,000억 달러이다. 이 중에서 한·중·일 GDP만 10조 2,000억 달러, 인구 15억 명을 차지한다. 아시아 대륙에는 1967년 발족하여 정치, 경제, 사회 협력체인 아세안 10개국, 한·중·일 외에도 거대한 대륙의 호주, 뉴질랜드, 11억 인구를 가진 인도를 합친 경제 규모는 14조 33억 달러를 차지한다. 아시아권과 형성된 시장은 거대한 규모로서 많은 국가들이 개발도상국 위치에 있으면서 발전하는 나라가 증가하기 때문이다. 많은 국제회의를 통해 한국의 인지도를 높이고 글로벌 인재를 육성하여 큰 아시아 시장에서 중추적 역할을 하면서 세계 시장에서 경쟁하여야 할 것이다.

### ᘒ 한국의 딜레마

한국이 선진국에 진입하지 못하는 이유로 분단국가, 노사 갈등, 지역

갈등, 사회 계층 간 심각한 대립, 보수와 진보의 첨예한 대립, 부정부패 만연, 정치권의 분열과 다툼이다. 현재 우리 사회는 상대에 대한 배려, 소통, 토론, 관용, 반대자의 설득과 포용이 존재하지 않는다. 공동체 의식 부재, 지나친 평등성 추구, 자기중심주의 등이 심각한 지경이다. 이러한 갈등의 기저에는 결국 정권 유지와 정권 쟁취를 위한 수단과 인격체로 형성되지 못한 국민들의 의식 수준과 자질 문제 때문도 있지만 좌우파 정권을 거치면서 파생된 결과이다. 국민들도 모두 정치에 매몰되어 두셋만 모이면 정치 이야기를 하다 지역과 색깔이 다른 사람끼리 다툰다. 국민들도 각자 자기에게 주어진 임무에 충실하면 되는데 국민 모두 정치에 매몰되어 있다. 제4의 권력이라고 일컫는 언론도 언론의 자유를 만끽하면서 신문, 방송 공히 좌·우로 철저히 양분되어 있다. 같은 기사라도 상대를 적으로 취급하는 기사로 대응해 국론을 분열시킨다. TV토론에서도 자기주장만 관철하려 하고 상대방 의견은 처음부터 부정하는 토론만 존재한다.

최근에는 종교계마저 사회 갈등을 부추긴다. 성직자들은 영적 세계에서 오랜 자기 수양을 통해 믿음으로 따르는 중생이나 신자들에게 마음의 안식을 주는 것이 최대 임무다. 그런데 일부 성직자들도 편승하여 정치에 개입하고 분열을 조장하는 등 종교의 가치를 잃어버린 행위를 하고 있다. 평생을 옷 한 벌만 입고 거지처럼 살다 떠나면서 "산은 산이요 물은 물이다"라는 유명한 어록을 남긴 '성철' 큰 스님은 한 번도 세속을 평가한 적이 없다. '김수환' 추기경은 정치 지도자가 방황하면 바른 길이 무엇인지 가르쳐 주고 올바른 길을 인도하다 떠났다.

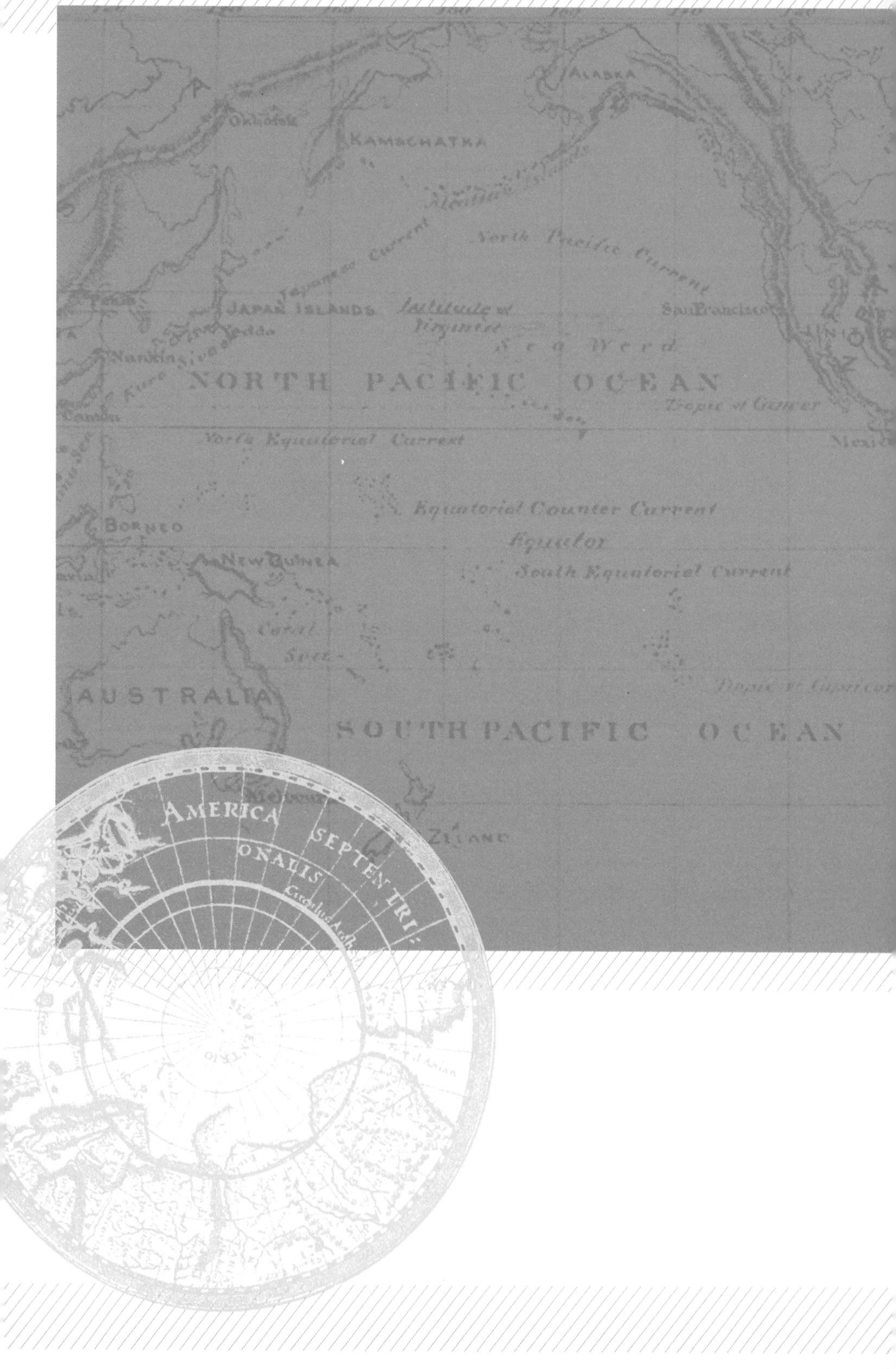
ALASKA
KAMSCHATKA
North Pacific Current
JAPAN ISLANDS
San Francisco
NORTH PACIFIC OCEAN
Tropic of Cancer
North Equatorial Current
Equatorial Counter Current
BORNEO
Equator
NEW GUINEA
South Equatorial Current
AUSTRALIA
SOUTH PACIFIC OCEAN
AMERICA
SEPTEN TRI
ONALIS

# 1장

# 대통령 정상외교

정상외교란 대통령, 총리, 국왕 등 국가원수들이 만나서 국가 간 제반문제를 해결하기 위해 벌이는 행위를 말한다. 정상외교라는 것은 어떤 교섭을 통해서 현안문제를 해결하는 차원의 것이 아니고 양국의 공통관심사라든가 주변정세, 국제정세, 다자협력문제 등에 관해서 폭넓은 이야기를 나누는 데 그 목적이 있다. 외교는 각자 자신의 국익을 위해 실리를 추구하는 치열한 일종의 전쟁이다. 이 전쟁에서 어떤 목표를 내걸고 어떤 자세로 임할 것인지 매 순간 전략적 선택을 내려야 한다.

 대통령의 정상회담

　대통령이 외국 순방 기간에 개최하는 정상회담에는 단독회담과 확대회담이 있다. 단독회담은 국가 간 사전에 협의된 아젠다_Agenda를 두 정상이 확인하는 절차로 주로 양국 간 경제협력, 주요 현안을 일거에 해결한다. 확대 정상회담은 조약 체결, 특정 사안에 공동 협력이 필요한 분야을 양국의 해당 장관급이 함께 배석하여, 양국 정상이 지켜보는 가운데 협약서에 서명하는 외교 절차를 말한다.

　외교는 각자 자신의 국익을 위해 실리를 추구하는 치열한 일종의 전쟁이다. 이 전쟁에서 어떤 목표를 내걸고 어떤 자세로 임할 것인지 매 순간 전략적 선택을 내려야 한다. 그리고 그 전략적 선택이 과연 옳았는지 틀렸는지는 좀 더 시간이 흐른 뒤 실제로 우리나라가 무엇을 얻고 잃었는지 대차대조표가 나와 봐야 알 수 있는 문제다. 그러나 한편으로 대통령마다 다르지만 외국 순방과 정상외교에도 개인적인 고려가 짙게 깔려 있는 것도 사실이다.

　20세기 이후에는 항공기의 발달로 국가의 정상들이 상호 방문을 통해 벌이는 통치행위로 변천하여, 즉 자국의 국익을 위하여 벌이는 단독 및 다자외교로 발전하였다. 국제외교는 제2차 세계대전 이전까지 주로 비밀리에 이루어졌다. 그러나 밀실협상이 국제평화를 해치는 결과를 초래했기 때문에 오늘날의 정상외교는 투명성, 상호주의, 세계 질서를 원칙으로 공개적으로 행하여지고 있다.

정상외교는 '상대방 정상의 기분을 상하게 하지 않으면서 자기 뜻을 상대방에게 관철 시키는 것'으로 절차와 본질이 중요하다. 여기서 '절차'란 의전과 경호를 말하며 '본질'이란 정상외교에서 다루는 의제, 즉 아젠다를 말한다. 의제는 외무부, 대사관이 중심이 되어 정부 간 사전 협의에 의해 정해진다. 외국 순방에서 대통령 경호는 청와대 경호실이 방문국 경호 전담 부서와 공동으로 수행하며, 국내에서 수행하는 경호는 청와대 경호실, 경찰청, 국정원이 전담하고 있다.

외교의 종류에는 교섭 과정이 모두 공개되는 공개외교, 비공개로 진행하는 비밀외교, 복잡한 정치적 문제를 해결하기 위해 여러 국가가 참여하는 다자간외교 등이 있다. 이 외에도 세일즈, 비즈니스, 경제, 안보외교가 있으며 민간외교, 스킨십외교도 대단히 중요한 비중을 차지한다.

 대통령

대통령의 어원은 옛 왕조 때 '통령_統領'이라는 무관 벼슬의 명칭에서 유래하였다. 영어의 프레지던트_President를 일본이 한자로 번역하면서 '통령' 앞에 대_大를 넣어 '대통령'으로 호칭한 것을 오늘날 대통령

중심제 국가에서 사용하는 호칭이 되었다. 한국의 대통령은 국가의 행정권을 담당하는 최고위 공무원, 군 최고 통수권자, 국가 원수로서 막강한 권력과 책임을 갖는다. 대통령은 정부 각 부서의 장관급 30명, 차관급 88명, 1~3급 공무원 등 1,696명을 임명한다. 검찰, 경찰, 외무 공무원의 특정직 고위공무원, 헌법기관 고위직인 대법관 14명, 헌법재판소장, 중앙선거관리위원회 위원을 임명하며, 17개 공기업 사장을 임명하고, 법률에 따라 임명하는 KBS이사 및 사장, 한국은행 총재, 금융통화위원 등 전체 약 7,878명에 대한 임명을 한다. 전시나 평화 시에도 군의 통수권자로서 절대 권력을 행사할 수 있는 자리이다.

국내 통치는 정부 조직의 각료들, 물론 공무원들과 함께 수행하지만 외국과의 외교는 외무부와 해외 공관이 중심이 되어 대통령의 외교력을 발휘하는 중요성에서는 국내 통치와 별 차이가 없다. 국민들은 해방 후 다양한 학력과 경력을 가진 많은 대통령들의 통치를 경험했다. 대통령이 되는 과정은 차이가 있었지만 공통적으로 하늘이 내린, 국가의 선택을 받은 인물들임에는 틀림없는 것 같다.

이승만 초대 대통령은 세계적 명문대학인 미국의 조지워싱턴대학, 하버드대학, 프린스턴대학에서 학사, 석사, 박사 학위를 취득한 역대 최고의 학력 소유자이자 독립운동가, 반공주의자로서 해방 후 정부수립과 동시에 제헌국회 의장을 거쳐 초대 대통령을 역임한 최고의 엘리트였다. 박정희 대통령은 대구사범학교 출신으로 교직생활을 지내다 다시 군에 투신하여 군인으로 재직하던 중 무능한 정부와 국민들의 기아로 세계 최빈국이 된 나라를 바로 세우겠다며 군사혁명을 통해 국가의 지도자가 되었다. 군부의 막강한 힘을 바탕으로 집권한 대통령, 국민들을 앞세워 집요한 민주화 투쟁을 이용하여 탄생한 대통령, 정당 대표, 장관을 거쳐 당선된 대통령, 고등학교만 졸업한 대통령 등 좌파, 우파 정부 지도자의 통치도 모두 경험해 봤다.

대통령의 지도력은 국내외적으로 대단히 중요하며 특히 외국과의 순방외교를 통해 국력을 신장시키는데 결정적 역할을 하게 된다. 국가 간에 맺은 외교를 바탕으로 정치, 경제, 문화, 무역 등 다방면의 교역이 이루어지고 나아가 국내의 수많은 기업들이 해외로 진출하는 계기를 만들어 준 것은 대통령들의 외교력으로 이루어진 것이다. 일부 정치인들은 당시에 대통령의 순방외교를 외유성으로 비하 한 적도 있지만 대통령이 펼치는 외교는 중소기업이나 대기업들의 힘으로 해결 불가능한 상업적 거래를 국가 간 정상회담을 통해 일거에 해결해 줌으로써 우리 기업인들이 해외로 진출하는데 결정적 역할을 한 것이다. 역대 대통령들은 재임 중 국가와 국민을 위해 최선을 다했지만 일부 몰지각한 정치 지도자들과 국민은 공_功은 버리고 과_過만 부각시킨다.

 청와대

대통령 관저인 청와대는 제2공화국 내각책임제 하에서 대통령이 된 윤보선 대통령이 과거 일제시대 때부터 부르던 명칭인 경무대를 청와대로 변경하고 9개월 동안 대통령직을 수행하였다.

그 후 노태우 대통령이 현재의 신관을 건축하였고 김영삼 대통령이 구관을 철거하였다. 현재의 청와대 본관 건물은 1989년 7월 22일 착공하

대한민국 대통령 관저 〈청와대〉

여 2년 1개월여 동안 공사를 거쳐 완공하면서 청와대의 상징으로 지붕에 청기와 15만 장을 사용하였다. 이 청기와 지붕은 도자기를 제조하는 것과 비슷한 공정으로 구워 100년 이상을 견딜 수 있는 강도를 지니고 있으며 색깔도 변하지 않는다고 한다.

정면에서 보면 본관 건물과 잔디밭으로 된 앞 광장만 보이지만 경내에 들어가면 본관을 중심으로 많은 부속 건물들이 아름다운 자연 경관을 이룬다. 이는 세계 어느 나라의 대통령궁이나 왕궁에 뒤지지 않는 곳이다. 본관 건물은 외형상으로 세계에서도 특이한 전통 한옥 건물로 외부 설계는 경복궁 근정전 목조 왕궁 건물을 형상화하였다. 추녀마루가 있고 박공이 달린 지붕은 한국 전통 건축양식 중 가장 격조 높고 매력적인 것의 하나로 평가한다. 청와대 지붕의 청기와 모양은 일반 기와 외에도 잡상, 취두, 용두 등 궁궐에서 볼 수 있는 장식 기와가 사용되었다. 이것들은 대부분 무서운 형태를 띠고 있는데 이는 사악하고 나쁜 기운이 건물 안으로 들어오지 못하게 하기 위해서다.

본관 지붕은 처마 끝에서 비스듬히 경사를 이루며 올라가 용마루에서 한데 모여 추녀마루를 형성하고 있다. 건물 내부에는 중앙홀, 대회의실, 대식당, 대통령 집무실, 회의실 등이 있다. 대통령 관저는 생활공간인 본채, 접견 공간인 별채, 전통양식의 뜰과 사랑채로 구성되어 있다. 건물 주변에 있는 녹지원은 아름다운 잔디밭에 소나무, 떡갈나무, 감나무 등 다양한 수종이 있고 수령이 250년 이상 된 수종도 있다. 사슴, 희귀종 새, 다람쥐 등 많은 동물들이 자유롭게 땅 위를 돌아다니는 자연 환경의 보고_寶庫이기도 하다. 이곳은 옛 경복궁의 후원으로 채소밭, 가축사육장, 온실 부지였다. 청와대는 자연환경을 세심하게 보존한 결과, 서울에서 최고의 녹색지역이다. 북악산 기슭에 자리 잡은 대통령 관저 주변에서 보는 서울 도심의 경치는 참으로 아름답고 풍수지리적으로도 천하의 명당이라고 전해져 한국의 국운_國運이 상승한다고 한다. 청와대 터에 대하여 구전_□傳으로 전해지는 이야기가 있다. 누군가 청와대 터에 건물을 신축하고자 땅을 파면 명당 징표인 표지판이 나올 것이라고 전해져 왔다. 그런데 노태우 대통령이 1989년 청와대를 신축할 때 실제로 이 표지판이 나왔다고 한다. 이곳은 이미 고려 왕조 중기 때 이 터를 새로운 왕궁이나 국가 통치 집무실로 정했다는 속설이 풍수지리학적으로 명당임을 정설로 증명된 것이다. 이곳은 옛 왕조의 왕궁 경복궁과 청와대 경관이 어우러져 아직도 왕정_王政이 살아 있는 듯한 느낌을 주고 있다.

청와대 경내의 전체 면적은 약 75,000여 평(250,000㎡)으로 독일 건축가 알베르트 슈페어가 설계했다. 본관에는 5개의 대형 회의실이 있다. 1층에 국무회의가 개최되는 '세종실'이 있고, 식사 겸 티타임을 하는 회의실인 '충무실', 다과회를 할 수 있는 '인왕실' 등 3개의 대 회의실이 있다. 2층에는 여야 정치인 초청 회동용 회의실인 '백악실'과 수석비서관 회의를 하는 '집현전실'이 있다. 경내에 있는 영빈관은 18개의 돌기둥이 건물 전체를 떠받들고 있는 웅장한 건물로, 특히 전면에 있는 4개의 돌기둥은 높이 13m, 둘레가 3m로 2층까지 뻗어 있다.

내부는 무궁화, 월계수, 태극무늬가 형상화 되어 있다. 영빈관은 외국의 대통령이나 국빈이 방문했을 때 우리나라를 알리는 민속공연을 펼치며 만찬이 베풀어지는 공식행사장으로 이용된다. 또한 100명 이상 대규모 회의 및 연회를 위한 장소로도 이용되고 있다. 이 밖에 청와대 부속 건물에는 경호실, 비서관실 등이 있고, 노태우 대통령이 춘추관을 1990년에 완공하여 대통령의 기자회견 장소, 출입기자 기사 송고실로 사용하고 있다. 춘추관에는 국내외 기자 300여 명이 매일 출근하여 청와대 동정_動靜 기사를 작성하고 송고하는 1층 기자실, 대변인이 발표하는 브리핑실이 있다. 2층에는 대통령이 주요 국정을 국민들에게 보고하는 기자회견실, 브리핑 룸이 있다. 이곳에는 TV기사를 각 방송사로 직접 전송할 수 있는 녹화장비, 조명시설 등 방송제작 장비를 모두 갖추고 있으며 대통령의 기자회견이나 신년메시지 등 행사를 방송사까지 설치된 전용회선으로 각 방송사들은 언제든지 생방송을 할 수 있다.

 청와대 지하 벙커

어느 국가든 중요 시설은 은밀한 곳에 벙커를 만들어 국가 안보를 위해 사용한다. 대한민국 국가 권력의 상징인 대통령이 머무는 청와대에도 국가 안보를 위해 지하 벙커가 있다. 지금까지 베일에 가려 있던 이 벙커는 이명박 정부에서 대통령이 청와대 벙커에서 회의를 주재한다는 보도를 통해 알려졌다. 물론 청와대 벙커는 청와대 경내 모처에 있다. 과거 극한적인 남북 대치 상황에서 만들어진 이 벙커는 견고하기가 이루 말할 수 없다. 유사시 웬만한 공격으로부터 내부 인명과 시설을 방어할 수 있다.

이곳에는 화생방 공격에도 견딜 수 있는 자체 제독 시설과 공기청정 설비도 갖추고 있다. 전시 혹은 그에 준하는 위기상황이 닥치면 대통령이 상황을 통제하고 지휘하는 본부이기 때문에 상황실, 회의실은 물론 전시 국무회의장, 숙소 등 기초 기반시설까지 갖추고 있다. 전체 공간 중 많은 부분이 대통령을 위한 공간으로 설계되어 있다.

이 벙커는 1975년도 박정희 대통령 시절에 건설하여 방공 방어 역할을 하다가 미국의 9.11 테러 이후 2003년 4월에 보완 공사를 다시 시작했다. 국방부 합참, 3군, 외교통상부, 통일부, 국정원은 물론 중앙재해대책본부, 소방방재청 등 다양한 관련 부처의 파견요원 ㅇㅇ명으로 틀을 갖추고 첨단 정보수집 설비 및 매뉴얼이 마련돼 있다. 대북 전투준비 태세인 데프콘_Defcon 단계_모든 군사적 긴급 사태에 즉각 대응할 수 있도록 평상시부터 전시까지 다섯 단계를 나눈 방어 준비 태세가 되면 청와대와 각 부처는 청와대 벙커보다 더 견고한 수도권의 모처로 옮기도록 돼 있다. 상황실 내부의 한쪽 벽면을 가득 메운 모니터 화면에는 한반도 전역의 중요 상황이 상당부분 실시간으로 올라온다. 육해공군은 물론 경찰청, 소방방재청, 한국전력 등 주요 20여 개 기관으로부터 올라오는 상황정보를 한 눈에 볼 수 있다.

한반도 360km 반경 이내의 전투기 및 여객기의 이착륙 정보에서부터 해상을 운항 중인 한반도 주변의 모든 선박이나 함정의 속도, 진행방향 등의 정보가 파악된다. 따라서 북한 영공과 해상의 주요 움직임도 감지된다. 심지어 전국의 산불 발생 상황과 풍향에 따른 예상 이동경로, 홍수, 폭설, 지진파, 주요 도로의 정체 상태까지 파악된다. 그러나 현재 재난관리는 행정안전부, 사회적 위기관리는 총리실로 분산된 상태이다.

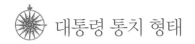

# 대통령 통치 형태

　대통령은 국가의 최고 통치자로서 국내 통치는 물론 해외에서도 국익을 위해 정상외교를 통한 통치행위를 한다. 세계 각국을 상대로 펼치는 외교는 다양한 형태가 있다. 정부 주도의 안보, 경제, 세일즈 등의 비지니스외교와 민간이 하는 민간외교로 구분된다. 이를 바탕으로 건국 후 반세기 넘게 우리나라가 발전하는 과정에서 역대 대통령들의 노련한 정상외교가 국가 발전에 큰 몫을 하였다. 대통령의 외교 통치행위로는 상대국가의 최고 통수권자를 자국으로 초청하여 국가 간 다양한 조약을 체결하거나 외교관계를 맺는다. 또 대통령이 상대 국가를 직접 방문하여 정상회담을 통해 국가 간 관계를 증진하였다.

　한국은 부존자원이 없는 자원빈국 환경에서 근대화와 산업화로 가는 과정과 외국과의 외교력을 바탕으로 원자재나 천연자원을 확보하여 국내에서 제품을 생산하거나 재생산하여 수출, 외화를 벌어야 생존이 가능한 국가임은 모두 아는 사실이다.

　이승만 대통령 때부터 시작한 역대 대통령의 순방 정상외교는 박정희 대통령, 전두환 대통령을 거쳐 역대 대통령으로 이어져 해외 순방이 본격화되었다. 역대 대통령들은 국제무대에서 남·북 안보 외교전을 시작으로 냉전시대의 남북대결 외교, 자원 확보와 수출 확대, 국내 기업의 해외 진출 등을 위해 경쟁적으로 외국 순방을 통해 정상외교를 펼쳤다. 역대 대통령들은 집권 동안 세계 각 대륙의 많은 국가를 방문하여 성과 있고 내실 있는 다양한 외교를 펼쳐 국가 이익의 원천으로 만들었다. 국가원수의 외국 순방은 세계 공통으로 절차와 방법에서 상대 국가와 사전에 긴밀한 외교적 협상과 정부 간 합의에 의해 이루어지는 것이 외교 관례이다.

 ## 대통령 순방외교의 흐름

대통령 순방외교는 재임 중 시대의 흐름에 따라 다르지만 대통령의 뛰어난 능력이나 외교력만으로 이루어지는 것은 아니다. 건국 후 초기 외교는 남북 분단으로 야기된 사상이나 이념으로 국가안보를 위한 방위 분야에 미국을 중심으로 이루어졌다. 그러나 외교의 중심이 국제무대에서 남북 대결 지지를 이끌어 내는 쪽으로 변천되다가 동서 냉전의 벽이 무너지면서 외교의 방향도 다양하게 전개되기 시작했다. 근대화·선진화로 가는 목적의 외교는 산업화에 필요한 원자재 확보, 통상협력 증대, 우리 기업의 현지 진출 및 투자를 위한 협력구축, 외국 기업의 국내투자 유치, 지하자원, 화석연료 개발 참여를 위한 에너지 확보, 무역 확대, 현지 공장 건설 참여 등 투자 목적으로 변하였다.

한국 외교는 과거 정치, 안보 중심에서 벗어나 경제, 에너지, 환경, 과학기술, 문화 등 다양한 의제로 아프리카, 중동, 중앙아시아, 중남미 등 신흥 경제국으로 지형을 확대하였다. 자원·곡물 확보를 위한 글로벌 경쟁도 점점 더 거세지고 있다. 국가 생존을 위한 각국 정부의 자원 외교는 물론, 막대한 부가가치를 노린 기업들의 혈투 또한 치열하다. 자원 확보에 관한 한 세계 각국이 총성 없는 전쟁을 벌이고 있다. 현재 세계 주요국가와 기업들은 자원 확보를 위해서라면 전방위에서 활동하고 있다. 지구상

마지막 미개척지 북극, 남극에서도 자원전쟁은 뜨겁게 진행되고 있다.

북극이 지구 온난화로 빙하가 녹으면서 그 밑에 매장된 석유와 천연 가스, 천연광물 등을 선점하려는 열강들의 경쟁이 점점 더 가열되고 있다. 전문가들은 전 세계 석유 및 천연가스 매장량의 20% 이상이 북극에 묻혀 있는 것으로 추산하고 있다.

석유시장은 미국과 영국의 메이저들이 오랜 기간 시장을 지배해왔지 만, 다른 천연자원 쪽에선 일본 종합상사와 중국 국영기업들이 약진하고 있으며, 지금까지 세계 곡물시장은 미국의 '카길'과 'ADM', 프랑스의 'LDC', 브라질의 '붕게' 등 '4대 곡물메이저'가 장악해 왔다. 4대 메이저 들은 전 세계 곡물교역량의 80%, 저장시설의 75%를 점유하면서 글로벌 곡물가격을 마음껏 주물러 왔다.

이렇듯 국가의 모든 외교 흐름도 자원, 식량 등으로 다변화 하였으며, 즉 격이 높은 외교력이 필요한 시대로 변천하여 대통령이 현장을 누비며 외교를 통해 이룩해야 하는 흐름으로 바뀌고 있다. 세계 외교 환경도 국가 간에 이루어지는 단일 외교에서 다자간, 지역 간 외교로 바뀌어 다양한 국제회의를 통해 협력이 절대적으로 필요한 시대로 바뀌었다.

다자간 외교로 아시아태평양경제협의체_APEC나 아세안_ASEAN 10개 국+3개국_한·일·중, 아시아유럽정상회의_ASEM, G-7_서방경제협의체, G-8_G7+러시아에서 선진경제개발기구_OECD, G-20회의로 이동하는 등 급격한 공동협의체가 모든 세계 현안들을 논의하는 의제로 변하였다.

대통령 외국 순방은 어떻게 이루어지나?

　과거에 대통령 순방외교는 상대 정부에서 우리 대통령을 초청하여 우리 정부가 수락하면 성사 되는데, 통상 국빈방문에 해당되어 대통령에 대한 의전의 격식이 높다. 반대로 우리 대통령이 상대 정부 방문을 희망할 경우, 우리 정부에서 방문국 주재 공관에 지시하여 대통령 방문 의사를 타진한 후 외교 채널을 이용하여 실무 외교 협상을 통해 의제를 정해 상호 합의 후 결정되며, 비공식 방문으로 분류되어 낮은 단계의 의전을 받는다. 군사정권의 전두환, 노태우 전임 대통령들은 외국 순방과 정상외교를 자신의 중요 치적으로 내세우려는 경향이 강했다.

　그러나 우리나라 역대 대통령들은 상대 국가의 초청으로 방문한 것이 많았다. 국빈방문이든 실무방문이든 정상회담 의제에 관한 협의는 방문국 공관의 전권대사가 먼저 협의를 한 후 외무장관이 미리 상대 국가를 방문하여 상대국 외무장관을 만나 정상회담 아젠다_Agenda를 사전에 최종 결정한다. 정상회담 의제가 상호 합의되면 방문국에 있는 대사관이나 총영사관에서 상대 정부의 외교라인을 통해서 의전, 경호, 통신, 홍보, 정상회담 의제, 의회 연설 등 의식_Ritual들은 양국 간 외교라인을 통해 결정된다. 비공식행사로는 상공인 · 경제인과 조찬이나 오찬, 조찬 연설, 대학에서 강연, 명예박사학위 수여 등 부수 행사가 이어진다. 양국 간 외교라인을 통해 일정이 협의된 후, 정부의 외무부, 청와대 의전 수석실로 보고되면 대통령 재가를 거쳐 모든 순방 일정이 결정된다.

　방문국이 정해지면 통상 한 개의 국가만이 아닌 인근 몇 개의 주변국을 포함하여 3~4개 국가를 대상으로 방문 의사를 타진하여 방문국 수가 최종 정해진다. 순방 기간에 사용하는 행사 명칭은 보안을 위해 '태평양 계획', '대서양 계획' 등 방문지역 정서에 맞는 명칭을 사용하여 활동하게 된다.

대통령 방문 전에 첫 번째 단계로 사전조사를 위해 정부합동사전조사단이 구성되는데 의전장은 외무부의 차관보급이 담당한다. 의전장은 통상 중량급 국가의 대사를 역임했던 외무부에서 선발한 인사가 임명된다. 경호, 통신 책임자는 경호실의 중량급 인사 중에 선발하고, 홍보는 청와대 춘추관장이나 홍보비서관이 담당한다.

방송제작을 위해 청와대 홍보수석실이 공영방송인 KBS에서 대표를 선발해 정부합동조사단과 함께 활동한다. 방문국가 체류 중의 모든 일정은 특급 비밀로 취급되어 보안을 가장 중요시 한다. 의전은 청와대와 외무부를 중심으로 방문국가의 공관과 연계하여 업무가 이루어지고 경호, 통신은 대통령의 신변 보호 차원에서 청와대 경호실, 통신처, 정보기관 등과 합동으로 대처한다.

대통령의 순방외교의 성과를 국민들에게 알리기 위해 청와대 홍보수석실이 중심이 되어 각국 대사관에 파견된 공보관들이 업무를 전담한다. 청와대 홍보수석실은 해외 순방 기간 동안 대통령의 모든 행사를 보도하여 대통령의 외교 실적을 국민들에게 홍보하는데 인쇄매체와 방송매체 활용이 절대적이다. 신문매체도 중요하지만 방송은 신속성과 화면을 통한 대국민 접근성이 좋아 청와대 홍보수석실에서는 신문보다 방송을 중요시한다.

대통령의 방문이 결정되면 홍보비서관은 춘추관에서 회의를 소집하고 청와대 방송사 1진 출입기자, 방송제작 담당자에게 순방 국가 내 대통령의 행사 일정을 설명하고 일정표를 배포한다. 청와대행사를 과거에 민간 방송에 맡기지 않고 KBS에만 국한 한 것은 철저한 보안 때문이며, 한 명이 장기간 전담하는 것도 보안과 방송사고를 예방하기 위해서다. 외무부와 청와대 의전실에서 협의하여 의전장이 결정되면 의전, 경호, 통신, 홍보, 방송 등 10여 명 이내로 구성된 사전조사팀이 같은 비행기로 동시에 출발한다.

방문국 공항에 도착하면 해당 공관에서 상대 정부와 협의하여 입국 절차를 대행하고 화물까지 픽업한다. 사전조사 일행은 공항 귀빈실에 대기하고 있다가 공관이 대행하는 입국 수속이 끝나면 호텔이나 공관으로 이동하게 된다. 과거에 북한은 한국 정부의 외교 활동에 예민하게 대응하여 대통령 순방행사에 관해서는 모든 활동은 극비로 대처하게 된다. 한 예로 전두환 대통령의 아프리카 순방 때는 북한에서 암살단을 파견한 적도 있고 미얀마_과거 버마에서는 행사장에 폭탄을 설치해 많은 인명의 희생을 치렀기 때문이다. 도착 후 대사관이나 총영사 관저에서 첫 회의는 간담회 형식으로 진행하고 다음날 방문국가에서 정한 장소에서 양국 합동 전체회의를 개최한다. 이 회의에서 개략적인 사항들에 대한 양국 간 의견 교환을 하고 세부사항들은 분야별로 따로 회의를 통해 해결한다. 중요한 행사장은 양국 대표들이 현장을 방문하여 확인을 하고 대통령의 활동은 사전조사 때 정한 원칙을 따라야 한다.

방문할 국가마다 이 같은 조사를 마치고 귀국하면 신문이나 방송을 통해 대통령의 외국 순방 계획을 발표한다. 과거 이승만 대통령이나 박정희 대통령 외교 때는 국력이나 경제적 사정으로 대규모의 공식, 비공식 수행원, 기자단의 동행 등은 상상을 할 수 없었다. 두 대통령 순방 때는 한국에 항공기가 없어 미 공군이 제공한 군용기를 사용하거나 외국 민간 항공기를 사용하기도 하였다. 전두환 대통령 때부터 단거리용 대통령 전용기를 구매하였지만 비행거리가 짧아 거의 사용하지 않았다. 대신 대한항공으로부터 보잉 747급 항공기를 빌려 전용기로 개조하여 공식, 비공식 수행원, 기업 총수들, 국내 주요 신문 방송 기자단 등이 순방 길에 동행하게 되었다. 전두환 대통령부터 김영삼 대통령 때까지는 대한항공 비행기만 전용기로 사용하였지만 김대중 대통령부터는 아시아나항공과 번갈아 임차하여 전용기로 사용하였다.

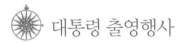

## 대통령 출영행사

1970~1980년대 대통령 의전은 대통령 권위를 부각시키기 위해 화려하게 진행했다. 정부 각료는 물론 일반 국민들까지 거리로 나와 대통령의 해외 순방을 축하해야 했다. 청와대를 출발하는 대통령 차량 행렬과 연도에 동원된 수많은 시민들, 학생들이 장도를 축하하며 태극기를 흔드는 장면은 주요 거리에 수많은 중계차를 동원하여 생방송으로 방송하였으며 요란한 공항 출영행사까지 이어졌다. 그러나 김영삼 대통령 때부터 연도에서 길거리 환송행사가 없어졌고 공항에서 출영행사도 간소화되었다.

해외에서 대통령행사 보도나 생방송 중계는 약간의 실수도 최고 경영자까지 엄중한 책임이 따르기 때문에 방송사고 방지를 위해 방송사들은 언제나 긴장의 연속이었다. 대통령 출국 날에는 모든 간부들이 조기 출근해서 만일의 사태에 대비하였다. 당시에는 정전이 자주 발생하던 시기라 본사는 물론 전국의 지방 방송국은 정전 대비 발전기를 가동시켰다.

　방송사들은 대통령 출발 1주일 전에 방문국에 사전 외곽 취재단을 파견하여 현지 주민, 교민 반응, 주요 방문국 일간지 기사 등을 취재하여 국내로 보내 분위기를 띄우는 것은 물론, 방문국 대사관이나 해외 문화관의 공보관들이 신문에 보도된 기사를 스크랩하여 사전 외곽 취재팀들에게 제공하여 기사화하였다.

　대통령 전용기가 공항에 도착하는 장면은 사전 외곽 취재단 카메라로 촬영하여 신속히 본국으로 위성을 통해 보내고 공항에서 환영식 장면들은 중계차를 빌려 위성을 통해 생방송을 하는 것은 당연한 행사였다. 외교 의전에 따라 대통령의 행사는 공식 환영식, 정상회담, 기자회견, 만찬, 연설 등으로 이어지며 이러한 행사는 모두 현지 국가에서 중계차를 빌려 생방송으로 중계방송을 해야 했다. 취재한 뉴스물은 별도로 신속히 위성을 통해 한국으로 보내야 한다.

 대통령 해외 순방 사전조사 대상들

### ⚜ **의전**_Protocol

　의전_儀典이란 '행사를 진행하는 방식이자 행사 참석자들을 격에 맞게 예우하는 방식' 이라는 뜻으로 쓰인다. 일반 국민에게는 상사를 잘 모시는 일이나 허례허식과 유사한 말 정도로 여겨지기도 한다. 1960~1980년대 군부정권에서는 대통령 등 소수의 고위직의 권위를 돋보이게 하는 수단으로 쓰였다. 남북한 대결 상황에서 대내외적으로 국가의 권위를 인정받기 위해 성대한 의전은 필요했다. 과거 우리를 국제적으로 고립시키려는 북한의 악랄한 외교적 도전이 세계 도처에서 자행되고 있었기 때문이다. 그러나 시대에 따라 의전 양상과 그 속에 담긴 생각은 사뭇 달라졌다. 화려하고 복잡했던 의전이 1990년대 이후 점차 간소화 · 민주화 · 합리화 · 실용화되었다.

이명박 대통령의 해외 순방은 실무장관과 대통령 청와대 핵심 수석비서 등 몇 명만 나와 조촐하게 공항에서 환송하는 것만 봐도 알 수 있다. 또 지난해 우리나라에서 열린 주요 20개국_G20 정상회의 같은 국제회의에서 의전은 세계 정상들에게 국내 특산품을 소개하고 문화를 알리는 비즈니스 수단으로 활용하였다. 의전을 이제는 '상대를 예우하는 정도'로 정의하고 있다.

대통령은 국내에서는 복잡한 국정을 수행하다 보면 국민들로부터 비판도 받고 대통령으로서의 권위를 느끼지 못한다. 그러나 외국을 방문하면 외국에서 베푸는 최고의 예우와 존경을 받으면 대통령이 된 것을 자랑스럽게 생각하고 비로소 천하를 다 얻었다고 생각한다.

대통령 해외 순방 시 방문국 의전이란 대통령 개인에 대한 것이 아닌 한 국가와 국민에 대한 예의로, 국가의 위상과 권위를 존중하는 국가원수에 대한 최고의 예절 모두를 뜻한다. 의전장은 청와대 사전조사팀의 장으로 선발행사 일정을 최종 결정하는 매우 중요한 역할을 한다. 방문국에 도착하면 대사관에서 상대 정부와 사전 협의된 사항들을 양국 간 합동으로 전체 회의를 개최한다. 이 회의에서 필요한 모든 것을 상대 국가에 요구할 수 있고 상대 국가는 최선을 다해 협력하도록 되어 있다. 그러나 국력의 차이로 의전의 격이 다른 것이 외교의 냉엄한 현실도 겪는다. 행사

일정에 공항 도착, 영접, 공항 환영식, 숙소 이동, 경호, 통신 등에 관해 양국 정부대표단 회의에서 최종 결정한다.

### ⚘ 대통령 외국 방문 시 공통 행사

대통령이 방문국에 도착하여 진행하는 공식행사는 공항 영접 및 환영식, 숙소 이동, 국립묘지 또는 영웅묘지 참배, 헌화 순으로 첫 일정이 시작된다. 다음날 대통령궁 또는 관저에서 공식 환영식이 열리면 식순은 국가 연주, 예포 발사, 의장대 사열, 환영사, 답사 등으로 진행되며 국가마다 외교등급에 따라 다르다. 양국 정상만 참석하는 단독 정상회담과 공식 수행원이 참석하는 확대 정상회담으로 열리며 이후 사전에 협의한 양국 간 조약·협약 체결식을 갖는다.

미국이나 일본은 국빈방문 경우 통상 국회에서 연설을 하게 한다. 비공식행사로 경제인 초청 만찬, 연설, 대학에서 명예박사학위 수여 및 연설, 교포 초청 만찬, 내외신 기자회견 등으로 이어진다. 영부인은 보통 고아원, 박물관, 미술관 방문 등을 한다.

### ⚘ 경호, 통신, 검식_檢食

경호의 목적은 질서유지, 신변안전 보호, 국위 선양, 권위 유지 등 여러 가지가 있지만 대통령은 국가원수로서 신변의 위해_危害를 받으면 국가 안위와 직결되기 때문에 국가를 보위하는 차원에서 철저히 신변을 경호한다. 과거 박정희 대통령의 시해사건은 최측근으로부터 발생했기 때문에 청와대 경호의 원칙은 경호원들의 지위 고하를 막론하고 경호원 자신 외에는 대통령을 경호하는 모든 경호 요원들조차도 경호대상이 된다.

한국은 북한과 첨예하게 대립해 있고 과거 북한으로부터 수차례 대통령에 대한 테러를 경험하였기 때문에 청와대 경호는 세계 어느 나라 국가원수의 경호보다 철저하다. 경호의 종류는 근접 경호, 원거리 경호로 대별되는데, 근접 경호는 청와대 경호처 소속 고위급 경호관들이 담당하고, 원거리 경호는 경찰과 군이 담당하며 지형지물을 이용하고 경호 종합 정보 수집 등은 정보기관이 관여한다.

1968년 '김신조 무장공비 침투사건'에 자극받아 국내 최초의 대테러 부대인 606부대가 창설되어 북한의 격술_擊術을 능가하는 무술을 개발하여 특공 무술가가 경호실에 상주하며 경호원들을 지도한다. 특공 무술은 태권도, 합기도 등 여러 무도에서 뽑아낸 장기에 호흡법을 결합시킨 것으로 단전_丹田에서 뿜어져 나오는 파괴력과 장풍의 일종인 평수법_平手法은 특공 무술의 절정이다. 이 특공 무술을 참관한 북한의 무술가도 감탄하였다고 하며 세계 여러 나라에서 벤치마킹을 하고 있는 무술이다.

경호방식도 전두환 대통령 때부터 노출 경호에서 은밀 경호로 바뀌었다. 노출 경호 때는 모든 경호원들은 감색 양복에 파란 넥타이, 8대 2 가르마가 대통령 경호원의 상징이었는데 복장을 바꾼 것이다. 과거 경호원 구성은 주로 각군 특수부대 요원들을 선발하여 특수 훈련을 거쳐 채용하였으나 지금은 일반 전형으로 일반인들도 엄격한 선발기준에 따라 선발한다. 현재 1년에 20~30명 내외 인원을 선발하는데 경쟁률이 대단히 높다. 토익 700점이 넘어야 하고 상식과 논술시험도 보며 무술은 가산점을 준다.

청와대 경호원들의 하루 일과는 대통령 외부행사가 없으면 무술 연마, 사격 등으로 하루를 보낸다. 대통령 외부행사가 정해지면 차량 이동부터 기획안이 마련되는데 대통령이 어느 차량에 탑승하는 것부터 시작된다. 행사장의 건물 도면을 이용하여 청와대 경호원들이 현장을 사전에 방문하여 위험지역에 금속 탐지기로 검색을 한 후 비표로 봉인하며 이 봉인은 누구도 제거할 수 없도록 되어 있다.

국내나 해외에서 대통령행사 때는 행사장 주변의 근접 경호원들은 007가방을 들고 사주 경계를 하는데 이 가방을 들고 있으면서 이들의 손가락은 항상 감추고 있다. 이는 유사시 가방 내부 총의 방아쇠를 당기기 위한 것이다. 또한 주요 건물마다 또 다른 저격수들이 배치되어 비화기를 통한 통신방식으로 이들의 현장을 지휘한다.

대통령이 행사 현장에 도착하면 근접 경호원들이 지그재그 형태로 막아 사격거리를 만들지 못하게 한다. 청와대가 정한 경호 원칙만으로 사실상 대통령 위해_危害는 거의 불가능하다. 통신은 경호에서 가장 중요한 원천이며 근거리, 원거리 경호에 중요한 역할을 한다.

청와대 통신보안은 주로 대통령 안위 때문에 엄격한 기준에서 운용된다. 대통령이 일단 청와대 밖으로 이동하게 되면 방해전파를 발사해 반경 ○○의 거리는 일체의 무선통신이 차단된다. 청와대 안에서도 다수의 외부인이 참여하는 영빈관 등에는 무선통신이 차단된다. 나라마다 차이는 있지만 대체로 외국도 마찬가지다. 경호상의 이유다. 직원들이 이용하는 유무선 통신도 기본적인 보안 기능을 갖고 있다.

오늘날 청와대 직원들에겐 업무용 핸드폰이 지급되는데 두세 대에서 많게는 대여섯 대를 지원한다. 앞자리 세 번호와 중간자리 세 번호가 모두 같고, 개인별로 뒤에 네 자리만 다르다. 청와대 외에 이 번호를 쓰는 개인이나 기관은 전혀 없다. 이는 업무상 편의도 있지만 보안 때문이다. 노출을 피하기 위해 수신자에겐 '발신번호 표시 제한' 이란 글씨가 뜬다. 대통령이 헬기로 이동할 때에도 대통령 전용 헬기 외에 수행원과 경호원을 태운 다른 헬기 2대도 함께 뜬다. 미국 시콜스키사의 S-92 기종 14인용으로 외형이 모두 같은 기종이다. 유사시를 대비하여 대통령이 어느 헬기에 탑승했는지 모르게 하기 위함이다. 헬기 이동 시에는 공군 전투기가 초계비행을 하고, 육로 이동 시에는 교각은 물론 교각 밑 물속까지 폭발물 탐색 작업을 한다.

대통령이 외국을 방문하면 외교 관례상 경호는 원칙적으로 방문국가의 경호체제에 따르는 것이 국제관례이다. 그러나 청와대 경호팀은 방문국가의 경호에만 의지할 수 없는 입장이라 일부 국가에서 청와대 경호처와 방문국 경호기관과 경호문제로 양국 경호원들 간에 많은 갈등을 겪게된다. 외국 순방 기간에 대통령 경호는 신변보호를 위해 '바람소리도 놓치지 않는다' 라는 모토_moto로 주재국 경호 관계자와 회의 등을 통해 경호 요소와 치안 상황 등을 철저히 점검한다. 의전팀에서 결정된 일정에 맞추어 세부 경호계획을 양국 간 경호팀 회의에서 결정한다. 이 회의에서 숙소배정, 경호단 선발, 경호 차량, 무기소지 범위, 경호원 수, 행사장 인원배치계획, 통신운용 등을 상호 합의한다.

대통령이 외국 방문 시 전용기에 탑승하여 비행하는 동안에도 비화기_秘話機 통신을 통해 전용기에서 뿐만 아니라 방문국가에 도착해서도 국가 통치 업무는 지속적으로 이어져 국내에서 일상 업무와 똑같이 이루어진다. 외국에서 청와대, 자국으로부터 업무보고, 지시 등은 일반전화 통화방식이 아닌 특수 통신 장비인 비화기를 이용한 특수 비밀문자를 사용함으로 보안이 철저하게 지켜진다.

또 왕정시대 때 임금의 수라상을 사전에 점검했듯이 오늘날 대통령 식단은 대통령 경호실의 검식_檢食 요원이 담당하기 때문에 반드시 동행한다. 사전조사 때 비밀통신에 관해 방문국과 다양한 통신방식의 협의를 거쳐 행사 때 사용함으로 통신은 대단히 중요하게 다루어지는 분야이다.

선진국 순방 때는 경호 업무 체제가 잘 발달되어 있어 대체로 방문국 경호수칙에 따르지만 후진국 국가에서는 사전에 협의한 경호에 관한 약속만으로 신뢰를 못하기 때문에 별도의 경호계획을 만든다. 선발대가 주요 행사장 외곽 경호를 담당하게 되는데 이들은 통상 상대 정부와 합의없이 극비에 이루어진다. 이들은 경호처가 정한 저렴한 호텔에 투숙하며 식사도 쿠폰을 사용하고 정해진 식당을 이용하면서 업무 수행을 하느라 가장 노고가 많다.

## ⚓ 대통령 전용기

우리나라가 보유한 대통령 전용기는 1985년 전두환 대통령 때 구입한 1965년도에 제작한 보잉 737기로 항로 거리가 3,400km에 불과해 일본이나 중국 등 단거리 방문 때만 사용이 가능하다. 그러나 실제로 거의 사용하지 않았으며 통상 국적기를 국내 항공사로부터 임차하여 사용해 왔다. 대통령 전용기로 선정되면 해당 항공기는 운항이 중지되고 안전 점검과 내부 개조 작업에 들어간다. 항공기 1등석은 대통령 집무 공간, 회의실, 침실로 개조된다. 승무원도 최정예팀으로 선발되며 특별 보안교육을 받고 모든 행동의 제약을 받는다. 항공사 사장은 의무적으로 탑승해야 하는 것이 관례인데 비행기의 안전과 대통령 내외분의 안전을 항공사 사장이 직접 보증한다는 의미다.

대통령이 비행기 탑승 후 이륙해 국내에 체공_滯空 중일 때엔 민항기를 제외한 모든 전투기 이착륙이 금지된다. '렌탈_rental 대통령 전용기'의 총괄관리는 대통령 경호처가, 관리 및 정비감독은 공군이, 조종과 실제 정비는 항공사가 맡아서 한다. 현재 정치권에서 대형 대통령 전용기 구입에 합의하여 2015년경에 구입 예정으로, 이 기간까지는 대한항공으로부터 5년간 임차하여 사용하도록 계약을 체결하여 외국 순방 때 사용하고 있다. 전용기 명칭은 '코드 원_Code One'이며 보잉 747-400 기종으로 내부는 회의실 등 대통령 전용 공간과 함께 비상 상황이 발생했을 때 청와대, 군과 연결할 수 있는 국가지휘 통신망을 갖추고 논스톱으로 1만 3,000km를 비행할 수 있다.

정부의 공식, 비공식 수행원, 기업인 총수, 청와대 출입기자단, 간호사, 검식 요원을 포함해 통상 100~200여 명 이상 탑승하고 항공기 맨 뒤쪽에 VIP용 특수물품 보관 창고가 있다. 이 창고에 어떤 물건이 탑재되는지는 아무도 모른다. 대통령 전용기는 국력의 상징이다. 미국 대통령 전용기 '에어포스 원 Airforce One'은 대통령과 핵심 참모들만 탑승한다. 대통령의 신변보호를 위해 또 다른 수송기 C-130로 대통령이 순방국에서 탑승할 방탄차량, 대통령 전용헬기 '마린 원_Marine One', 경호 차량은 별도의 화물기로 운반한다. 보도진은 별도로 차타_charter한 비행기로 이동하며 비용은 탑승한 기자가 각자 납부해야 한다.

미국 대통령 전용 차량 '캐딜락 원_Cadillac One'은 무게만 3t이 넘고 지뢰와 로켓포도 막을 수 있는 방탄능력을 갖추고 있다. 문의 두께만 약 20cm에 이른다. 차체는 알루미늄, 티타늄, 세라믹 등으로 만들어졌고 방탄유리를 장착했다. 연료탱크는 특수 제작한 금속으로 둘러싸여 총탄의 충격에도 폭발하지 않게 설계되어 있다. 실내에는 인터넷뿐 아니라 각종 통신 장비가 갖춰져 있고, 뒷좌석에는 미국 대통령만이 작동할 수 있는 전동 유리와 경호원 호출 기능이 탑재되어 있다. 또한 비상사태 발생 시 응급 수혈을 받을 수 있는 장비와 산소 공급 시스템, 소화기, 산탄총 등이 구비되어 있다. 연비는 리터당 3.4km라고 한다.

전용헬기 '마린 원'은 다목적 전술헬기 'VH-60 블랙호크_Balck Hawk'를 개량한 'VH-60N'으로 전용헬기의 조종 및 정비를 담당하는 부대는 제1 해병 헬기부대, 'HMX-1'이다. 한국에서 개최한 G-20 정상회의 때 프랑스, 중국도 미국처럼 전용기 외에 방탄차량을 별도로 운반해서 사용하였는데 이는 국력을 과시하는 의미이다.


### ⚓ 전용기 탑승 수행원

대통령 해외 순방계획이 잡히면 가장 먼저 공식 수행원이 정해진다. 국가에 따라 정상 간 회담 의제에 따라 차이는 있지만 대개 10~20명 내외의 공식 수행원이 동행한다. 정부에서 행사의 주무장관인 외교부장관과 경제협력 의제가 많은 지경부장관이 반드시 동행한다. 청와대에서는 외교수석, 경제수석, 의전비서관이 포함되며, 홍보수석, 대변인이 번갈아 동행한다. 비서실장은 대통령을 대신해서 청와대를 지키기 때문에 보통 순방에 포함되지 않는다. 기타 경호처장과 경제, 홍보, 안보라인의 비서관들과 대통령 주치의, 부속실장 및 부속실 행정관들이 비공식 수행원으로 동행한다. 따라서 청와대 및 정부 부서의 실무자들까지 합치면 대략 70~80명이 수행을 하게 된다. 정부 부처 실무자들과 청와대 실무자들 가운데 일부는 전용기에 탑승하지 않고 선발대로 먼저 출발한다.

그리고 현지에 사전 선발 파견된 경호관들을 제외한 수행 경호관이 다수 탑승한다. 가장 많은 수를 차지하는 것은 역시 청와대 출입기자들이다. 이들에게는 항공료를 자비로 납부토록 한다. 현지 호텔비용도 언론사별로 지불하게 된다. 그렇다 보니 형편이 좀 어려운 언론사들은 순방 취재를 못가는 경우도 꽤 있다.

방송의 경우 펜기자 2명(1진과 2진), 카메라기자 1조 등이 같이 가다 보니 전체 순방 취재기자 숫자는 50~100명에 이른다. 전용기에는 대기업 총수들이 울며 겨자 먹기로 단골로 수행한다. 물론 기업 총수들은 방문국 사업 프로젝트 마케팅을 하는 행운도 있지만 대부분 청와대에서 가자고 하니 안 갈 수 없어 따라 나서게 된다.

전용기는 크게 세 공간으로 나눠진다. 대통령 내외가 머무는 공간, 공식 수행원과, 비공식 수행원 중 청와대 수석 및 일부 선임 비서관들이 머무는 공간, 비서관 이하 비공식 수행원, 경호관, 실무 행정관, 기자들이 머무는 공간 등으로 나눈다. 대통령 내외가 머무는 공간엔 취침, 식사, 세면, 회의 공간 등이 갖춰진다.

기내에서의 대통령 안전은 평소보다 훨씬 중요하기 때문에 통제가 철저하다. 특히 외부인이라고 할 수 있는 기자들은 더욱더 통제가 엄격하다. 공식 수행원과 비공식 수행원 중 청와대 수석 및 선임 비서관들이 머무는 공간 역시 출입이 엄격하다. 그러나 비공식 수행원, 경호원, 실무 행정관, 기자들이 머무는 공간은 자유롭게 오가기도 하면서 분위기가 자유분방한 편이다.

해외 순방을 위해 임대하는 항공기는 747급 대형 기종으로 이코노미석에 앉는 비공식 수행원, 경호원, 실무 행정관, 기자들도 좌석 여유가 있어 큰 불편은 없다. 전용기에 탑승하는 수행원은 대통령의 경호 안전을 위해서 경호처는 대단히 엄격하고 까다롭게 수화물과 휴대품을 검색한다. 전용기 이륙 전과 착륙 후 발 빠른 행동이 필요하다. 왜냐하면 모든 동선_動線은 대통령 의전에 맞춰져 있기 때문이다. 한국이든 외국이든 대통령이 출국을 할 때엔 환송의식이 있다. 군악대 연주 속에 대통령은 레드 카펫을 밟고 환송 나온 인사들과 악수를 한 뒤에 전용기에 오르는데, 모든 수행원들은 그 전에 발 빠르게 탑승을 완료하고 꽤 긴 시간을 기다려야 한다. 대통령이 탑승하자마자 전용기는 바로 이륙한다. 더 힘든 것은 도착해서이다. 대통령은 착륙 직후 트랩을 내려 레드 카펫_red carpet을 따라 환영나온 인사들과 악수를 한 후 곧바로 전용 차량으로 이동한다. 분초 단위로 움직이는 대통령 동선이니 일체의 지체란 있을 수 없기 때문이다. 따라서 나머지 사람들은 착륙하기 오래 전에 짐을 챙겨놓고 있다가 뒷문_앞문은 대통령 전용으로 내린 다음 100m 달리기 하듯 지정된 수행원 버스로 달려야 한다. 그렇게 하지 않으면 대통령 차량과 경호 차량 바로 뒤를 쫓아 함께 움직이는 수행원 탑승용 차량을 놓치게 된다.

전용기만의 특전도 적지는 않다. 주로 먹는 것이다. 순방을 나가게 되면 최소 3~4일에서, 길게는 1주일~10일 가까이 되는 경우가 많다. 전용기로 이동하는 동안, 전용기 안에선 한국 음식을 실컷 맛볼 수 있는 것은 김밥과 라면이다. 김밥과 라면은 부탁하면 여승무원들이 양껏 준다. 식단은 일반 항공기보다 조금 좋은 수준 정도이지 별로 큰 차이는 없다.

항공사는 전용기 운행으로 별 수익을 내지는 않는다. 하지만 국적 항공사의 명예가 걸린 일이니, 순방 오래 전부터 회사 전체가 상당히 세심한 준비를 한다. 기장은 최장거리 무사고 운항을 자랑하는 숙련된 조종사를 투입한다. 여승무원들도 서비스평가를 잘 받은 친절한 스튜어디스들을 엄선해 배치한다. 대통령 내외의 식단을 식성에 맞게 준비하는 것은 기본이다. 승무원들은 공식 수행원들이나 주요 수석 비서관들의 인적사항도 숙지한다.

대통령 전용기는 대한민국 영공에 체공_滯空 중일 때에는 우리 공군 전투기가 일정한 원거리에서 엄호 비행을 하고, 상대국 영공에 진입하면 상대국 공군의 보호를 받는다. 대통령 전용기만의 이색적인 풍경은 기장의 안내 방송이다. 대통령 전용기에 수행원과 기자들이 함께 탑승하는 것이니, 안내 방송은 대통령 내외에게 맞춰진다.

이륙 후 기장은 일반 여객기처럼 안내 방송을 한다. "대통령님, 여사님, 안녕하십니까? 저는 대통령님과 여사님을 순방국 ○○○○까지 모시고 갈 기장 ○○○입니다."로 시작하는 기장의 이륙 인사말은 "대한민국을 위해 모쪼록 이번 순방에서 커다란 결실을 맺어주실 것을 온 국민들과 함께 기원합니다."로 맺는다. 즉 전용기가 곧 안락한 공간이 아니고, 국익을 위해 벌어지는 국가 간 외교전의 전초기지임을 실감하는 순간이다. 장기간의 순방을 마치고 귀국 길 전용기에 올랐을 때, 강행군에 파김치가 된 대통령은 그제서야 안도의 한숨을 내쉬게 된다. 기장의 인사말은 역시 국민의 한 사람으로 건네는 위로 말이다. "대통령님, 여사님, 고생 많으셨습니다. … 서울까지 편안히 모시겠습니다." _청와대 비서실 자료 인용

### ⚜ 대사관, 총영사관

전문 외교관이란 외국에 주재하며 나라를 대표하여 외교 사무에 종사하는 관직에 종사하는 공무원으로 대사, 공사, 총영사, 부영사, 영사 및

참사관, 서기관 등이며 이들은 국가가 지정한 대사관이나 총영사관에서 근무한다.

외국 국가를 방문하는 대통령 순방이 결정되면 청와대 의전실이나 외교부는 방문국 상주 대사관이나 총영사관에 대통령 순방행사에 관련된 제반 훈령을 내리면 해당국 상주 공관은 대통령 순방외교에 따른 제반 사항에 대해 업무를 수행하게 된다. 외교부는 통상 한국과 수교를 맺고 있는 세계 각국에 대사관이나 총영사관을 두고 조약을 맺거나 영사업무, 교민보호 및 통상을 확대하는 고유 업무를 수행한다. 외교부의 해외 상주 공관은 국가별로 특지, 갑지, 을지 등으로 분류하여 운영하는데 통상 미국이나 프랑스, 영국, 독일, 중국, 러시아, 일본 등 강대국은 특지 공관을 운영함은 물론 대도시에는 총영사관을 둔다.

특지 외에 비교적 큰 나라는 갑지 공관으로 운영하며 나머지는 을지로 분류하여 상주 외교관 규모나 외교관 수가 적다. 특지 공관에는 대통령이 임명한 전권대사를 비롯한 공사, 영사, 외교 참사 등 전문 외교관 외에 정부 중요 부처에서 목적에 따라 파견한 공보관, 상무관, 농무관, 무관 등 많은 공무원들을 상주시켜 대통령 방문행사를 커버한다. 그러나 을지 공관을 방문 때에는 인접 공관이나 본국에서 인원을 파견하여 행사를 도와준다.

평소에는 한국의 대사관에 상주하는 전문 외교관과 정부 주요 부서에서 파견한 공무원들과 통상 갈등이 많다. 공관에 근무하는 전문 외교관들은 통상 고시 출신이라는 우월감으로 타 부서에서 파견된 공무원들을 경시한다. 이 같은 이유로 통상 공관에서 서로 유대감이 없고 업무 공조가 원활하지 않다. 그러나 대통령행사 때는 외형상 갈등이 없는 것처럼 보인다. 대사관이나 총영사관은 대통령 순방 기간 동안 가장 힘들고 중요한 업무 처리를 해야 된다.

상대 정부의 각 부처와 행사의 제반 세부적 논의는 물론 의전, 경호, 홍보, 협약이나 조약체결, 기업 총수들의 활동범위 등 행사기간 동안 제반 사항을 준비해야 한다. 대통령의 공식행사 외에 공식, 비공식 수행원, 기자단 숙소 배정, 차량 지원, 교포 간담회 준비 등 수많은 업무를 처리하게 된다. 대통령 방문기간에는 공관 요원들에게는 전쟁터와 같은 수난의 연속이고 일이 끝난 후 공_功은 없고 과_過만 기다리는 곳이 해외 공관이다.

### 🦌 해외 교포 간담회

우리나라의 이민 역사가 100년이나 지나다 보니 전 세계에 걸쳐 많은 한국 국민들이 외국에 이주해 살고 있다. 일제 치하에 생계를 위해 떠난 이민자를 포함하여 과거 남북 간 긴장이 최고조일 때 도피성 이민자, 생존을 위한 이주자, 선진국의 막연한 유토피아를 꿈꾸며 떠난 사람들, 반한 감정으로 떠난 사람 등 여러 가지 이유로 한국을 떠나 외국에 거주하는 이주자가 세계 곳곳에 약 700여만 명의 해외 교포가 분포되어 살고 있다.

해방 후 가난 때문에 귀국하지 못한 재일교포가 아직도 일본의 철저한 차별을 받으며 살고 있다. 특히 미국의 대도시마다 많은 교포가 살고 있으며 유럽을 비롯한 전 세계의 대륙에 우리 교포들이 살고 있다. 여러 가지 사연으로 조국을 떠나 살지만 본능적으로 조국에 대한 향수와 애정을 숨기지 못하는 것이 인지상정_人之常情이다. 외국에서 살면 한국에 살면서 못 느끼는 조국을 사랑하는 마음이 항상 가슴에 간직하며 살고 있고 조국이 어떻게 사는지 궁금하게 생각한다.

그래서 대통령이 외국을 방문하면 상대 정부와 정상회담 등 주요 일정을 마치면 교민들과 간담회 일정을 잡는다. 대사관, 총영사관에는 교민들에 대한 제반 정보를 확보하고 있고 교민 회장을 중심으로 행사일정을 수립한다. 교포 간담회는 통상 기자단, 공식, 비공식 수행원이 머무는 호텔 연회장에서 개최한다. 간담회는 수백 명이 초청되며 저녁 식사를 겸해 개최하고 대통령은 일일이 초청자들과 악수를 하고 국내의 주요 국정을 보고한다. 이어서 정상회담 결과 설명, 교민 회장의 답사 순으로 진행되는데 교민들은 이 행사를 매우 중요하게 생각한다. 행사에 참석한 교민들에게 통상 대통령 휘장이 새겨진 시계를 선물로 제공한다.

## ⋙ 보도

대통령 해외 순방 시 청와대 출입기자들은 대통령 전용기에 탑승하여 현지에 도착 즉시 모든 행사를 취재하고 제작된 뉴스는 매체별로 국내로 신속하게 보내게 된다. 이를 위해 방송은 청와대 홍보팀과 함께 사전 준비 조사를 실시하게 된다.

청와대 홍보수석실에서 기자단 보도 편의를 위해 대통령 숙소 근처나 행사가 집중된 장소 인근에 기자단 숙소 겸 프레스센터로 사용하기 위해 호텔 연회장을 빌려 사용하게 된다. 연회장에는 칸막이를 설치하여 방송 기자실, 신문 통신사용 기자실, 브리핑실, 편집, 송출실 등으로 구분하여 '프레스센터'를 만들어 언론매체들에게 제공하여 행사 취재 편의를 제공한다. 지상파 방송사들과 케이블 방송사는 별도 외곽취재팀을 순방국에 사전에 파견하여 대통령 현지 도착, 출발 장면을 현장에서 제작하여 보도한다. 외곽 취재도 대통령 도착 후 출발까지는 청와대 춘추관이 시행하는 풀_pool 제(공동취재) 규정에 따라 운영한다. 이 외에 외곽취재팀은 편집팀과 송출팀으로 나누는데 각 방송사마다 편집 장비를 현지에서 임차하거나 한국에서 운반, 설치하여 사용하게 된다.

송출팀도 송출 장비_녹화기, 모니터 등를 현지에서 임차 또는 한국에서 운반하여 프레스센터에 설치하고 대통령행사 취재물은 방송사에 가지 않고 호텔 프레스센터에 전송 라인을 만들어 한국으로 직접 보내 시간을 단축하게 된다. 이슈가 큰 나라를 방문할 때는 각 방송사마다 뉴스 메인 앵커를 파견하여 현장에서 뉴스를 진행하기도 하는데 이 경우 청와대 풀제는 지속되지만 외곽제작팀은 별개로 활동하므로 방송사 간 경쟁은 치열하다.

대통령이 미국, 일본, 중국, 러시아, 서유럽 각국 등 특지지역 국가를 방문 시에는 공식 환영식, 양국 정상 공동성명 발표, 국회 연설 등은 반드시 현지 국가에서 중계차를 빌려 생중계를 하게 된다. 이를 위해 사전조사 시 방문국가의 방송사나 통신사에 중계차 임차, 위성중계를 위한 위성 지구국 실태, 위성 사용시간 가능 여부 등을 미리 파악해야 된다.

또한 호텔에서 위성 지구국까지 마이크로웨이브 전송 라인 계약을 완료해야 하고 방송 뉴스를 위해 편집용 녹화, 재생장비 임차, 본국과의 통신용 전화선 계약, 인터넷회선(과거 팩스) 팩시밀리 기계 설치, 신문사 스틸카메라 전송용 회선확보, 전압 및 전원 플러그까지 사전조사 시에 파악하고 사전 계약을 해야 한다.

### ✈ 대통령의 해외 순방 방송 제작
방송은 수신 장치를 갖춘 불특정 다수의 대중이 동시에 시청취할 수 있도록 오락, 정보, 교육 내용 등의 여러 프로그램을 체계적으로 보급하는 것이라고 할 수 있다. 방송은 라디오처럼 듣는 것만이 가능한 청각 매체뿐만 아니라 텔레비전처럼 보고 듣는 것이 모두 가능한 시청각 매체로도 이루어진다.

라디오 방송은 일찍이 1920년경부터 시작되었다. 텔레비전 방송은 1930년대부터 시작되었으며, 1950년대 초 케이블 텔레비전이 개발되었다. 1960년대부터는 인공위성을 이용하게 됨에 따라 텔레비전의 시청이 크게 늘어났으며 프로그램 수 또한 크게 증가했다.

대통령의 해외 순방기간 중 행사의 소식을 시청자들은 TV뉴스를 통해 빠르고 쉽게 접하게 된다. 이는 방송사에서 사전에 철저히 미리 준비해 신속히 위성을 통해 전달하기 때문이다. 대통령 해외 순방 때 일어나는 순방행사를 언론매체를 통해 시청자나 독자들에게 뉴스정보 전달은 대단이 중요하다. 과거 대통령들의 해외활동에 관한 보도는 매체마다 톱기사가 원칙이었다. 또한 기사는 비중있게 취급하여 TV나 신문의 공통사항이었지만 지금은 시대가 변해 자율에 맡기고 있는 것 같다. 요즘은 뉴스제작 양이 줄어들어 해외로부터 본국으로 전송기사도 대폭 줄었다. 정보기술_IT의 발달과 인터넷망과 디지털기술, 압축기술 발달로 세계 대부분 국가로부터 쉽게 뉴스제작물을 시청자들에게 인터넷 전송망으로 전달되는 시대지만 과거 20~30여 년 전에는 상상도 할 수 없는 방법이었다.

1980년대부터 최근까지 대통령에 관한 국내외 활동 보도는 각 신문·방송사들 공히 청와대 기자실_춘추관*에 중견 기자들을 상주시켜 취재를 전담하여 대통령의 국내외 활동을 취재 보도하고 있다.

청와대에서 보도되는 뉴스의 기사는 신문, 방송, 통신사가 코리아풀

## 춘추관 *

춘추관은 노태우 대통령 집권 후 청와대 출입기자들 취재 편의를 위해 만든 청와대 전용 프레스센터다. 춘추관에는 신문, 방송 펜기자들을 위해 대형 홀에 취재 데스크를 만들어 중앙, 지방의 신문, 방송, 통신 펜기자가 공동으로 사용한다. 신문, 방송 카메라기자들은 별도의 방에 상주하며 펜기자와 함께 공조하여 대통령 동정을 촬영하여 뉴스를 제작한다. 청와대에 상주하는 신문, 방송, 통신 펜기자는 통상 1개조(2명)를 파견한다. 1개 신문사는 펜기자 1명, 사진기자 1명을 상주시킨다. 그러나 방송은 펜기자 2명, 카메라기자 1조(2명)를 상주시켜 뉴스를 제작한다.

취재 방식은 순방국 현지에 도착하면 메이저급 중앙 일간지 기자들은 공동취재(풀제)단 인원 1명씩만 현장에 투입한다. 그러나 지방 일간지들은 취재 인원 제한으로 대통령 행사장에서 취재를 못하고 통상 '연합뉴스' 기사를 받아 기사를 본사에 송고한다. 방송은 KBS, MBC, SBS 등 지상파 방송과 YTN, MBN 케이블 TV 뉴스가 합동으로 공동취재단을 구성하여 현장을 취재한다. 대통령 행사장 한 곳에는 공동취재단의 신문 펜기자 1명, 사진기자 1명, 연합뉴스 펜기자 1명, 사진기자 1명, TV 펜기자 1명, TV카메라 1조, 정부 홍보 카메라기자 1명 등 7명 정도가 동행 취재한다. 그러나 이명박 대통령이 취임 후에는 해외 순방 취재 방식도 많이 바뀌었다. 인터넷의 발달로 과거처럼 많은 인원이 수행할 필요가 없어졌기 때문이다.

다자간 국제회의가 1년에 수차례 연속적으로 개최되면서 신문이나 방송에서 대통령에 관한 기사를 비중 있게 다루지 않는 이유도 있다. 외국에서 대통령 동정 기사의 영상물도 지상파 방송사와 케이블 방송사로 나누어 처리해 대부분 인터넷 웹하드로 보내 사용함으로 시간과 돈을 절약할 수 있게 된 것이다.

과거나 현재도 청와대 출입기자는 공히 사전에 청와대 신원조회를 통과해야 춘추관 상주가 가능하다. 각 언론사의 펜기자는 정치부 소속 중견기자를, 방송사 카메라기자는 보도본부 영상 취재부 소속 중견기자를 청와대에 추천한다. 신원조회 절차는 대단히 까다롭다. 친가, 외가, 처가를 포함해 먼 촌수까지 신원조회를 해서 신원조회 항목에 위배되면 통과하시 못하고 반려된다. 그러나 신원조회 통과자는 통상 3년간 상주하며 대통령 동정을 취재 보도하는데 개인적으로 기자들 세계에서 회사 내에서 장래가 보장되는 선망의 대상자가 된다.

특히 대통령이 해외 순방 때 전용기에 동승하여 순방지마다 외교 활동을 취재 보도한다. 그러나 이들도 나름대로 애로사항도 많다. 현지에 도착하면 우리나라와 현지 시차, 뉴스시간 관계로 많은 고생을 한다. 위성시간은 항상 미리 정해져 있어 시간 안에 뉴스를 제작해야 한다. KBS, MBC(지금은 8시 편성)는 밤 메인뉴스가 9시에 편성되어 있어 여유가 있지만 SBS는 저녁 8시, YTN은 시간대마다 뉴스 편성으로 몸과 마음이 항상 바쁘다.

그러나 청와대는 이들의 노고를 알기 때문에 많은 배려를 한다. 비공식 수행원으로 동행한 많은 대기업 총수들이 식사 대접 등 성의를 표하고 공식 수행원으로 수행한 정부 부처 장관들도 돌아가며 밥 한 끼를 산다. 중앙에 있는 신문, 방송, 통신사 모두 청와대 출입기자의 임기를 마치면 통상 미국이나 유럽 등 해외 지국의 지국장이나 특파원으로 파견하여 근무 중 다양한 혜택을 받게 한다.

제_Pool로 운영되어 기사의 내용은 과거에도 지금도 대부분 청와대 대변인이 발표하는 내용을 보도함으로 천편일률적으로 기사의 내용이 동일한 것이 특징이다. 과거 이승만 대통령, 박정희 대통령 재임기간 동안에는 외국 순방 때 뉴스제작을 위해 대규모 기자단 동행은 생각지도 못했다. 두 대통령은 전용기도 없이 미국 군용기를 또는 외국 항공기를 이용하여 방문함으로 대규모 인원이 수행할 수 없었다.

전두환 대통령 집권 때부터 국제 사회에서 남북한 안보외교의 첨예한 대립 속에 해외 순방외교도 공식, 비공식 수행원, 경제총수, 취재진 등이 포함되어 수행하기 시작하였다. 이때부터 대통령의 권위와 위엄이 외교활동을 통해 격이 높아졌고 언론 매체를 통해 대통령의 외교력을 상세히 보도함으로 국민들에게 친숙하게 접근하는 수단으로 텔레비전 보도를 적극 활용하였다. 당시 방송제작 기본포맷은 대통령 해외 순방 때 출국

행사에서부터 방문국 공항에 대통령 전용기 도착 장면 및 공항 영접행사
는 반드시 생방송으로 했다.

공식 환영식, 만찬 연설, 기자회견, 의회 연설 등도 대부분 생방송이
원칙이었기 때문에 사전조사 때 상대국가에서 정부와 방송사, 통신사들
과 사전 업무협의를 통해 완벽하게 미리 준비를 한다. 대통령의 모든 행
사는 뉴스로 제작되어 신속히 국내로 보내져 시청자들에게 전달되어야
했고, 어떤 이유로도 방송사고나 실수는 용서되지 않는다.


### ⅍ 프레스센터

방문국 공통으로 현지 기자단, 공식, 비공식 수행원이 머무는 호텔의
연회장을 빌려 프레스센터를 설치한다. 프레스센터 구성은 신문, 방송으
로 크게 나누어 파티션_partition을 하고 방송단은 다시 펜기자와 카메라기
자로 나누어 사용한다. 신문도 펜기자와 사진기자가 분리한 방을 사용한
다. 방송단은 카메라기자와 편집, 송출이 한 파티션을 사용해 업무의 효
율을 높인다.


### ⅍ 편집실과 송출실

과거에 방송단은 펜기자가 작성한 기사를 카메라에 우선 녹음을 하
고 다음으로 현장에서 펜기자의 얼굴 화면을 촬영_On Camera해 편집 후
기자들의 기사를 먼저 위성으로 각 방송사로 보내게 된다. 대통령 동선_
動線 화면들은 현장에서 종합 편집해 각 방송사로 일괄 보내면 서울 본사
에서 종합 편집을 해서 뉴스로 사용하게 된다. 따라서 모든 업무는 프레
스센터 현장에서 원스톱으로 진행된다.

반면에 신문은 기사를 작성해 팩시밀리(과거)로 각 신문사로 보내며 사진은 현장에서 특수 전화선을 이용해서 각 신문사에 별도로 보내지만 방송에 비해 업무가 단순하다. 그러나 오늘날은 인터넷과 압축기술 발달로 방송도 인터넷으로 웹하드_Web hard로 보내면 각 방송사에서 저장한 내용을 풀어 사용함으로 비용도 절약된다. 신문도 인터넷으로 기사와 사진을 보내 매우 편리해졌다.

외국에서 뉴스 송출 모습

## ☞ 국가마다 상이한 방송 방식

미국, 일본 등 극소수의 국가만 우리나라와 같은 방식인 NTSC/525˚를 사용하고 대부분의 국가는 PAL/625˚방식이나 *SECAM/625˚를 사용함으로 취재, 송출이 복잡하다. 현재 전 세계에는 한국, 일본, 미국, 중남미 일부 등은 NTSC의 컬러TV 방송방식을 사용하고, 독일, 영국, 중국, 북한 등은 PAL 컬러TV 방송방식을, 프랑스, 러시아, 옛 공산권 국가들은 SECAM/625방식을 사용한다.

우리가 사용하는 NTSC/525 카메라로 취재한 테이프는 PAL/625 녹화

## NTSC/525 *

미국 NTSC_National Television System Committee에서 정한 컬러TV 전송방식이다. NTSC TV 이미지는 프레임당 525개의 수평 주사선을 갖는다. 이러한 주사선들은 왼쪽에서 오른쪽으로, 그리고 위쪽에서 아래쪽으로 주사되는데, 매 한 줄씩 건너뛰어진다. 그러므로 하나의 완전한 프레임을 완성하려면 화면을 두 번 훑어야 한다. 한 번은 홀수 번째 줄을, 다른 한 번은 짝수 번째 줄을 주사한다. 절반의 프레임을 주사하는데 걸리는 시간은 대략 1/60초 정도 소요되므로 완전한 프레임은 매 1/30초마다 주사된다.

## PAL/625-PAL(Phase Alternate Line) *

67년 독일의 텔레풍켄(Telefunken)사가 개발했다. 초당 25프레임의 주사율을 갖는 방송방식으로 NTSC보다 프레임에서는 뒤지지만 수직주사선이 625라인으로 더 많고 더 높은 대역폭을 사용하기 때문에 해상도가 높다. 이 방식은 전송로에서 생기는 위상왜곡이 영향을 받지 않는다는 장점이 있으나 흑백수상기로 시청할 수 없다는 단점이 있다. 유럽, 호주, 중국, 북한 등에서 이 방식을 채택하고 있다.

## SECOM-SECAM(Systems Equential Couleur A Memoire) *

주사선마다 색차 신호를 순차적으로 교차시키는 TV방송 표준방식을 말한다. SECAM방식은 프랑스에서 제안하여 소련을 비롯한 동유럽국과 일부 중남미 국가에서 표준으로 채택했으며 주파수 진폭에 따른 영상의 일그러짐을 없앴지만 수직 방향의 해상도가 떨어진다는 약점이 있다.

기로 편집도 재생도 안 된다. 청와대 방송 출입카메라 취재기자는 어디를 가도 우리의 방식인 NTSC/525 카메라를 휴대하여 출발에서부터 기내 취재까지 수행하기 때문에 방문국 TV방식이 PAL/625방식인 경우 서울에서 외곽 취재팀과 위성 송출팀이 국내에서 편집기 및 송출용 녹화기를 휴대

반입하여 사용해야 된다. 지금도 방송사에서 단독으로 특정 국가에 해외
취재를 떠날 때에는 반드시 방송방식을 사전에 인지하고 출발해야 한다.
그렇지 않으면 취재물을 위성으로 송출이 불가능해 헛수고를 하게 된다.

### ⚡ 대형 방송사고 위기의 순간

김영삼 대통령의 남미 순방 일정은 한꺼번에 대륙을 횡단하면서 5개
국 6곳을 순방하기 때문에 방송사고 위험을 내포하고 있었다. 사전조사
후 청와대 회의에서 KBS, MBC, SBS 방송3사가 역할을 분담해서 행사를
지원하자고 제의하였다. 춘추관장도 필자의 제의를 받아들여 KBS는 과
테말라, 페루, 아르헨티나를 담당하고, MBC는 브라질 수도 브라질리아,
칠레를, SBS는 브라질 상파울루를 맡기로 결정하였다. 우려했던 방송사
고는 KBS가 담당한 페루, 아르헨티나에서 발생할 뻔 했다.

행사가 시작된 시점 페루로 이동 중에 KBS 송출담당자의 현지 공항
에서 취급부주의로 녹화기를 땅에 떨어뜨렸다. 그로인해 기계적으로 망
가져 송출장비인 녹화기를 완전 사용할 수 없는 상황이 되었다. 서울에서
새 장비를 인편으로 직접 운반해야 하느냐 아니면 현지에서 NTSC방식 녹

화기를 구해보느냐 중요한 기로에 직면한 것이다.

서울에서 운반 사용하려면 본사에 보고해야 한다. 만약 보고를 하면 회사는 난리가 날 것이고 운반해 사용해도 비행시간이 길어 대통령행사 일부는 펑크가 날 수밖에 없는 상황이라 결정은 신중해야 했다. 현지 협력사에 전화를 걸어 페루 수도인 리마_Lima 시내에 있는 모든 프로덕션 사 회사명 주소, 전화번호 내역을 받아 적었다. 그러나 스페인어를 사용하는 지역이라 전화로는 확인이 불가해 택시를 타고 회사마다 방문하기로 하였다. 그러나 가는 곳마다 우리가 필요로 하는 NTSC방식 녹화기는 없었다.

마지막으로 한 곳에 가니 NTSC녹화기를 가지고 있는 것이 아닌가. 일단 안심을 하고 임차 여부, 가격을 물어보니 눈치를 채고는 임대료로 신형 장비를 사는 가격만큼 지급하라는 것이었다. 필자가 가지고 있는 출장비 현금을 전부 보여주며 사정을 하자 빌려 주겠다는 것이었다. 선불로 출장비 전부를 지불하고 호텔로 녹화기를 운반해 시험을 해보니 문제없었다. 그러나 아르헨티나 행사가 문제였다. 부에노스아이레스에 거주하는 교포인 KBS라디오 통신원에게 전화를 걸어 NTSC녹화기를 구할 수 있는지 전화로 부탁하였다. 통신원은 약 4시간 후 전화로 녹화기 한 대가 있다는 것이었다. 천만다행이라 생각하고 서울에 보고하지 않기로 결정하고 본 행사를 모두 무사히 끝냈다.

위기의 순간에 필자는 침이 마르고 하늘이 노란 상황을 겪으며 하루 종일 물 한 모금도 마시지 못했다. 20여 년 동안 무사고로 행사를 진행하였는데 갑자기 당한 사고는 필자에게 매우 큰 충격적이었다. 세계 각국이 방송방식이 다른 방식을 채택하여 해외 출장 때 방송제작을 하면서 방송

제작 장비를 소중히 다루지 않으면 누구나 유사한 사고를 겪을 수 있다는 취지에서 이 책에 소개한다.

## ⚜ 대통령 외국 순방 시 방송사 뉴스 제작비용은?

대통령 외국 순방 때 모든 행사를 진행하는데 소요되는 경비는 방송 사들이 부담한다. 기본비용으로 위성 통신비와 국내외 전송료, 생방송제 작에 필요한 중계차 임차료 비용 등을 말한다. 외국에서 호텔 연회장을 빌려 사용하는 프레스센터 임차료는 청와대에서 지급한다. 그러나 방송 국에서 빌려 사용하는 편집장비, 송출용 마이크로웨이브 장비, 중계차 임 차료, 위성 비용은 방송사에서 부담한다.

**대통령 외국 순방 시 발생하는 방송사가 지급하는 비용**(1일 기준)
- 위성 요금 : (640만 원/시간 x 6시간/1일) = 3천 840만 원
- 마이크로웨이브 장비 임차 요금 : 500만 원/1일 = 500만 원
- 중계차 임차료 : 1,500만 원/1회 x 2회 = 3천만 원
- 총계 : 7천 340만 원/1일(KBS, MBC, SBS, YTN, MBN 균등 분할 납부)
  KBS가 선 지급 후 방송 4사에 분할 청구한다.

## ⚜ 위성통신의 중요성

오늘날 각종 정보를 신속하고 정확하게 접근할 수 있는 것은 과학기 술 발전의 요람 위성통신 발달 때문이다. 전 세계 어느 곳에서도 중요한 뉴스를 신속하고 정확하게 정보를 접하는 데는 위성통신이나 해저통신망

발달로 가능한 것이다. 눈에 보이지 않는 국제위성은 전 세계 회원국에서 투자하여 만든 국제위성기구_INTELSAT에서 적도 상공 35,786km 거리에 위성을 쏘아 올려 운영하고 있다.

위성은 태평양, 인도양, 대서양 35,786km 상공에 360도를 2도 간격으로 위성을 배치하여 모든 국가에서 국제전화나 인터넷망, TV 중계용으로 사용하고 있다.

우리나라는 태평양지역에 위치하고 있지만 인도양, 태평양위성을 한 번에 사용이 가능해 인도양, 태평양 연안 국가에 있는 나라에서는 한 번에 통신이 가능하다. 그러나 대서양지역_남미, 북미 동부, 아프리카 등으로부터 수신을 위해서는 대서양위성과 인도양, 태평양위성을 두 번 사용해야 하는데 이 방식을 2단 중계_Double Hop라 부른다. 이러한 방식으로 지구의 어느 나라에서도 위성으로 행사가 모두 가능하다.

대통령행사를 취재한 뉴스는 국내 방송사의 뉴스시간 전에 전송이 완료되어야 하는데 위성시간이 확보되지 않으면 행사 보도는 불가능하다. 우리가 원하는 위성시간에 다른 국가나 방송사가 선점해 있으면 절대 사용할 수 없으므로 위성시간을 확보하는 것이 대통령행사에서 가장 중요하다.

 역대 대통령의 외교 성과

한 국가의 정상이 상대 국가의 정상과 회담에서 논의한 내용은 피상적인 내용만 언론 보도를 통해 알려진다. 세부적인 양국 간 현안 문제는 발표를 하지 않고 외교 문서로 남기고 수십 년 후에 발표하던지 아니면 항구적으로 비밀로 하는 것이 관례이다. 역대 대통령들이 펼친 외교 성과도 당시 행사 지원 취재용 자료와 언론을 통해 보도된 자료들을 정리한 것이기 때문에 정확한 내용이 아니라는 것을 이해하여 주기를 바란다.

### ❖ 이승만 대통령

이승만은 조국의 근대화에 눈을 뜨게 되며 선구적인 개혁운동에 가담한 대가로 종신형을 선고받지만, 5년 7개월간 옥살이 끝에 석방돼 1904년 11월 미국행 배를 타게 된다. 미국에서 그는 조지 워싱턴대학에서 학사, 하버드대학에서 석사, 프린스턴대학에서 박사학위 등 전 과정을 5년 만에 마친 수재다.

이후 무려 35년간을 미국에서 조국 광복을 위해 헌신하다가 광복 후 귀국했다. 그리고 대한민국의 초대 대통령이 되었고, 귀국 후 9년 만에 국빈으로 초청받아 자신의 제2 고향인 미국을 국빈방문하였다. 그는 미국으로 향하면서 "자유라는 대의를 선양"하러 미국에 간다는 자신감을 마음속에 품고 있었다. 그는 당당한 대한민국의 대통령이었다.

대한민국 건국 대통령으로서 해방 후 확립된 헌법의 기초 위에 민족주의자, 철저한 반공주의자로 자유민주주의를 점차 확립해 갔다. 그러나 이승만 대통령은 한국을 통치하면서 미국으로부터 적극적인 협력으로 정치기반은 마련하였지만 집권 후 북한의 남침을 전혀 예측하지 못하고 전쟁의 참화를 맞아 국민들은 처참한 지경으로 몰아 나라를 잃을 뻔 했다.

외교력을 발휘해 미국을 비롯한 유엔군이 참전해 남북통일을 목전에 둔 순간 중국군의 참전은 그에게 큰 시련이었다. 미국은 단기간의 전쟁으로 수많은 미군이 희생되자 조기에 휴전을 서둘렀지만 이승만 대통령은 단호히 거부하면서 2년여 세월동안 전쟁은 지속되었다. 이승만 대통령은 공산세력과 미국 정부를 동시에 압박하는 목숨을 건 외교로써 한국의 생명줄인 '한미_韓美상호방위조약'을 만들어 냈다.

이때가 1953년 10월 1일 '한미방위조약'을 체결한 후 휴전을 받아들여 북한의 재침을 원천 차단하였고, 지금도 2만 8,500만여 명이 주둔하며 강력한 신무기를 한국에 배치해 북의 남침 기도를 원천 차단하고 있는 것이다. 그는 농지를 개혁하고 문맹률을 획기적으로 감소시켰으며 전후 복구와 산업화에 절대적으로 필요한 원자력발전소를 최초로 건설하였다. 박정희 대통령이 경제발전에 성공할 수 있었던 것은 이승만 대통령이 남긴 한미동맹, 농지개혁, 교육 덕택으로 평가하는 인사가 많다.

이승만 대통령은 일제 강점기에 일본의 한국어 말살정책과 최빈국으로 인하여 교육을 받지 못해 대부분의 국민들이 문맹자인 것을 교육을 통해 나라를 재건해야 한다는 신념으로 문맹자 감소를 위한 정책을 펼쳤다. 가장 먼저 다양한 교육제도를 통해 문맹률을 감소시켜 유대인을 능가하는 교육열로 오늘날 나라의 발전 모태를 이루었다. 휴전 후 1954년 미국 아이젠하워 대통령이 이승만 대통령을 국빈으로 초청하여 정상회담을 통해 한·미동맹을 확고히 하였다. 이 대통령은 미국 의회 상하 양원의원들이 모두 모인 합동연설장에서 특유의 떨리는 음성으로 완벽한 영어를 구사해 "6.25전쟁 중 미국의 지원에 감사하다"는 내용의 명연설을 통해 미의원들의 열렬한 박수를 받았다. 이때 의회 상하 양원의원들 중에는 미국 명문대에서 이 대통령과 함께 수학한 동창생들이 많아 그에게는 외교적으로 엄청난 파워가 있었던 것이다.

이로 인해 미국 정부는 이 대통령 재임 중 미국의 잉여 물자와 다양한 원조를 한국에 제공하여 국내 수많은 기아\_饑餓와 아사자\_餓死者의 발생을 막았다. 이는 오래도록 미국에서 공부하면서 많은 동문들의 힘을 이용해 외교적으로 이끌어 낸 결과였다. 이 대통령은 미국인들조차 입학이 어려운 조지 워싱턴대학, 프린스턴대학, 하버드대학에서 학사, 석사, 박사를 취득한 최고의 학력 소유자로 외국인을 부인으로 맞이해 미국의 거물급 정계 인사들과의 오랜 친분으로 대미 외교 파워를 과시한 것이다. 그는 장기 집권의 길에 들어가 결국에는 위선자들의 베일에 가려 비극적인 최후를 맞아 역사 속으로 사라졌지만 건국 대통령으로 한국사에 영원히 기록되어야 할 위대한 인물이다.

## ❧ 윤보선 대통령

윤보선 대통령은 대한민국의 정치가이자 독립운동가, 공무원, 정당인, 사회운동가 출신이다. 국회의원과 서울시장을 지냈고, 1960년 8월 13일~1962년 3월 22일까지 대한민국 제4대 대통령을 역임하였다. 재임 중 윤보선 대통령은 군사혁명이 발발하자 유엔군 사령관의 혁명군 진압 건의를 거절하고 한동안 대통령직에 머물면서 박정희 혁명정부가 안정되도록 협력한 후, 권좌에서 스스로 물러난 인물이다. 그러나 윤보선 대통령은 재임 중 외국을 한 번도 방문하지 않은 유일한 대통령이다.

## ❧ 박정희 대통령

박정희 대통령은 호국을 바탕으로 산업화를 이룩한 대통령으로서 교사, 군인, 혁명가, 행정가로 자조정신으로 자립경제를 만들고 자립경제력을 바탕으로 자주 국방력을 배양해 민족적 주체성을 확립한 대한민국의 역대 최고 리더이다. 자유라는 생명력을 거대한 생산성으로 활용하여 오늘의 번영과 안정을 이룩하였다.

박 대통령은 1964년 12월 서독 정부 초청으로 서독 정기 여객기로 운행하던 비행기를 이용하여 서울을 출발, 인도 뉴델리, 파키스탄 카라치, 이집트 카이로, 이태리 로마, 독일 프랑크푸르트를 경유하여 먼 여정을 거쳐 서독 본 공항에 도착하였다.

박정희 대통령은 독일을 방문하여 독일 '뒤스부르크 시'에 있는 '함부론 광산'에서 광부들과 간호사들 앞에서 연설을 하였는데 박정희 대통령 내외, 독일 수상 내외, 광부들, 간호사들이 뜨거운 눈물을 흘리며 가난을 탄식한 것은 유명한 일화다. 독일 수상을 만나 한국에 경제 원조를 요청하여 독일은 최초로 한국에 차관 제공을 약속하고 실천함으로 혁명가에게 희망을 실어 주었다.

그리고 1963년부터 1977년까지 7만 9천여 명의 광부, 1만여 명의 간호사 급여를 담보로 1982년까지 5억 9천만 마르크의 차관을 도입하여 나주 비료, 인천 중공업, 기계공업, 인쇄용지 공업, 중소기업 육성, 통신시설 확장, 부산 상수도 건설에 사용하였다. 독일 성장의 상징인 고속도로 아우토반_Autobahn을 보고는 나라의 성장 동력인 고속도로를 우리나라에도 건설하겠다고 결심하고 고속도로를 건설하기 시작했다.

1968년에 서울~인천 고속도로를 개통하고, 뒤 이어 1970년 7월 7일에 경부고속도로를 개통하였다. 물론 건설비용은 대일 청구권 자금과 한국군 월남전 파병으로 미국으로부터 받은 1인당 전투수당 중 20%를 개인에게 지급하고 나머지 80%로 고속도로 건설비에 사용하였다고 하지만 확실

세계 각국의 석학들, 정치 지도자, 유력 신문은 박정희 대통령에 대해 다음과 같이 평가하고 있다.

**블라디미르 푸틴**(현 러시아 대통령) _ 박정희 대통령에 관한 책을 구해 달라. 한국어든 다른 언어든 관계없다. 박정희는 나의 '롤(role 역할) 모델이다.' 라고 하였다.

**김정일**(전 북한 국방위원장) _ 1999년 정주영 회장과 대화 중 "영화를 보면서 서울을 보았다. 서울은 도쿄보다 좋은 도시. 서울에 가면 박 대통령 묘소를 참배하고 싶다. 이것이 예의라고 생각한다."

**리콴유**(전 싱가폴 총리) _ "동남아 국가들은 한국의 박정희 대통령이 1970년대 이룩한 한국을 거울삼아 경제개발을 해야 한다".

**아이젠 하워**(전 미 대통령) _ "박정희 대통령이 없었으면 한국은 공산주의에 흡수당했을 것이다."

**원자바오**(중국 총리) _ "러시아, 중국도 한국의 박정희 대통령의 경제개발 정책을 모방했다."

**앨빈 토플러**(〈제3의 물결〉 저자, 뉴욕대 교수) _ "민주화란 산업화가 끝나야 가능한 것이다. 자유란 나라의 수준에 맞게 제한되어야 한다. 박 대통령을 독재자로 매도해서는 안 된다."

**미 〈뉴욕타임즈〉** _ "박정희는 신화를 만든 한국 경제의 건축가이다."

**미 시사주간지 〈타임〉** _ "박정희는 아시아의 위대한 인물 20인 중 유일하다."

**독일 국정교과서**(중학교 지리 109쪽) _ "남한은 농업국이었지만 박 대통령은 산업국가로 발전시켰다."

**에즈라 보겔**(하버드대학교 교수) _ " 박정희가 없었다면 오늘날 한국은 없다. 그는 헌신적이었고 열심히 일해 국가에 일신을 바친 리더였다."

**브루스 커밍스**(시카고대학, 노스웨스턴대학, 워싱턴대학교 교수) _ "박정희는 진정으로 국력을 키웠다. 부패하지 않았고, 1970년대 중화학공업 정책으로 국가기관산업을 이뤄냈다."

한 정보는 아니다. 또한 국가재건최고회의 의장 신분으로 존 F. 케네디 대통령 초청으로 미국을 방문하여 한국의 경제개발 5개년계획, 한국군 현대화, 민간투자 등에 합의하였다.

대통령 취임 후 존슨 미국 대통령 초청으로 두 번째 미국을 방문하여 월남전 참전을 결정하고 대규모 병력을 참전시켜 동맹과 경제발전 두 가지 외교를 수행하였다. 재임 중 외교는 미국을 중심으로 대한반도 방위 분야에 치중하면서 일본, 호주 등지로 전방위 외교를 펼쳤다. 박 대통령은 '수출입국'을 선언하고 수출만이 살 길이라며 외국으로부터 자원을 수입하여 수출하도록 기업을 독려하여, 오늘날 약 1조 달러 교역시대의 토대를 마련하였다.

특히 박 대통령은 한일회담 등을 통해 일본으로부터 3억 달러의 무상 한일 청구권 자금을 받고 2억 달러의 유상차관, 3억 달러의 민간차관 등 약 8억 달러를 도입하여 산업화로 가는 토대를 마련하였다. 한국군 월남전 참전기간 동안 미국으로부터 받은 전쟁보상금 약 50억 달러는 공업화로 가는 획기적 자금줄이 되었다.

더불어 이 자금으로 재임 중 경제성장 동력인 전기, 도로, 항만, 다목적댐 등을 건설하는 등 국가 발전에 필요한 사회간접시설_SOC 확충을 함으로 모든 분야에서 성장의 토대를 마련하였다. 박정희 대통령의 목표는 나라를 근대화해서 선진 열강과 같이 잘사는 나라를 만드는 것이었다.


### ☙ 최규하 대통령

명문 도쿄대학 영문학과를 졸업하고 공무원으로 입문해 주일 영사관, 공사를 거쳐 차관, 장관, 총리를 지낸 전형적인 공무원 출신 대통령으로 그의 청빈 정신은 근대사에 귀감이 되는 인물이다.

선출직 대통령이 아닌 과도정부 대통령으로 군부의 막강한 힘에 눌려 짧은 기간 동안 재임한 대통령이지만 재임 기간 중 한국 건설업체들의 중동 진출을 위해 사우디아라비아와 쿠웨이트를 방문하여 노동자들을 격려하고 두 나라간 정치 · 경제 · 문화 분야 증진에 합의하여 이를 계기로 한국의 많은 건설사들이 중동 건설에 본격 진출하는 계기를 만들었다. 그러나 내면적으로는 사우디아라비아에 파견된 국내 모 건설업체 건설 근로자들이 사우디 정부의 법을 위반하여 이들이 사막에서 모래에 머리만 내 놓고 전신을 묻어 일정 기간에 사망케 하는 처형을 당할 처지였다. 우리 정부의 외교적 노력으로도 처형을 막을 수 없어 결국 최 대통령이 사우디를 방문하여 국왕의 선처를 구하는 방문을 한 것이다.

최 대통령 중동 방문 동안 신군부의 권력 장악으로 급거 귀국하였지만 곧 대통령직에서 물러나게 되었다.

### ⚓ 전두환 대통령

남북 대치 해소 대통령으로서 두 차례 방미를 통해 주한미군 철수 백지화, 한미 연례안보협의회 창설, 군현대화 지원, 방위산업 협력, 안보유대 강화, 북한군 전진배치에 대항한 한미 공동 대처, 서울올림픽 유치를 통해 유엔이나 국제무대의 남북 대결에서 세계 각국으로부터 전폭지지 등을 이끌어 냈다. 일본 방문을 통해 처음으로 일본 국왕의 식민지 지배에 대한 사과를 이끌어 냈다. 아울러 한국 산업 발전에 일본의 기술지원 등 다방면의 교역을 하는데 교두보를 마련하였다. 동남아시아 각국을 방문하여 정상회담을 통해 해운, 건설 업체 진출, 고속도로 건설, 신도시 건설 참여, 공항, 항만 건설에 진출하도록 외교력을 발휘하였다.

　서유럽 국가의 선진국인 영국, 프랑스, 독일을 방문하여 유럽공동체와 경제협력을 이끌어 내어 한국 기업들의 수출 확대의 토대를 만들었다. 대통령 당선자 신분으로 유럽 국가 순방 때 영국을 방문하였지만 영국 정부는 군부 출신이라는 이유로 런던 시내 모든 대형 호텔을 사용할 수 없도록 막아 호텔을 사용할 수 없었다. 결국 런던 남쪽 외곽에 있는 주영 한국대사관저를 숙소로 사용하게 되었다.

　이때 대사관저에서 급히 대통령 침대를 구입하는 등 우여곡절을 겪고 다른 나라로 이동하였다. 당시에 간선_間選으로 선출된 군부 출신 대통령이라는 이유로 영국 정부는 대통령으로 인정하지 않아 고의적으로 방문을 불허하면서 호텔조차 사용 못하게 하는 외교적 결례를 한 것이다. 이는 개인 통치자에 대한 외교적 결례를 떠나 한 국가와 국민에 대한 결례를 한 것이다. 후일에 영국 정부도 잘못을 인정하고 전두환 대통령을 공식 초청하여 다시 방문하였을 때는 여왕을 포함한 범정부 차원의 극진한 예우를 하였다.

　전두환 정부는 1980~1988년 사이 세계 1위의 고도 경제성장을 달성했다. 경제성장, 무역 확대, 저물가 등 세 마리 토끼를 잡은 유일한 대통령이다. 이 기간 국민소득은 2.3배로 늘었고 무역적자 구조는 무역흑자로 바뀌었다.

　두 자리 수의 물가상승률은 2%대로 안정되었다. 외채도 크게 줄었고 국민저축률은 일본을 앞서는 세계 최고 수준에 달했다. 1980년대 전두환 정부는 통신망 설치와 전자산업 육성을 국책사업으로 추진하여 1990년대 이후 한국이 세계적 인터넷 전자산업 강국으로 도약하는 계기를 만들었다. 1985년 민주화의 혼란기에도 경제성장률이 절정에 달했다. 경제 호황기에 민주화 시위가 절정기를 맞았다는 것은 행운의 타이밍이었다.

## 🧭 아프리카 방문 배경

1981년 전두환 전 대통령은 주요 각료와 인사들을 대동하고 아프리카 5개국을 순방했다. 당시 측근 참모들이 구태여 아프리카까지 갈 필요가 있는지에 대한 보고를 접했다. 그러나 전 대통령은 방문을 결정했다. 방문 배경은 1970년대까지 아프리카는 거의 북한의 텃밭이었다. 그래서 유엔에서도 북한의 발언권이 높았고 심지어 섬나라 '마다가스카르'는 별명이 제2의 북한이었다. 그런 가운데 아프리카 국가들과도 정상외교를 하면서 우리나라의 외교역량을 아프리카 무대까지 확산하고자 했던 전두환 전 대통령의 외교운영 철학은 아주 뛰어난 것이라고 할 수 있다. 가봉에서는 군악대가 북한 국가를 연주한 사건도 있었다. 그날 밤 만찬에서 가봉 대통령이 전두환 대통령에게 사죄했고 전두환 대통령도 이를 받아들였다.

그리고 그보다 더 무서운 것은 북한에서 암살 테러범 3명을 보내 전두환 대통령의 암살을 추진했으나 당시 이 소식을 들은 소련의 브레즈네프 서기장의 강력한 반대와 실제 아프리카에 도착한 공작원 3명이 교통사고를 당해 실행에 옮기지 못했다. 이처럼 어려운 여건 하에서도 아프리카 방문을 고집했던 전두환 전 대통령의 외교 뚝심이 발휘된 것은 정말로 대단한 용기라고 할 수 있다.

미국 조지 워싱턴대학 부설 '국립안보문서보관소_NSA'에서 발표한 전두환 대통령을 다음과 같이 묘사하였다.

"전두환 대통령은 신속한 해법을 추구하는 충동적 성향의 소유자로 유교적이고 독재적 스타일로 지식은 부족하지만 지식 습득 속도가 빠르며 융통성이 있다. 그는 김일성을 조건 없이 초청했고 이 제안은 북한을 수세적으로 만든 기민하고 시기적절한 조치였다. 정치적 경험은 많지 않지만 능숙한 정치 기술을 급속히 배워가고 있다"고 기록하고 있다.

또 미국의 월스트리트저널은 "한국의 전두환 대통령은 참으로 불가사의한 인물이다. 그는 재임기간에 성장·물가·국제수지라는 경제정책의 3대 목표를 한꺼번에 달성한 대통령이었다. 많은 나라의 지도자들이 1마리의 토끼도 못 잡는데 그는 3가지 경제정책을 동시에 잡은 것이다. 이같이 경이로운 업적을 쌓았음에도 국민들에게 인기가 없었던 것은 정적들의 음해에 기인했다"고 기사를 실었다.

실제로 유엔 본회의장에선 미국도 한 표, 가봉도 한 표인데 당시 유엔 미가입국인 한국으로서는 아프리카 국가들의 연호 속에 북한의 발언권과 지지율이 높아지는 것에 여간 부담이 아닐 수 없었고 고민이었다. 따라서 이를 정면 돌파하고자 한 것이 전두환 대통령의 결단으로 이루어진 아프리카 5개국 순방이었던 것이다.

모름지기 외교란 당장에 효과를 드러내는 것은 아니지만 전 대통령의 외교로 1988년 서울올림픽 때 아프리카 대부분 국가들이 올림픽에 참가했다. 특히 1991년 유엔 남북한 동시가입 시 아프리카 국가들의 열렬한 지지가 있었던 것을 볼 때 전두환 전 대통령의 아프리카 5개국 순방은 정말로 뛰어난 선견지명이자 혜안이 아닐 수 없다.

박정희 대통령이 군사적 우위에 의한 북한과의 경쟁을 추구했다면 전두환 대통령은 국제 외교적 우위를 바탕으로 한 북한과의 경쟁을 추구했고, 오늘날 국제 외교의 힘을 인정하는 모습을 볼 때 전두환 대통령은 그만큼 선견지명이 탁월했다고 볼 수 있다. 이러한 뚝심 외교를 발휘하다 버마 랑군_현 미얀마 양곤에서 북한 공작원들이 설치한 폭탄에 17명의 아까운 인재를 잃는 전 세계 외교사에서 전무후무한 비운의 역사를 겪은 대통령이다.

## 🎋 노태우 대통령

노 대통령은 대선에 출마하여 야당 후보를 누르고 대통령에 당선되었지만 군부 출신이라는 명칭이 부담스럽게 작용하였다. 민주화라는 기치를 내세운 세 명의 야당 정치 지도자가 가하는 압박을 갖은 방법을 뿌리치고 북방외교의 성공적 결실을 맺은 대통령이다.

취임 후 가장 먼저 미국을 국빈방문하여 미 의회에서 〈전진의 동반자〉라는 제목의 연설을 통해 한·미 동맹을 강조하였다. 1988년 10월에는 뉴욕을 방문하여 유엔총회에서 〈한반도 화해와 통일을 여는 길〉이라는 제목으로 연설하고 냉전의 주역 소련과 중국과의 외교관계를 수립함으로서 남북한이 동시에 유엔에 가입하는 외교적 승리를 쟁취함으로 국내에서 정치적 기반을 확고히 하였다. 동남아시아 각국을 방문하여 우리가 절대적으로 필요한 자원 확보 외교를 펼쳤으며 호주에서도 자원협력, 무역협정, 과학기술협정, 항공협정을 체결하였다. 인도네시아에서는 천연가스 개발 조인, 브루나이에서는 원유 수입 등에 합의하였다. 그로인해 이후부터 천연가스가 대체 에너지로 등장하여 가정용, 자동차, 공장 등 다방면에 에너지 연료혁명을 이루었다.

유럽 순방 중 독일 수상으로부터 한국의 휴전선 철폐를 기원하는 '베를린 장벽 돌'을 선물로 받았다. 사회주의 국가로는 최초로 외교관계가 수립된 헝가리를 국빈방문하여 헝가리 의회에서 〈화해의 새 시대 함께 여는 동반자〉라는 제목으로 연설을 하였으며, 이 연설은 한국과 헝가리 전역에 TV로 생중계 방송을 하였다. 프랑스 방문 때는 미테랑 대통령이 공항에 직접 나와 영접하고 파리 시내에서 펼친 환영식 때 앵발리드_Les Invalid 광장에서 영빈관까지 노 대통령이 탑승한 차량을 프랑스 기마경찰 대 호위 속에 이동하는 특별환영을 받았다. 당시에 한국의 경부고속철도_KTX 선정에 독일 '이체'와 프랑스의 'TGV', 일본의 '신칸센_新幹線'이 경쟁을 벌이면서 외교상 최고 예우를 하는 최고급 의전을 받았다.

미국 샌프란시스코에서 소련 서기장 '미하일 고르바초프'와 정상회담을 통해 소련에 30억 달러 경협차관을 제공하는 통치권 행사를 발휘하였다. 이어서 한·소 간 수교, 노태우 대통령이 소련 방문으로 이어져 크렘린 궁에서 한소 정상회담을 개최하여 한소 간 냉전의 벽을 허물었다. 방문 중 모스크바대학에서 〈냉전의 벽을 넘어 평화와 번영을 위하여〉라는 제목으로 연설을 하여 모스크바 대학생들로부터 열렬한 박수를 받았다. 그러나 소련에 제공키로 약속했던 30억 달러 경협차관은 소련 정세 혼돈으로 15억 달러만 제공함으로 외교적으로 실수를 하였다. 세월이 많이 흐른 지금 당시에 제공됐던 상환도 이자만 현금이 아닌 군사무기로 대체 상환하는 등 1990년에 제공한 차관이 아직도 상환이 안 되고 외교문제로 남아 있다.

1992년 5월에는 중국을 방문하여 인민대회당에서 공식 환영식에 참석하고, 정상회담을 통해 한국 기업들의 중국 개발 참여, 무역협정, 투자 보장협정, 과학기술교류를 체결하여 중국과의 교류가 시작되어 냉전시대 마감과 화해, 우정과 번영을 세계 만방에 과시하였다. 노 대통령은 북방 외교를 성공적으로 수행함으로 동서 냉전의 벽을 허물고 러시아, 중국과 도 본격 협력시대를 만들었다.

북방정책을 한국 경제의 돌파구로 설정한 노 대통령의 대전략은 근 사하게 성공하였다. 1989년의 동구권 국가 수교, 1990년의 한·소 수교, 1991년의 유엔 남북한 동시 가입, 그리고 1992년의 한·중 수교. 한국인 의 활동공간이 북한만 뺀 지구 전체로 넓어졌다. 특히 한·중 수교는 한 국 경제의 돌파구이자 생명줄이 되었다. 한·중 수교 17년 만에 한중 무 역액은 한미, 한일 무역액을 합친 것만큼 많아졌다.

과묵한 성격 소유자인 노 대통령은 '물태우'라는 별칭을 얻기도 하였 지만 정치적 위기를 북방정책의 성공적 추진으로 냉전 국가였던 소련과의 국교 수립, 중국과의 외교관계 수립 등 뛰어난 업적을 남긴 대통령이다.

### 🦅 김영삼 대통령

민주화를 위해 투쟁한 경력으로 김대중 야당 대표와 대결에서 승리 하고 대통령에 당선되어 취임 후 미국을 방문하여 빌 클린턴 대통령과 북 한 핵문제를 심도 있게 논의하였다. 이후 1995년 7월에 미국 정부의 공식 초청으로 미국을 국빈방문하여 백악관에서 클린턴 대통령과 정상회담을 통해 미국의 대한_對韓 방위를 확고히 하였다

미국 의회에서 〈21세기 아태 협력 평화 번영 동반자, 인류에게 꿈 새 로운 세계를 열자〉라는 긴 제목의 연설도 하였다. 1995년 10월 UN 창설

50주년 행사에 참석 후 캐나다를 방문하여 한·캐나다 정상회담을 통해 산업, 관광, 기술협력 협정을 체결하였다. 한·멕시코 수교 35주년을 맞아 멕시코를 공식 방문하여 정상회담을 통해 양국 간 무역 확대, 기술교류 촉진, 상호투자 확대에 합의하였다. 일본 방문 중 와세다대학에서 〈54년 만의 정권교체를 진심으로 축하합니다〉라는 주제로 특강도 하였다. 방일 기간 동안 동북부에 있는 센다이_仙台를 찾아 교민 간담회를 갖는 등 민단 간부, 한일 양국 경제인 등을 만나 재일동포의 애로를 듣고 한일 경제협력 방안 등에 대해 의견을 교환하였다.

중국 방문 중 인민대회당에서 개최한 정상회담에서 북핵 문제, 동북아 협력방안, 양국 간 무역, 투자 확대 등을 논의하였다. 한중 양국은 산업 협력위원회 설치 합의, 이중과세 방지, 문화교류, 한·중 기술협력협정을 체결하였다. 중국 방문 때 인민대회당 공식 환영식 장면을 중국 CCTV가 처음으로 중국 전역에 생중계를 하였다. 러시아 방문에서는 6.25전쟁 문서 사본을 받았으며 해상사고 방지협정에 서명하였다.

소련의 해체로 독립한 중앙아시아에 있는 우즈베키스탄을 방문하여 과거 스탈린에 의해 강제 이주 당한 고려인들과 만남으로 이들에게 조국의 존재를 심어주고 자원이 풍부한 우즈베키스탄 대통령과 정상회담을 통해 향후 관계증진과 중앙아시아 각국과 관계 개선을 하였다. 재임 중 호주 시드니를 방문하여 '세계화를 주창' 하여 한국이 본격적으로 글로벌화 하는데 시동을 걸어 오늘날 한국 기업들이 세계로 진출하는 계기를 만들었다.

유럽 5개국 순방 기간 중 프랑스에서 고속전철 기술 이전을 약속받았으며 서남아시아의 대국인 인도를 최초로 방문하여 첨단 과학기술, 냉전

종식, 경제협력, 투자보장협정 등 공동 번영에 합의하였다. 세계화를 주창한 김 대통령은 최초로 중남미 5개국을 방문하여 미국, 유럽 중심 편중 외교에서 중남미 진출 교두보를 마련하는 외교 무대를 다극화 체제를 만들어 오늘날 많은 우리 기업들이 거대한 남미 각국에서 활발한 교역을 할 수 있는 토대를 마련해 주었다.

이를 위해 과테말라에서 중남미의 각국 정상들과 다자간 외교력을 발휘하였으며 이어 브라질, 아르헨티나, 칠레, 페루 국가들을 차례로 방문하여 구리, 철강석, 원유, 천연 가스 등의 자원 개발과 협력을 이끌어 내어 자원외교의 길을 열었다.

김영삼 대통령은 그동안 서방 세계 중심의 외교에서 세계화 기치로, 그동안 외교 사각지대였던 남미 각국에 외교의 장_場을 펼침으로 한국 기업이 남미로 진출. 한국의 자동차, 가전제품을 중심으로 소비재 수출길의 막을 열었다.


### ꝏ 김대중 대통령

김대중 대통령은 취임 후 가장 먼저 미국을 방문하여 뉴욕에서 인권상 수상, 백악관에서 정상회담, 의회에서 연설 등 바쁜 일정을 가졌다. 샌프란시스코 스탠포드대학에서 연설, 실리콘밸리 벤처기업체도 방문하였다. 1999년 7월 2차 방미 때 캐나다 방문을 통해 한·캐나다 정상회담에서 무역 투자 확대, 민주주의와 시장 경제 문제를 논의하였다.

1998년 10월에는 일본을 공식 방문하여 일본 국회에서 〈미래 지향적 관계를 만들자〉라는 제목으로 연설도 하였다. 10월에는 중국을 방문하여 정상회담을 갖고 동년 12월에 베트남에서 개최한 아세안 10개국 + 한·

중·일 6차 회의에 참석하여 한·베트남 정상회담을 갖고 과거 관계 청산, 경제발전 협력에 합의하였다.

김대중 대통령 재임 동안 북한을 포함한 24회에 걸쳐 35개 나라를 방문하여 다방면의 순방외교를 펼쳤다. 1998년 2월 아시아·유럽 정상회의 _ASEM 참석차 런던을 방문하여 처음으로 '햇볕 정책'을 주창하였다. 미국을 방문하여 부시 대통령과 정상회담에서 북한 핵문제, 북한 개방, 한반도 평화정책을 강조하면서 미국과 많은 외교적 갈등을 겪었다. 독일 방문 기간 중 베를린 자유대학 연설에서 〈북한 지원, 냉전 종식의 베를린 선언〉을 통해 남북 간 긴장 완화를 강조하였으며, 계속된 남북문제를 부각시켜 2000년 6월 13일에 평양을 방문하여 남북 정상회담에서 6.15선언을 하고 햇볕정책을 펼쳐 재임 중 노벨 평화상을 수상하였다.


### 🦢 노무현 대통령

노무현 대통령 때부터 대통령 순방외교에 필자는 참여하지 않았다. 대통령 기록관 자료, K-TV자료를 통해 개략적으로 정리한 것임으로 독자들의 이해를 구하는 바이다.

기록에 의하면 실물 경제 토대를 마련한 노무현 대통령은 2003년부터 2008년까지 재임 중에 많은 국가를 순방하였다. 경제와 안보 현실을 고려한 실용주의 외교, 자원외교, 에너지외교를 펼쳤다. 노무현 대통령은 미국을 방문하여 친미 중심의 외교를 발표하자 그를 추종하던 국내의 많은 좌파 지식인, 시민단체들로부터 반발을 사기도 했다. 방미 중 부시 대통령과 정상회담에서 '한국전쟁 종전선언'이란 이벤트를 만들려고 애썼고 "북한이 무너지더라도 남북한의 통합은 불가능할 것이다. 남북한 관계를 개선하기 위한 최선의 방법은 미국이 북한을 공격하거나 정권을 흔든다는 공포심을 제거해 주는 것이다. 이게 북한으로 하여금 보다 개방적인 사회로 나아가도록 하는 최선의 길이다. 유일한 방법은 북한의 불안감을 줄여주는 것이다." "남한이 중국과 미국 사이에서 균형자 역할을 해야 한다고 주장하여 미국은 당시 정상회담이 최악의 정상회담이라고 평가하기도 하였다.

노무현 대통령은 대북 문제에서는 진의 파악이 혼란스럽다. 이는 종북주의자들 때문에 이중적 사고로 대응했다고 평가하는 인사도 있고 원칙적 사고라고 하는 이들도 있다. 방위 분야에서 남북 정상회담에서 북한과 NLL 문제로 정치권에서 많은 논란을 야기시켰다. 또 제주도에 해군기지에 대한 언급에서는 "평화의 섬에 왜 군사기지가 있느냐?"라고 하는 분들이 있는데 비무장 평화는 미래의 이상이고 무장 없이 평화를 지킬 수 없다. 국가 없이 평화를 지킬 수 없고 무장 없이 국가를 지킬 수 없다. 반대하는 분에게 국가가 필요로 하는 필수적 요소라고 말하고 싶다. 제주 해상에 어떤 사태가 발생했을 때 예닐곱 시간 걸리는 남해안에서 올 수 있느냐? 제주를 지키는 데도 해군력이 필요하다. 이는 예방적 군사기지라고 볼 수 있다. 국방력 없이는 사회를 유지할 수 없다. 너그럽게 봐 달라… (중략). 제주 해군기지는 바다로부터 손상될 수 있는 국민의 자존심 훼손을 막기 위한 것이다"라고 표현함으로 방위 분야에서는 확고한 입장을 견지하고 있었다.

재임 중 아프리카에 있는 나이지리아, 중앙아시아 국가인 카자흐스탄, 브라질 등지 국가에서 30억 배럴의 유전 개발에 참여하는 실적을 올렸다. 브라질에서는 16년간 쓸 수 있는 철광석 7억 톤 도입 계약을 하였다.

우즈베키스탄으로부터 1억 1,000톤의 우라늄 등 연료를 확보하는 외교를 펼쳤다. 남미 아르헨티나와 유전개발사업 참여에 합의하였으며 브라질과는 자원협력약정을 체결하였다. 칠레와는 한·칠레 IT 협력센터를 개소하였으며 아프리카, 동남아시아 등 개발도상국, 제3 세계 등 29개국을 방문하였다. 나이지리아, 카타르 등 아시아, 중동 8개국, 중남미 6개국, 카자흐스탄, 몽골, 중앙아시아 3개국 등 가장 많은 순방 기록을 남겼다.

### ❧ 이명박 대통령

이명박 대통령의 순방외교에도 필자는 참여하지 않아 자세한 내용은 알 수 없다. 이명박 대통령은 과거 역대 대통령들이 해외 순방 때처럼 매머드급 수행원들을 동원하지 않고 실무급 각료만 대동하고 경제인들도 상대 국가와 협상에 필요한 기업총수만 동행하는 등 실무외교 방식으로 진행하였다. 이명박 대통령은 전형적 세일즈외교를 표방하며 세계 각국에서 새로운 개발 프로젝트 계획이 나오면 현지 공관을 통해 또는 다양한 정보망을 가동해 대응하게 하고, 최종적으로 정상간 회담을 통해 주고받는 식의 협상으로 전방위 지원을 통해 수주를 성사시켰다.

가장 대표적인 것으로 아랍에미레이트연합_UAE에서 수주한 원자력발전소 건설 수주 성공, 엄청난 양의 유전개발권 성사이다. 전 세계사적으로 한 프로젝트에 사상 최대의 프로젝트를 국가브랜드를 앞세운 기술과 외교력의 결정체로 350~400억 달러를 수주한 것은 역사 이래 가장 큰 성과다. 정보력이 빠른 일본이나 중국, 기술력이 뛰어난 프랑스를 따돌린 것은 높이 평가할 일이다. 수주 성사를 위해 외교통상부에서는 현지 대사관을 통해 대사를 비롯한 전문 외교관을 풀 가동시켜 상대 정부와 끈질긴 협상을 벌인 결과이다.

지식경제부는 수주 당사자인 한국전력으로 하여금 원전 핵심기술을 보유한 한국의 유명 중공업회사와 공동으로 상대 국가가 필요로 하는 유리한 모든 정보를 해당 공관에 제공하여 상대 정부가 수락케 하는 전략을 펼쳤다. 최종적으로 이명박 대통령이 공식 방문을 통해 정상회담에서 일괄 타결하는 전형적인 전방위 세일즈외교로 이룩한 것이다.

산업의 비타민이라 불리는 자동차, 정보기술_IT, 바이오, 우주항공산업, 태양전지, 하이브리드카, 컴퓨터 핵심부품, 액정 LCD, 2차전지 등 첨단산업에 꼭 필요한 '히토류', '리튬' 원자재를 남미 볼리비아와 공동 생산하는 계약을 체결함으로 중국의 '히토류' 무기화에 대처할 수 있게 한 것은 자원외교의 큰 성과다.

볼리비아에 친형을 특사로 파견하여 스킨십 외교를 먼저 실행하고 뒤이어 수차례 다시 방문하여 끈질긴 성의를 보이자, 볼리비아 정부는 일본 등 다른 나라에서 벌인 외교를 멀리하고 계약체결을 성사시켰다. 중국이 자원을 무기화하는 희토류*를 외교를 통해 안정적 자원을 확보함으로 첨단산업 제품을 생산하는 삼성, LG기업체들이 제품 생산을 할 수 있도록 한 대표적 프로젝트 수주외교 및 자원외교이다.

**희토류_稀土類 ***

첨단산업의 비타민으로 불리는 비철금속 광물로 화학적으로 안정되면서 열을 잘 전달해 반도체나 2차전지 등 전자제품에 필수로 들어가는 재료다. 물리 화학적 성질이 비슷한 란탄, 세륨 등 원소 17종을 통틀어 희토류라고 부른다.

그러나 한국은 아직도 원료를 정제하는 기술을 확보하지 못하고 선진국에 의존하는 형태다. 그러나 히토류 정제 때 많은 발암 물질과 유해 물질이 발생하는 무서운 환경 피해물로 차라리 외국에서 항구 정제하는 것이 더 낳은 지도 모른다.

전임 대통령들이 이룩한 외교 성과로 높아진 나라의 위상을 잘 활용하여 아시아태평양경제협의체_APEC, 아세안_ASEAN, 아시아유럽정상회의_ASEM, 선진국개발회의_OECD, G-20 등 국제간 다자회의에 참석하여 선진국 정상들과 외교를 통해 G-20 정상회의를 한국에 유치하여 성공적 회담을 개최하고 글로벌 금융위기 해법을 제시함으로 외국 정상들로부터 찬사를 들었다. 한·페루 FTA체결, 27개국이 연합한 유럽연합국가_EU와의 자유무역_FTA체결, 미국과의 FTA체결로 향후 한국 경제가 세계로 진출할 수 있는 기반을 확고히 하였다.

대통령 자신이 정상외교나 투자, 수주를 위해 짧은 기간에 소기의 성과를 올리는 강행군도 마지않는 철마처럼 전방위 외교를 펼치고 있지만 측근들의 홍보 부족으로 국민들은 업적을 알지 못해 외교성과가 빛을 발하고 있다.

이명박 대통령은 대북 문제에 있어서 원칙 없는 경제 지원은 철저히 배제함으로 북측으로으로부터 비난의 대상에 머물다, 2009년 10월에 북한 김정일이 중국 총리를 통해 정상회담 제의를 받고 제3국에서 물밑 협상을 벌였지만 북측의 과도한 대가를 요구하면서 회담이 결렬되어 정상회담은 성사되지 못했다.

# ✺ 한국 외교의 딜레마

한국의 역대 대통령들이 장기간에 걸쳐 벌인 외교로 국력이 신장하였다. 국가안보를 바탕으로 경제를 발전시켜 국력이 신장하였지만 한국을 둘러싼 외적 환경으로 인해 북한과의 해법을 명쾌하게 해결한 대통령은 없다.

가장 큰 복병은 역시 북한 핵문제다. 한국전쟁 때 4만여 명의 미군 전사로 인해 미국은 한국을 동맹국으로 지렛대로 이용하여 동북아의 평화유지군으로 한국에 남아 있다. 중국의 급격한 부상으로 경제적으로는 상호 의존도를 향상시키고 있으나 북한 문제에서는 중국은 여전히 한국에 비우호적 국가이다. 북핵문제는 미국의 역대 대통령과 한국의 역대 대통령들 간 정상회담에서 한반도 비핵화를 강조한 사안이다.

박정희 대통령이 추진한 핵보유 시도는 미국의 클린턴 대통령의 집요한 방해로 좌절되었고, 전두환 대통령에 이르러 로널드 레이건 대통령은 전두환 대통령을 백악관으로 초청해 한국의 핵보유 재시도를 원천 차단하였다. 결국 노태우 대통령은 1991년 1월 8일 남북한 비핵화를 선언하고 원자로에서 사용한 폐연료봉 재처리마저 포기한다고 발표한 후 지금 한국은 수많은 폐연료봉을 보관하고 있다. 폐연료봉은 방사성동위원소를 분리하면 핵무기를 만들 수 있는 소중한 자원이다. 경수로에서 사용한 폐기물은 기술적으로 핵무기를 만들기가 어렵다.

그래서 미국 정부는 오래전부터 6자회담 당사국들과 함께 북한 핵발전소를 경수로용으로 건설하도록 막대한 자금을 지원하였다. 그러나 북한은 한국의 외교적 노력에도 불구하고 미국과 유엔 등 국제사회를 냉소하듯 핵발전소에서 플루토늄을 추출해 핵무기를 제조하여 핵실험을 거쳐 핵을 보유한 국가임을 국제사회에 발표하였다.

북한은 2006년에 남북 정상회담 기간에도 핵실험을 하였다. 또 유엔 제재 발표에도 불구하고 2009년에 또 다시 플루토늄을 이용한 핵실험을 하였다. 2013년 2월 12일에는 1, 2차 때보다 더 강한 우라늄 농축핵을 동해안 인근 함경북도 길주군 풍계리 지하 1km에서 핵실험을 성공하여 한국 정부는 물론 미국과 일본에 외교적 타격을 가하여 한국군의 군사적 대응 전략에 무력감을 안겨주었고 국민들에게도 안보 불안감에 직면하게 하였다. 물론 미국 정부는 한국에 대해 주한 미군이 핵우산_核雨傘 역할을 약속하고 있지만 지금은 주한 미군도 전략핵무기를 모두 철수해서 폐기한 상태이다. 대신 주한 미군이 주둔하면서 유사시 아시아태평양사령부와 오키나와 미군, 제7함대 전단이 북한의 공격에 대응할 것이다. 동북아에서 중국은 물론 북한마저 핵을 보유함으로 중국이 일본의 핵무장을 두려워하는 사안이지만 머지않아 결국 일본도 핵보유를 기정사실화 할 것임은 분명하다.

앞으로 동북아시아에서 한국만이 핵 미보유국으로 남게 되어 국민들이 불안해하고 있는 형국이다. 국제사회의 흐름으로 볼 때 패권 국가를 지양하는 미국도 중국과 이해관계가 맞아 떨어지는 시점에는 한국을 포기할 수도 있다. 따라서 한국 정부가 선택할 외교적 옵션_option 방안으로 종국에는 한국도 핵무기를 보유해야 된다는 사실을 미국과 외교적 교섭을 통해 한국도 핵을 보유해 국민들을 안심시켜야 한다. 지금 상황으로 볼 때 박정희 대통령의 핵무기 보유 시도가 옳았으며 미국의 대북 외교

전략에 중대한 실수를 하였음을 알 수 있다.

중국은 6자회담장에서는 한반도 비핵화를 지지한다고 하지만 이는 외교적 수사_rhetoric에 불과하며 북·중 관계에서는 여러 곳에서 이중적 태도를 보이고 있다. 중국의 대외정책은 '중앙 외사공작 영도 소조'에서 결정되는데 중국의 대북정책 기조는 2009년 7월에 확정되었다. 중국은 대북정책 원칙으로 '부전_不戰 : 전쟁 방지, 불란_不亂 : 혼란 방지, 무핵_無核 : 비핵화'으로 정하고 있다. 즉 북한 정권의 안정을 비핵화보다 중요시하고 있다. 그리고 세월이 아무리 변해도 주변 4대 열강들은 한반도 통일을 원하는 나라가 없다는 사실이다.

북한의 핵무기 보유가 기정사실화 된 상황에서 6자회담은 이미 전의를 상실하였다. 중국은 한반도 평화를 위해 6자회담 필요성을 강조하면서 심심하면 김정일을 초청해 한·미 외교에 김을 빼는 전략을 구사하였고 유엔 안보리에서 경제적 제재에는 항상 반대하며 지금도 북한의 부족한 식량과 석유, 코크스 탄을 무상으로 또는 저금리로 지원해 북한의 존재에 지렛대 역할을 하고 있다.

중국은 결코 북한에 대해 채찍은 없고 당근만 안겨줘 북으로부터 최대의 이익을 가져간다. 한국도 보유한 폐연료봉에서 플루토늄을 추출해 핵무기를 보유하여 북한과 군사적 세력 균형을 이루어야 할 것이지만 국제원자력기구_IAEA 회원국으로 핵확산금지조약_NPT에 가입한 국가로 미국, 중국이 결코 용인하지 않을 것이다.

북한의 핵무기는 김일성, 김정일, 김정은 3대에 걸친 세습체제를 유지하는 수단에 이용되면서 한반도 세력 균형에 강대국들을 이용하는 북한의 선택에 외교적으로 대응할 옵션이 없는 것이 한국 외교의 딜레마다.

# ✺ 세계의 화약고 한반도

## ✈ 제2의 한국전쟁 발발 가능성?

한국은 근대화, 산업화로 경제적 부를 이루었지만 북한의 핵 보유로 한국 안보에 중대한 기로에 직면하게 되었고 유사시 군사 작전 능력에 선택 폭이 좁아졌다. 비록 북한이 핵을 보유하고 있지만 미국이 북한의 핵 공격에 다방면으로 대응하는 전략을 가지고 있다. 그러나 북한이 국지전을 벌이면서 핵으로 한국의 중요 시설이나 도시에 선제공격을 했을 때 초기에 한국은 아비규환에 직면한다.

지구상 유일한 분단국가인 한반도는 현재도 휴전상태로 언제든지 제2의 한국전쟁이 일어날 수 있는 화약고다. 지난번 천안함 공격이나 연평도 포격 때 한국군이 교전 규칙대로 대응하였다면 전면전 발생은 시간문제였다. 북한이 국지전을 벌이면 한국군은 대응하기가 복잡하다. 아직도 유엔사령부 정전 대표가 있고 주한 미군 사령부가 작전권을 가지고 있는 한국군 합동참모본부에서는 자위적으로 대응하기가 곤란하다. 제2의 한국전이 발발하면 한국과 미군은 전자전으로 대응할 것이고 북한은 특수전이나 화학전, 심지어 핵 공격으로 대응할 것이다. 이를 대비해 북한은 전자전 수행을 방해할 목적으로 미사일에 핵전자기파 방호기술_EMP을 탑재해 공중이나 지상에 발사하면 한국군이나 미군의 전자무기나 컴퓨터, 통신장비를 마비시키는 가공할 무기를 러시아로부터 구입해 사용함으로 전자전 무기를 탑재한 F-15, F-15K, F-16 등 전투기, 전차, 잠수함, 전함 등 최신 전자무기를 무용지물로 만들 수 있는 가공할 무기를 보유하고 있는 것이 문제다.

최근에 북한은 EMP를 이용해 한국의 통신을 교란시켜 GPS 작동 정지, 민간항공기 이착륙 장애 등을 시도하였는바 이것이 EMP 장비를 통해 수행한 북한의 중요한 비대칭 전략에 이용할 것이다.

주한 미군은 극동지역에서 군사세력 균형유지를 위해 존재하지만 미·일·중·러시아 주변 4개국은 한반도에서 전쟁 재발 완충 역할을 하도록 외교적 입장에서 암묵적으로 4개국이 동의하고 있기 때문이다. 그러나 전쟁 당사국인 남북한은 어떤 동기로든지 제2의 한국전쟁이 발발할 수 있다.

## ♣ 북한의 비대칭 군사력

비대칭_非對稱 전력_戰力이란 상대방과 불균형을 이루면서도 효과적 결과를 얻어낼 수 있는 이른바 '싸고, 효과 좋은 무기들'을 말한다. 북한의 늘어난 군사비가 사용된 주요 분야는 핵무기, 생물·화학무기, 장사정포, 특수전 부대 등 '비대칭 전력' 분야이다.

북한의 군사비 지출은 2000년 남북 정상회담에서 발표한 6.15선언 이후 남한의 대북지원에 힘입어 급격히 늘어났다. 북한은 늘어난 군사비로 핵무기, 미사일, 생·화학무기 등 대량살상무기 뿐 아니라 잠수함, 상륙정 등 기습, 침투전력을 대폭 증강해 왔다. 북한의 군수공장은 대부분 자강도, 평안북도, 함경남도 등 전략적 후방지역 산간 내륙지역에 위치해 있으며, 유사시 피해를 최소화할 수 있도록 지하화 또는 반지하화 되어있다. 특히 북한 전 지역의 군수공장은 일련번호나 위장 명칭으로 생산무기 종류를 은닉하고 있다. 북한은 이미 90년대 초반부터 러시아와 합작으로 MIG-29 전투기 조립공장을 건설, 운영하고 있다. 군사전문가들은 북한이 두 대의 최신형 전투기를 조립했다는 것은 부품만 있으면 얼마든지 완제품을 만들 능력이 있다는 것이다.

실제로 2001년 북한 문제에 정통한 러시아 소식통은 '북한이 지난 93년 이후에도 매년 2~3대씩 MIG-29기를 자체 조립 생산했고, 90년대를 통틀어 15대를 자체 생산했다' 고 보도했다. 북한은 1998년 말 러시아로부터 5억 달러를 들여 MIG 29기 10여대를 도입해 조립·생산했으며, 지난 2000~2001년에는 러시아로부터 8억 달러를 들여 최신형 전투기인 MIG 31기 20대를 구입. 평양 북방 30km 순천비행장에 배치한 것으로 알려졌다.

### 🛦 북한군 특수부대 18만 명, 세계 최대 전력 보유

이 글은 북한군 최정예 특수요원으로 '북한 인민군 특수부대원 평가 훈련' 에서 종합 2위를 차지하기도 했던 탈북자 이덕남 씨의 증언을 소개한 김필재 칼럼니스트의 글을 인용한 것이다.

"북한 최대의 전략무기는 핵무기가 아니라 특수부대다.

북한군 특수부대는 미해군 특수부대인 '씰_SEAL' 과 맞먹는 최정예 살상력을 갖췄지만, 작은 도시 하나를 이룰 수 있을 만큼 그 수도 엄청나다. 특히 북한은 경제난에도 불구하고 특수부대를 최근 12만 명에서 18만 명으로 늘렸다. 숫자상으로 세계 최대 규모다. 북한군 특수부대는 유사시 소형 잠수정과 고속 보트, 약 20개의 지하터널, 레이더에 잘 안 잡히는 저고도 침투기인 AN-2 등을 이용, 육상·해상·공중으로 대거 침투한다. 이들 특수부대원은 다른 병종의 신병보다 신병훈련 기간이 4배나 길어 1년 정도 된다. 특히 이들은 무술로 단련돼 맨손으로도 적군 몇 명쯤은 동시에 상대할 수 있으며, 저격_狙擊 소총을 가지면 15초 이내에 2백 미터 내에서 움직이는 표적 몇 개를 쓰러뜨릴 수 있다.

특수부대는 이들을 남한에 태워 보낼 프로펠러 비행기_AN-2를 보유하고 있으며 총참모부에는 남한의 어느 기관을 어느 부대가 점령할지 명시돼 있는 대형 지도도 걸려있다. 유사시 이들 특수부대원들이 일거에 남한에 침투, 권총 한 자루만 들고 요소요소를 점령한 뒤 연방제를 선포하는 것이 북한의 기본전략이다.

북한군 특수부대의 훈련과정은 김 부자에 대한 충성심 고양과 함께 혁명역사 및 혁명전통 고양 등의 교육을 비롯, 총폭탄 정신·3대혁명 붉은기 쟁취와 같은 사상 교육을 통해 특수전 요원들에게 가장 중요한 '자폭정신'을 전쟁관념으로 무장시켰다. 북한군 특수부대원들은 기본적으로 자동차는 물론 비행기, 탱크, 열차도 조종할 수 있도록 훈련을 받으며 각종 운전기재에 대한 조종훈련은 북한군에서 취급하는 모든 것을 포함하며, 미국·일본 지프·한국군 군용트럭·승용차·탱크·장갑차·각종 항공기·모든 함선 및 함정 등 동력으로 움직이는 모든 것이 포함된다.

북한군 특수부대의 훈련 실태는 개인의 경우 3~15명을 상대로 싸워 이길 수 있는 훈련을 하루 3시간 이상을 실시하며, 1일 30분 이상 단검 투척훈련, 25kg의 군장을 메고 하룻밤에 40km, 주야로 120km를 주파할 수 있는 강행군 등의 훈련을 받는다. 북한의 평안북도 양덕군에는 청와대, 국방부청사, 각 군 사령부와 똑같은 모양의 건물이 들어선 특수부대 종합훈련장이 있으며 이곳에서 북한군 특수부대 요원들은 수개월에 걸쳐 남한 내 주요 국가 시설물에 대한 파괴 훈련을 받는다.

양덕 훈련소 교관들은 대부분이 남한에서 북한으로 넘어간 국군 장교 출신들로 구성되어 있으며, 한꺼번에 1개 연대가 6개월간 훈련을 받는다. 모든 일과는 한국군의 일과와 같다. 복장도 내의부터 외의까지 모든 것이 한국군 것과 동일하다. 남한에 있는 고정간첩이 부산에 있는 러시아 상인으로 하여금 국군이 사용하는 원단을 러시아로 가져가서 만든 뒤 이를 다시 북한이 역수입한다.

현재 북한은 국군이 사용하는 거의 대부분의 개인 장구류를 자체 생산하고 있다. 국군 복장으로 위장한 북한군 특수부대 요원들은 유사시 육 · 해 · 공 삼면을 경유해 전투지역 후방을 침투 한미연합전력의 방어 작전을 교란하고 전술표적을 선별적으로 타격하는 임무를 수행한다. 이들의 주요 공격목표는 대개 교량이나 터널, 댐, 발전소 등 주요 산업시설의 점거 및 파괴다.

통신 · 전기 · 가스시설을 포함해 군수공장 · 항만 · 공항 등이 유사시 특수부대의 1차 타격 목표다. 이들 가운데 일부는 땅굴을 통해 남하하는데 땅굴을 이용해 5~6만 명의 저격여단이 하루 만에 휴전선을 돌파해 남한에 입성할 수 있다.

이들은 주로 서울에 대한 타격을 가하는데 3개 저격여단_1개 저격여단 인원은 3만 명)이 이 임무를 맡고 있다. 현재 북한의 특수부대는 총참모부 정찰국, 경보교도 지도국 소속 특수부대, 해군소속 해상저격여단, 지상군 사단소속 경보대 · 정찰대 · 민경대 등이다. 정찰국의 경우 요인납치, 요인암살, 기밀문서 탈취, 고도의 전략적 모략공작, 핵심전략 시설물 폭파, 간첩임무, 핵심전략 시설 정찰 등을 수행하는 부대다. 정찰국은 현재 5개 정찰대대로 구성되어 있으며, 이 가운데 24정찰대대는 평양에 주둔해 긴급사태 대비 및 외국사절에 대한 집체격술시범 등의 예비임무를 담당하고 있다. 69정찰대대는 해외 침투 전담대대로서 특히 일본 오키나와에 빈번히 침투해온 것으로 알려져 있다.

제 71, 72, 73정찰대대의 경우 전방군단 예하 정찰대대와 훈련방식이 유사하고 공중강습훈련을 많이 하며 각 대대는 500~600명으로 구성되어 있다. 정찰대대는 휴전선 근방 군단에 4개가 더 배치되어 있다. 이들 대대의 핵심인 강습소 소속 제 1, 2작전조는 침투준비조를 의미하며, 평시에는 대남 침투 정찰을 하고 있다. 이들 부대는 현재 강원도 평강군에 2개 대대, 개성과 황북 시천에 각각 1개 대대가 위치하고 있으며 각 대대의 인원은 정찰국 직속 5개 대대와 동일하다.

이들 부대 가운데 특히 '69정찰대대'를 유사시 가장 위협적인 부대라고 한다. 600여 명의 인원으로 구성된 '69정찰대대'는 전원이 영어와 일어에 능통한 장교로 구성된 '자살특공대'로 이들은 유사시 (핵)배낭을 메고 미국의 괌_Guam 기지를 포함해 일본의 오키나와에 대한 '자살테러'를 가하는 훈련을 받아왔다.

북한군 특수부대원들의 대부분은 남한의 라디오 방송을 들으며 '국제정세'에 대한 감각을 익힌다. 그러면서도 이들의 마음이 흔들리지 않는 이유는 북한 정권이 이들에 대해 최고의 예우를 해주기 때문이다.

즉 이들에게 신병훈련을 마치고 군인선서를 끝낸 요원들이 받는 월급은 일반 보병부대 고참_중·상사 병사의 11배에 해당하며, 식량과 피복의 경우 2~3배의 차이가 난다. 이와 함께 복무기간 중 5년제 대학 졸업증이 주어지며, 전원은 조선로동당에 입당한다. 이들에게는 제대와 함께 예비 군관_장교 계급이 주어져 도·시·군당위원회의 행정 간부로 활동한다."

이덕남 씨는 "대부분의 남한 사람들이 북한을 위협적인 국가라고 생각지 않는 것이 큰 문제다. 그러나 불행하게도 북한의 한반도 적화통일 전략은 전혀 변하지 않았다. 북한은 지금도 간첩을 남파하고 있다"고 지적한 뒤 다음과 같이 조언했다.

"전쟁 초반 서울로 침투해 오는 북한군 특수부대를 막기 위해서는 신속한 대응이 필요하다. 그러나 남한 사람들은 이들을 막을 정신적 준비가 전혀 되어 있지 않다. 미국의 전시증원 전력이 남한에 도착하기도 전에 한반도가 불바다가 될 수도 있다"고 지적하였다.

## ☙ 북한 장사정포 위력

북한이 보유한 장사정포는 크게 세 가지 종류가 있다. 240mm, 122mm 방사포, 170mm 곡산포 등이다. 먼저 240mm 방사포는 사거리 43~63km를 12~22개 발사관에서 길이 5m 로켓 포탄을 35분간 22발을 발사할 수 있다. 휴전선 일대에 약 500문을 보유하고 있으며 서울을 집중 공격할 수 있는 가공할 무기다. 122mm 방사포는 다연장 로켓 포로 40개의 발사관에서 전선을 돌파하며 공격할 수 있고 해안 방어용으로 사용한다. 트럭에 탑재하여 사거리 20km를 15초 간격으로 40발을 연속으로 발사할 수 있는데 지난 연평도 공격 때 사용한 것이다. 170mm 곡산포는 북한 곡산지역에서 생산하는 포로 사거리 24~36km로 휴전선에서 서울을 공격할 수 있으며 700여 문 중 70%가 휴전선 일대에 배치되어 있다. 전면전 발발 시 가장 먼저 서울을 불바다로 만들 수 있는 가공할 무기다.

서울의 주요 시설이 장사정포로 무차별 공격을 받으면 초기에 마비되어 모두 혼란에 직면하여 우왕좌왕 하게 될 것이다. 한국군, 주한 미군도 북한의 군사 무기 배치 체계를 모두 파악하고 있지만 가장 큰 문제는 요쇄화 된 북한 지형이다. 대부분의 북한 무기는 요쇄화 된 지하에 시설되어 있어 항공기로 폭격해도 큰 타격을 주지 못한다.

평양의 지하철 노선은 지하 평균 100미터에 위치하고 있어 미군의 다양한 크루즈 미사일로 평양을 공격해도 대량 인명 살상이 어렵다. 주한 미군이 사용하는 벙커버스터 공격으로 적을 제압할 수 있지만 시간이 오래 걸려 한계가 있다.

북한은 최근에 지하철 공사 때 사용하는 최신형 땅굴 굴삭기 8대를 도입하여 현재 대남 침투용 땅굴을 휴전선 전역에서 파고 있는 것으로 정보당국이 파악하고 있다. 미군은 전면전 발발 시 일거에 북한을 초토화할 수 있다고 하지만 전쟁은 수많은 변수가 있기 때문에 전쟁은 반드시 막아야 하며 전쟁을 막는 방법은 오직 국력 신장으로만 가능한 것이다.

## ⚓ 한국군과 북한군의 비대칭 전략 대응

그러나 한국군이 북한의 특수부대나 장사정포 위력을 파악하고 이에 대한 대비를 하고 있을 것으로 믿는다. 만약 한국군이 이를 간과하고 있다면 심각한 문제다.

최근 언론 보도에 의하면 한국군은 미사일과 우수한 공군력으로 이들의 소재를 초기에 공격해 무력화하는 전략, 소위 킬 체인_kill chain을 마련하고 있으며 지금은 철수한 미군의 아파치 헬기 부대를 다시 투입해 북한의 비대칭 전략에 대응할 것으로 알려졌다. 그러나 북한은 약 100기의 이동발사체를 보유하고 있으며 이들 발사체를 북한 전역에 배치해 있어 킬 체인 전략이 효과를 발휘할 수 있을지 의문이다.

그러나 한국군 주력전투기 F-15K는 한국 영공에서 휴전선 일대 북한군이 설치한 장사정포를 순식간에 초토화할 수 있다고 한다. F-15K는 1970년대 제조한 전투기 F-15 원형을 계속 성능을 개량해서 발전시킨 기종으로 F-15K와 비슷한 성능의 F-16을 모두 합쳐서 200대가 넘는 전투기를 보유하고 있다고 한다. 한국군 대응은 초기에 한국 영공에서 공군의 최신형 전폭기 F-15K, F-16으로 북한 장사정포 기지를 공격해 무력화하며 최근에 국방과학연구소가 개발한 정밀폭격기로 공중에서 장사정포 진지를 공격해 초기에 초토화할 수 있다고 한다.

반면 북에서 최고로 좋은 전투기는 미그 29인데 약 30대 정도 갖고 있다. 이 전투기는 한국 공군의 F-15 2대면 미그29 10대를 격추할 수 있다고 한다. 북한이 애지중지하는 미그29는 한국군 전투기 200대 중에 단 6대만 뜨면 다 없어진다는 것을 의미한다. 미그25나 북한의 주력기인 1960년대산 미그23은 한국 공군기에 아예 상대가 안 된다. 공중전이라는 것이 하늘에서 레이더로 상대방을 포착하고 미사일을 발사해 격추시키는 것인데, F-15 탐지거리가 미그23의 몇 배나 되어 장님이 돼버린 미그기는 언제 자기가 죽을지도, 적이 어디 있는지도 모르고 미사일에 맞게 되어 있다고 한다. 미그23이 아무리 몇 백대가 떴다고 해도 현대전에선 무용지물이다. 북한 공군이 아무리 한국 공군력을 따라오려고 해도 절대 그렇게 될 수 없는 것은 F-15K 대당 가격이 무려 1억 달러에 가깝다. 한국에서 유능한 전투기 조종사 한 명을 양성하는데 700만 달러가 소요되며 F-15K 훈련을 위해 한 번 출격하면 비용이 3만 달러가 들어간다고 한다.

개성공단 근로자 5만 명이 1년간 외화벌이 액수가 5,000만 달러가 안 되는데, 개성공단에서 2년 일해야 F-15K 1대 살 수 있다. 또 돈만 있다고 살 수 있는 것도 아니다. 왜냐하면 미국은 우방이 아닌 국가에는 팔지 않기 때문이다. 그리고 실제 한반도에서 전쟁이 발발하면 미 공군이 개입한다. 미 공군이 보유한 B-2, B-52 폭격기, F-22 전투기는 미군이 유사시 미 본토에서, 괌 기지에서, 제7함대에서 공군이 개입해 북한의 주요 기지를 초기에 초토화할 수 있다. 이들 전략무기는 미국이 다른 나라에 팔지 않는 기종으로 완벽한 스텔스 기능을 갖추고 있어 레이더에 탐지되지 않는다. 2006년에 모의실험 결과 F-22 1대가 F-15를 무려 144대나 격추시키는 것으로 나타났다고 한다. 세계 최초의 스텔스기는 박쥐처럼 생긴 F-117이었다. F-22 등장으로 지금은 퇴역했지만 몇 년 전에 이 비행기를 몰았던 미군 조종사의 일기가 공개되면서 화제가 되었다.

유사시 F-22 편대가 북한 상공에 들어가 전투를 할 때 미국 첩보위성으로 북한 수뇌부가 어디 모여 있는지 모두 알고 저공비행하여 접근하면 소리가 요란해 북한 수뇌부는 기절할 정도라고 한다. 그래서 북한군 수뇌부는 미군 스텔스기를 가장 두려워한다고 한다. 전쟁이 시작되면 한미 공군의 무차별 공격을 하면 북한 공군은 한 시간도 못 버틴다고 한다. 요즘엔 무인폭격기로 미 국방부에 앉아서 무인정찰기가 보내온 자료를 보면서 북한의 중요 군사기지를 폭격하게 된다.

국방부가 발표한 최신예 전력으로 잠수함에서 발사한 국산 미사일은 GPS를 이용하여 북한 전역을 정밀 타격하는 잠대지 미사일과 함대지 미사일을 공개했다. 또 한국군은 최근에 미국으로부터 폭탄 1발로 북한군 전차를 최대 40대까지 파괴할 수 있는 미국제 최신형 정밀유도 확산탄_擴散彈 360여 발이 우리 군이 도입된다고 한다. 미 국방부 산하 국방안전협력국은 보도자료를 통해 한국 정부가 최근 미국에 첨단 정밀유도 폭탄과 미사일 등을 대량 구매하겠다고 요청했다고 밝혔다.

국방안전협력국에 따르면 미 국방부는 최근 한국 정부로부터 총 3억 2,500만 달러_약 3,840억 원 규모의 무기 · 부품 · 훈련 · 정비 · 수송 등의 구매 요청을 받아 이를 한국군에 판매하기 위해 지난 1일 의회에 이미 통보했다고 한다. 한국이 구매 요청한 무기는 바람수정 확산탄 367발을 비롯해, 훈련용 CATM 미사일 28발, DATM 미사일 7발과 관련 장비 등이다.

이번 무기 도입에서 가장 중요한 것은 바람수정 확산탄_WCMD : Wind

Corrected Munition Dispenser으로 불리는 CBU-105다. CBU-105에는 기존의 일반 자탄_子彈과 다른 BLU-108 센서신관 무기_SFW : Sensor Fused Weapon 가 자탄으로 들어간다. BLU-108은 용기_디스펜서에서 분리돼 그냥 떨어지는 것이 아니라 자탄에서 분리된 탄두가 엔진 등 차량이나 전차 등의 열원_熱源을 감지하고, 열원을 향해 폭발해 미사일처럼 정확히 타격할 수 있다. 이를 위해 열을 감지하는 적외선 센서를 부착하고 독립적으로 표적을 공격하는 스키트_Skeet 탄두를 달고 있다. CBU-105에는 스키트 탄두 4발씩을 단 BLU-108 자탄이 10발 들어가기 때문에 CBU-105 한 발이면 최대 40대의 전차 · 장갑차 · 차량 등을 파괴할 수 있다.

우리 공군의 최신예 F-15K는 CBU-105 확산탄을 최대 15발까지 탑재할 수 있다고 한다. 이론상으로는 F-15K 한 번 출격으로 최대 600대의 전차 · 장갑차 · 차량 등을 파괴할 수 있다는 얘기다. 군 소식통은 "CBU-105 확산탄 도입으로 우리가 수적으로 열세에 있는 북한 기계화부대를 유사시 무력화하는 데 큰 도움이 될 것"이라고 말했다. 따라서 북한의 비대칭 전력이 아무리 우수해도 한국군이 북한군의 전력을 알고 대응한다면 우려할 사항은 아니라고 한다.

또한 전시작전권 한국군 이양 후 북한의 미사일 도발에 대비해 발사 전 단계에서 타격하는 '킬 체인_kill chain' 시스템을 구축하는 데 이어 발사된 미사일을 상공에서 요격하는 한국형 미사일방어 체제_KAMD도 추진키로 했다. '킬 체인'은 북한군의 이동식 발사대에서 쏘는 미사일을 실시간으로 탐지해 타격하는 공격형 방위시스템이다.

그러나 이 같은 한국군 대응 전략은 북한이 최근 실험한 소형 핵무기를 미사일에 탑재해 한국을 공격하면 상황이 달라진다. 핵폭탄 한 기_基

를 미사일이나 항공기에 탑재해 서울 중심에 폭격하면 반경 1.5km 지역의 모든 존재물이 흔적 없이 사라지고 약 20만 명의 시민이 목숨을 잃게 되고 방사선 피해는 상상을 초월한다.

한국군과 미군은 향후 전략으로 전쟁 초기에 핵시설을 모두 파기해야 하는데 산악지대에 은익한 고정 발사체와 100기가 넘는 이동체 미사일 발사대로 공격하면 킬 체인 대응 전략도 한계에 직면할 것이다. 그러나 만약 북한이 몇 기의 핵으로 한국을 공격한다면 핵무기로 무장된 미군의 B-2, B-52 폭격기와 제 7함대 전력을 이용해 북한을 초토화해, 북한은 지구상에서 존재할 수 없는 국가가 된다는 전략을 한·미 두 나라는 수립하고 있음으로 북한의 핵을 지나치게 두려워 할 필요는 없다.

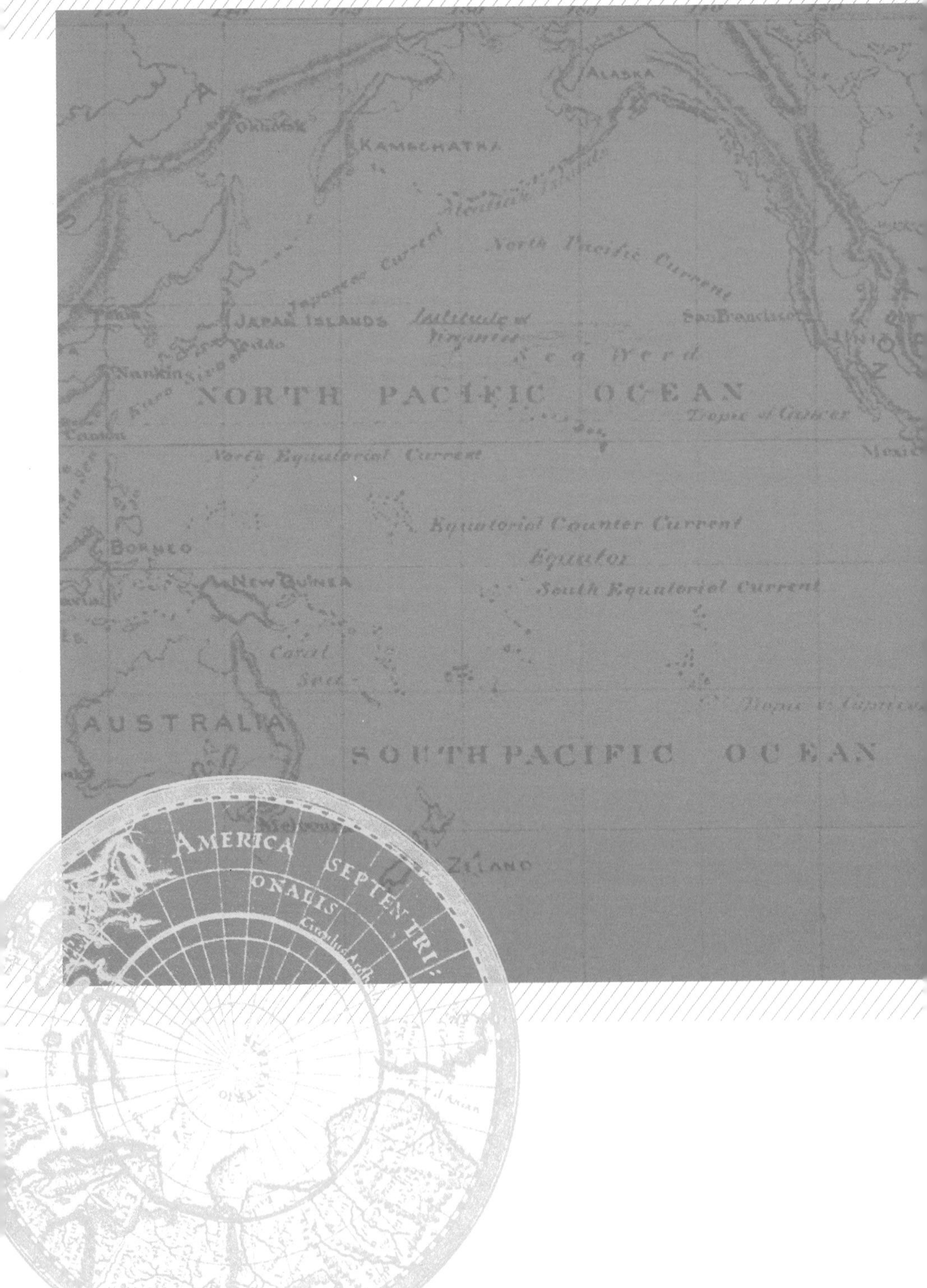

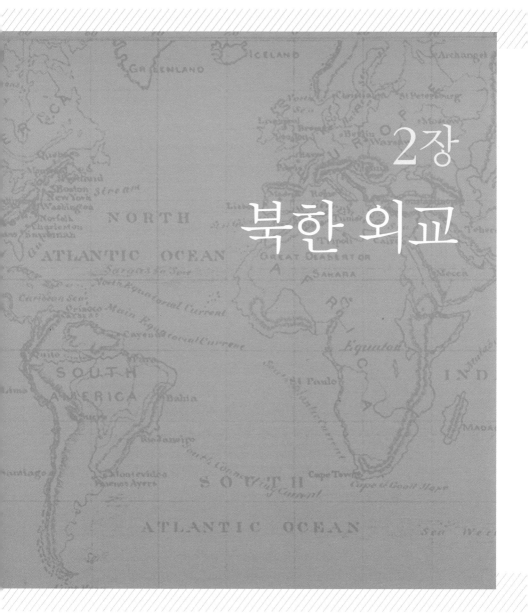

# 2장
# 북한 외교

한반도는 동족이면서 지구상에서 가장 평화를 위협하며 준 전시상황을 맞고 있다. 물론 한반도 주변 국가들마저 자국의 이익을 위해 한반도를 인위적으로 분단시킨 바도 있지만 반세기 넘게 북한의 세습체제를 이어오면서 한반도는 한 치 앞을 예측하기 어려운 상황에 놓였다. 지금은 종북 세력들이 사회 곳곳에 독버섯처럼 자생하면서 이들은 노골적으로 실체를 들어내고 북한의 전략에 공조하면서 한국을 적화통일시키려는 의도 때문에 한반도는 끝없이 복잡한 상황이 전개되고 있다.

역대 대통령의 대북 접촉 역사

　박정희 대통령 집권 중 대한적십자사를 통해 분단 후 최초로 1971년 8월 북측에 이산가족 찾기 남북적십자회담을 제의했다. 몇 해 전 '1.21사태' 와 '푸에블로 호 나포사건' 등으로 남북 긴장이 최고조에 달해 있던 시기였다. 이후 당시 중앙정보부장이 1972년 7월 초 박정희 대통령 밀사로 자살용 청산가리 앰풀을 옷깃에 감추고 북한을 방문하여 김일성을 만났다. 같은 달, 북측 박성철 부수상이 서울을 방문하여 최초 남북 공동성명을 작성하여 그 결과 '7.4남북공동성명' 으로 발표하였으며 이 성명은 남북대화의 중요한 초석이 되었다.

　전두환 대통령도 재임 중 미얀마 아웅산 사건에서 17명의 귀중한 각료들과 수행원이 북한이 설치한 폭탄으로 목숨을 잃는 엄청난 사건 후에도 남북 정상회담 논의를 위해 장세동 안기부장을 밀사로 평양에 파견했다. 1985년 10월 17일 장세동 안기부장은 김일성을 만나 6.25남침을 따지고, 전 대통령은 김일성을 조건 없이 초청하여 정상회담을 제의하였지만 성사되지 못했다.

노태우 대통령은 정책보좌관 박철언 씨를 대북 특사로 임명하여 남·북 정상회담을 시도했다.

김영삼 대통령은 이석채 특사를 통해 남북 간 접촉을 하여 남북 정상회담 개최를 위해 판문점에서 예비회담 개최를 합의하였다. 이 예비회담에서 김영삼 대통령이 북한을 방문하여 김일성과 정상회담을 합의하였지만 갑작스런 김일성 사망으로 성사되지 못했다.

김대중 대통령도 남북 간 특사를 통해 2000년 6월 제1차 남북 정상회담을 성사시켰다. 제1차 남북 정상회담 합의 과정에는 당시 문화관광부 장관인 P씨, 준비 과정에는 정보기관에서 활약하였다. 정보기관에서는 2002년과 2003년에 정식 대북특사 자격으로 L씨가 평양을 방문하였다. 노무현 정부 시절인 2005년 6월 통일부장관도 대북특사 자격으로 평양을 방문하여 김정일 위원장을 만나 경색됐던 남북관계와 6자회담의 돌파구를 열었다.

 남북 정상회담 막후 협상

남북 정상회담은 비밀유지가 필수조건이다. 그래서 국가정보기관은 빠지지 않고 관여해 왔다. 눈에 보이지 않게 회담 전체 과정을 조율하는 역할이다. 회담 성사가 가시화되기 전에는 남북한 실무자들의 물밑접촉이 주로 이루어진다. 분위기가 어느 정도 무르익을 때쯤엔 대통령의 의중을 전달할 핵심 측근이 '밀사'로 움직인다. 북측 카운터파트를 만나서 최종 방안을 결정하는 것도 이들의 몫이다.

2000년 6월 남북한이 첫 정상회담을 갖는다고 4월 10일에 남북이 동시에 발표하였다. 발표 한 달 전 3월 9일 양측 정상의 남측 특사인 문화관광부장관과 북측 아시아태평양위원회 부위원장이 싱가포르에서 비밀접촉을 가졌다. 남북 실무 접촉을 싱가포르에서 개최하는 이유는 싱가포르가 인프라가 좋은 데다 상대적으로 일반인들의 눈에 띄지 않는 장점 때문이었다. 당시 정보기관 실무자도 수행했다. 정보기관 책임자가 몇 차례 극비리에 방북했지만 협상은 주로 문화관광부장관을 통해 이루어졌다. 이유는 문화관광부장관은 남북 접촉 창구가 아니라 북측 인사 접촉 때 노출될 가능성이 적다는 점도 고려했다.

2007년 제2차 노무현 정부 때 정상회담도 2006년 10월 노 전 대통령의 최측근인 A씨가 베이징에서 이호남 북한 참사와 만났고, 이어서 2007년 7월초 정보기관 책임자의 대북 접촉 제의를 수용하고 평양으로 초청했다. 이후 그는 전권을 위임받아 평양을 두 차례 비밀리에 방문했고, 8월 8일 정상회담 개최 사실이 발표되었다.

 노태우 · 김일성 정상회담 불발

노태우 대통령 시절 때도 남북 접촉이 빈번했다. 남북 고위급회담, 남북 기본합의서, 비핵화 선언 등 남북관계에 굵직한 획을 긋는 일들이 있었다. 그러나 과거에 남북한이 숱한 대화를 해왔지만 전체적으로 보면 평행선이었다. 원인이 여러 가지 있겠지만 가장 큰 이유는 우리는 공산주의가 될 수 없고, 북한은 자유민주주의가 될 수 없다는 기본 한계 때문이었다. 소련이 변하면서 공산주의 체제가 지구상에서 사라져 가는 조짐을 보이기 시작했다. 이를 틈타 노태우 대통령은 재임 중 부단히 북한 측과 특사, 밀사를 통한 대북 접촉을 시도했다. 그 과정에서 남북 정상회담의 꿈이 무르익기도 했다.

노 대통령은 특사를 파견해 김일성을 만나 독대했을 때 김일성은 "회담이 잘 되어 수표_서명하게 되면 대통령 각하와도 만날 수 있지 않느냐"는 이야기를 했다. 김일성은 1992년 봄 특사를 파견해 친서와 초청장을 갖고 서울에 와서 삼청동 안가_安家에서 노 대통령과 만났다. 그러나 노 대통령은 김일성 초청을 거절했다. 이유는 초청 시기가 김일성 생일 전후여서 아무리 정상회담이 중요하다 해도 모양새가 나쁘다는 판단 때문이었다.

그 뒤에 한민족 공동체 통일방안이 발표됐다. 이 방안에는 '2단계에 가면 국가연합을 한다'고 되어 있었다. 그러나 국가연합이 되면 남북 정상회담을 하고, 각료회의도 해야 하는데, 이렇게 되면 북한 정권을 하나의 국가로 인정해 주어야 하는 문제가 생긴다.

북한이 고려연방제를 내놓은 것에 대해 우리가 한걸음 나아가는 방안이었다. 남북한이 정상적인 통일이 아닌 연방제는 2개의 국가로 북한을 국가로 인정하게 된다. 세계무역기구_WTO : World Trade Organization 체제에서 국가 대 국가로 하게 되면 도와주고 싶어도 못 도와주는 상황이 된다. 우리가 물자를 북한에 지원하게 되면 세계무역기구_WTO에 위배된다. 북한을 국가로 인정하면 대사도 교환해야 하고, 북한에서 급변사태가 일어나 통일로 갈 때 우리가 독립된 주권국가에 개입할 수 없다는 문제가 생긴다. 우리가 북한을 국가로 인정하면 헌법을 개정해야 하고, 전범_戰犯이나 범죄단체 비슷한 조직에게 국가라는 격_格을 씌워 주는 것이었다.

그래서 남북기본합의서도 나라 이름은 안 쓰고 남측, 북측으로 표기하였다. 즉 양국 간의 관계라는 말을 쓰지 않았다. 북한도 절대 남한을 국가로 인정하지 않으며 인정하면 1민족 2국가가 되어 북한 헌법 노선에 위배된다. 우리도 북한을 국가로 인정할 수는 없는 것이다. 북한을 국가로 인정하면 우리의 민족사적 전통과 부딪친다. 우리는 통일신라 이후 1민족 1국가라는 자랑스런 전통을 지금까지 유지해 왔다. 만일 북한을 국가로 인정하면 한반도에 1민족 2국가가 생기기 때문이다. 결국 노 대통령 재임 중에 시도한 남북 정상회담은 무산되었다.

 ## 김영삼 · 김일성 정상회담 불발

남북 간에는 장기간 극한 대치 상황에서도 다양한 접촉이 있었다. 박정희 대통령의 지시로 평양에 특사가 파견된 일도 있었고, '7.4남북 공동 성명'을 통해 양측의 속내를 발표하기도 하였다. 양측 간 힘겨루기를 지속하다 드디어 1994년 김영삼 대통령과 김일성 주석간 정상회담을 위한 남북 간 실무회담이 개최된다는 사실을 남북이 동시에 발표하였다.

실무회담 개최 장소는 판문점 남측 사무소였다. 남북한이 오랜 대결의 시대를 끝내고 양측 정상이 만난다는 사실만으로 세계적인 뉴스였다. 양측의 회담은 철저한 보안 속에 진행되었다. 정상회담의 방송이나 뉴스 제작 준비를 위해 KBS는 중계차를 회담장 주변에 설치하고 남북 예비회담 내용을 전부 녹화하고 있었다.

이는 남북 양측이 녹화를 합의해서 중계차를 설치한 것이다. 짧은 기간의 실무 예비회담 결과는 남북 정상회담 개최 합의 수준에 도달했다. 남북 정상회담이 개최된다는 소식은 KBS 제1라디오 정오 뉴스에서 판문점 회담장 현장을 연결하여 생방송으로 보도되었다. 정부 당국도 보안 유지를 위해 판문점으로부터 모든 통신시스템을 교란시켜 놓았기 때문에 판문점에서 보도는 절대로 불가능하다고 생각했다. 그러나 정상회담 개최 합의 소식은 한국의 대표 공영방송 KBS 제1라디오 12시 정오 뉴스로 방송되자, 국민들도 놀랐고 정보기관도 놀랐다. 정보기관원들이 놀라서 판문점에서 특종을 보도한 K기자를 찾아 KBS 중계차에 왔지만 그를 찾지 못했다. 이를 예상하고 KBS 제작진들이 봉고차 의자 밑에 기자를 숨겼기 때문에 찾지 못했다.

KBS 뉴스는 국가 안보에 위해_危害가 없는 특종 보도를 한 것이다. 이 특종 보도는 몇 일간 남북 간 비공식 접촉이 진행되는 것을 보고 남북 간 정상회담 합의 가능성이 많다는 것을 KBS는 예상하고 준비를 하였기 때문이다. 또 보안 유지를 위해 판문점에서 통신이 차단될 것을 예상하고 KBS가 보유한 당시 1억 원이 넘는 가격으로 구입한 최첨단 해사위성 _Inmarsat 장비(해상에서 해사위성을 통해 전 세계 선박과 음성통화를 하는 장비로 세계 어디에서도 통화가 가능하다)를 휴대하여 중계차 뒤에 은밀히 설치하고 정상회담 개최 합의 보도를 한 것이다.

KBS는 엄밀히 이 장비를 휴대 설치하여 라디오 뉴스 방송에 사용한 것이다. 방송이나 신문 등 언론 보도는 속성상 특종을 대비하는 본능이 있기 때문에 KBS가 사전에 이 장비를 사용한 것이다. 이 사건 후 국가정보기관들과 청와대도 KBS가 보유한 해상 위성장비를 여러 대씩 구매하여 다양한 통신에 사용하고 있다. 남북 정상회담을 위한 판문점에서 예비회담은 남북 정상이 만나는 것만 합의하고 정상회담 일자, 장소 등 구체적 합의는 남북 실무 그룹에서 평양을 방문하여 추후 논의하는 것으로 결정하고 예비회담을 마무리하였다.

당시 김영삼 대통령은 남북 정상회담 전에 터키 방문이 예정되어 있었고, 필자는 터키에서 방송제작을 위해 사전조사를 위해 출장 준비를 마친 상태였다. 그러나 터키 출장 하루 전 KBS 정오 라디오 뉴스에서 김일성 사망 소식이 전해졌고, 두 김 정상회담은 불발로 끝났다. 이로인해 또 다시 남북 간 대결은 계속되었다.

 ## 김대중 · 노무현 · 김정일 정상회담 성사

김대중 정부와 2000년 6월 정상회담, 노무현 정부에서 2007년 10월에 정상회담을 가지면서 두 번의 남북 정상회담에서는 수많은 일화를 남겼지만 뚜렷한 결과를 도출하지는 못했다. 결과적으로 북측이 추구한 것은 남측으로부터 경제적 지원이 목적이었을 뿐 남북 화해나 통일을 위한 것이 아니었음이 밝혀졌고, 오히려 한국에는 수많은 종북 세력이 합법적으로 활동하는 계기가 되었다.

# 이명박 · 김정일 정상회담 불발

이명박 대통령도 2009년 10월 초 중국 베이징에서 열린 한 · 중 · 일 3국 정상회담 때 이 대통령을 따로 만난 원자바오\_溫家寶 중국 총리는 "김정일이 이 대통령을 만나기를 희망하고 있다"는 북한의 메시지를 전했다. 그 뒤 남북 간에 정상회담 논의가 급물살을 탔다. 당시 한국 측에서는 노동부장관이 10월 17~19일 싱가포르에서 북측 대표를 수차례 만나 정상회담을 조율했다. 그 뒤 통일부장관과 통일정책실장도 북측 대표를 여러 차례 접촉해 정상회담을 위한 실무협의를 가졌다.

이 과정에서 2000년 6월과 2007년 10월의 두 번의 정상회담이 모두 평양에서 열린 만큼 3차 회담은 남한에서 해야 한다는 청와대 참모들의 만류를 뿌리치고 이 대통령은 "내가 북에 가서 김 위원장을 만나야 핵 문제가 풀린다"며 북측 제안대로 평양행을 받아들였다. 회담 성사를 기대하는 시점에 북측 대표는 2009년 11월 비밀접촉 장소에 나와 회담 분위기 조성을 위해 필요하다며 '비밀양해각서'를 남측 대표에게 내 밀었다.

양해각서의 핵심은 정상회담 대가로 거액인 6억 달러를 요구하며 우리 측에 서명을 요구했다. 김대중 정부 때 6 · 15 정상회담을 하면서 북한에 제공한 경제 협력 자금 문제로 노무현 정부 때 특검까지 한 마당에 이명박 정부가 많은 금액을 주고 정상회담을 할 수는 없었다. 당시 언론 보도에서는 회담 장소와 의제에 대한 이견 때문에 무산됐던 것으로 알려졌으나 실상은 북한이 무리한 대가를 요구했기 때문에 성사되지 못했다. 이 회담 시도 무산 후 북한은 연평도에 무자비한 폭격을 단행했다. 이명박 대통령 비서실장을 역임하면서 대북 접촉을 한 임태희 전 비서실장은

2013년 2월호 '신동아'에서 북한이 정상회담 대가를 요구했다는 사실을 부인했으나 이명박 대통령은 이 같은 사실을 시인했다.

# 조선민주주의인민공화국_북한 : DPRK
## Democratic Peoples Republic of Korea

행진하는 북한 군인

 김대중 · 김정일 남북 정상회담 협상

　김영삼 · 김일성 정상회담 개최 불발 후 김영삼 정권이 끝나고 김대
중 대통령으로 정권교체가 이루어졌다. 김일성 사후 북한은 김정일이 세
습 최고 권력자가 되어 북한을 통치하게 되었다. 반세기의 역사를 통해
남북한은 분단국으로 자리를 잡았지만 양측의 민초들은 언젠가는 합쳐야

한다고 생각하여 왔지만 여러 가지 원인으로 인하여 여전히 요원한 현실이었다.

북은 분단 후 끝없이 남한을 자기중심으로 흡수 통일이 되어야 한다는 논리로, 처참한 6.25전쟁 도발에서부터 수많은 방법의 테러를 자행해 왔지만 남북 간 격차만 벌어지고 한국이 결코 쉬운 상대는 아니라는 사실을 북한도 깨달았다. 김일성 사후 북한의 경제는 침체 일로로 나락으로 떨어졌다. 김정일은 북의 경제 난국을 돌파하는데 김대중 정부를 이용하기로 결심하고 남북 정상회담을 지시하였고 김대중 정부도 '햇볕정책'이라는 카드로 북의 제의를 호의적 반응으로 북측과 적극적인 자세로 협상에 임하였다.

북에서 남북 정상회담 협상 지시 이전에 김대중 대통령은 유럽 순방기간 중에 영국과 독일에서 북을 향한 메시지를 발표하였다. 그 후 측근들을 통해 북측에 화해의 손짓을 하며 제3국에서 북측 인사들을 은밀히 접촉하기 시작했다.

북은 1980년대부터 최대의 경제불황을 맞았고 1980년대 말부터는 식량 부족으로 북한 주민들의 많은 아사자_餓死者가 생기며 서방의 일부 대북 전문가들은 북한의 붕괴는 시간문제라고 예측하고 있었다. 이 시점에고 정주영 현대그룹 회장의 소떼 방북을 통해 북_北과 정 회장 사이에는 경제적 협력을 모색하고 있었다. 현대는 북한 일대에서 사업권을 통해 실질 협력이 이루어지기를 기대하고 북으로부터 금강산 관광, 개발에 관해 상당한 사업 구상을 제의 받고 실질적인 남북 간 경제교류가 활성화되고 있는 시점이었다. 북한은 우선 남측의 경제적 지원이 필요했고, 한국은 일정액의 통일 비용을 쓰더라도 남북 간 정상회담을 해 보자는 생각이었다. 이러한 양측의 의견이 일치한 것이다.

2000년 초에 제3국에서 수차례 접촉을 한 후 최종적으로 양측 특사가 싱가포르에서 만나 남북 정상회담을 하는데 원칙적 합의를 보았다. 양 특사 만남에서 북측은 남측에 정상회담 대가로 남측에 경제지원을 요청하였다. 표면적으로는 현대아산에서 북한으로부터 포괄적 경제협력 사업권을 획득하는 대가로 4억 5,000만 달러_현금 4억 달러, 체육관 건립 현물 지원비 5천만 달러)를 정상회담 전까지 북에 지급하는 방법으로 남북 정상회담 개최 합의를 하였다고 발표하였다.

 ## 청와대 방송제작 대책회의

남북 정상회담 개최 발표 후 판문점에서 남북 실무회담 개최 일정이 잡혔다. 청와대는 각 분야별로 남측이 북측에 요구할 사항들에 대한 분과회의단을 구성하였다. 방송 신문 분야를 담당하는 남측 대표단은 청와대 홍보수석실의 비서관 1명, 행정관 1명, KBS PD 1명, 필자 등 4명으로 확정하였다. 남측 대표단은 청와대 관계자들과 문화관광부, 한국통신 등 다양한 분야의 관계자들이 모여 실무회담 준비에 필요한 의견을 청취하는 회의가 열렸다.

이 회의에서 지구상의 유일한 분단국가인 한반도에서 개최되는 남북 정상회담은 전 세계의 언론에 주목 대상이라는 사실은 모두가 공감하고 있었다. 따라서 역사적인 남북 정상회담 장면을 빠르고 정확하게 전 세계로 보도해 정상회담의 효과를 극대화해야 한다는 것은 청와대와 정부의 절실한 바람이었다.

전 세계 국가의 미디어 매체들은 이미 북한의 장기간 폐쇄된 언론 속성을 알고 있었기 때문에 개별 기사 취재를 위해 방북은 불가능하다는 사실을 인지하고 있었다. 대신 한국에서 뉴스를 취재 보도하는 방법을 선택하여 외신 취재기자 신청자가 이미 2천여 명을 넘었다는 문화관광부 관계자가 설명하였다. 한국의 메인 프레스센터를 '롯데호텔'에 마련한다는 보고도 하였다. 회의 참석자들은 북으로부터 뉴스 전송 방법에 관해 가장 궁금해 하며 필자에게 이목이 집중되었다. 20여 년간 역대 대통령들의 정상 외교 순방 현장에서, 지구촌 각국에서, 뉴스나 행사들을 생방송으로 수행한 경험이 있었기에 모두 필자에게 답을 달라는 눈치였다. 필자는 회의 참석자들에게 "북측의 협력만 있으면 북에서도 생방송이 가능하다"고 설명하였다.

필자는 회의 참석자들에게 "북한도 국제위성기구_INTELSAT에 가입한 국가이며 태평양위성_POR 170, 174도과 인도양위성_IOR 60, 63도를 4개의 위성 채널을 커버할 수 있는 위성지국을 보유 운용하고 있어 국제위성으로 뉴스를 커버할 수 있다"는 설명을 하였다.

그러나 "국제위성은 인도양·태평양지역 모든 국가에서 공용으로 사용하기 때문에 남북 정상회담 같은 대형 뉴스를 커버하기 위해서는 많은 시간을 할애 받기가 불가하다"는 설명과 "시간적 제한으로 북에서 남으로 생방송은 불가하다."는 사실을 설명하자 모두 난감해 하였다. 또한 "국제위성을 통해 뉴스를 전송하는 과정은 평양에서 멀리 떨어진 북한 위성지국까지 수많은 전송로를 거쳐야 하기 때문에 뉴스 전송 중 북측이 불리하다고 판단하는 화면을 북한지역의 알 수 없는 곳에서 중단시킬 수 있는 치명적 약점이 있다."는 설명도 하였다.

"방송사고 방지를 위해서 대안으로 남에서 위성전송장비인 SNG_Satellite News Gathering를 북한에 반입하여 SNG를 통해 한국의 국내 위성 '무궁화 호' 위성으로 뉴스나 생방송 장면을 보내면 북에서 불리한 장면도 끊을 수 없고 무제한적으로 가장 신속하고 편리한 방법으로 남측에 전달할 수 있다."는 사실을 설명하였다.

그러나 "무궁화 호 위성은 한국의 국내 사용 목적 위성이기 때문에 국제 전파법상으로는 북한에서 사용을 거부할 수 있고 북에서 거부하면 사용이 불가하다"는 사실도 설명하였다. 따라서 "우리가 생각하는 방법은 명백히 국제법 위반이며 북한에도 국제위성을 사용할 수 있는 국제위성 시설을 갖추고 있는데 남한에서 북한으로 SNG 반입을 주장하는 것은 북한의 자존심 문제가 대두된다."는 사실도 설명하였다.

필자는 "회담의 성공적 보도를 위해서는 반드시 북한을 설득하여 SNG 장비를 반입해야 한다."고 주장하였다. 북한 설득 방법으로 "민족공동체라는 명분을 내세워 남북이 한 국가라는 개념으로 접근하여 설득하면 북에서 주장하는 국제전파법 위반으로 거부할 명분이 약해진다는 사실을 설명"하자, 회의 참석자들 모두가 남북 실무회담에서 적극적으로 대응하여 끝까지 북한을 설득해 보자고 공감하고, 안 되면 차선책을 사용하기로 하고 회의를 마무리하였다.

필자는 회사로 돌아와 만약 북한에서 SNG사용 불허를 대비해 차선책으로 사용하기 위해 미국 워싱턴에 있는 '인텔샛트 본부'에 전화를 하여 2000년 6월 12일부터 6월 14일까지(최초 정상회담 일정 합의, 후일 하루 순연되어 6월 13~15일로 변경됨) 북한 평양으로부터 사용 가능한 인도양 · 태평양 위성

시간을 파악하여 한국통신_KT을 통해 위성시간을 모두 청약하여 중요한 뉴스를 커버할 수 있도록 조치하였다.

 판문점 남북 실무회담

청와대 대책회의 후 판문점에서 남측이 마련한 회의실에서 남북 간 정상회담을 위한 남북 실무회담이 개최되었다. 이 실무회담은 의전, 경호, 보도 등 3개 분과로 나누어 회의를 진행하였다.

우리 측 공보분과 수석대표는 청와대 공보비서관 K씨가 담당하고 회담의 형식은 우리 측 수석대표의 모두 발언에 이어, 북측 수석대표에게 우리의 요구사항들을 질문하면 북측 수석대표가 배석자들과 협의하여 가부에 대한 답변을 듣고 결정되는 형식이었다. 양측 수석대표만 발언권이 있고 배석자 2명은 수석대표에게 자문만 하게 되어 있었다. 가장 먼저 합의한 사항은 양국 간에 호칭 문제였다. 회의 때 남북한 간 호칭으로 한국은 남측, 북한은 북측으로 호칭을 하기로 양측이 쉽게 합의하였다.

첫 번째 요구사항은 청와대 실무대책회의에서 집중 논의되었던 '위성 SNG 장비와 TV중계차를 우리가 휴대하여 방북하고 평양에서 SNG를 사용하여 국내 무궁화호 위성을 경유, 모든 행사를 서울로 직접 보내는 요청'이었다. '물론 전파료는 북측이 요구하는 대로 지불하겠다'고 약속하였다.

북측 답변은 "남측의 요구는 명백히 국제 전파법을 위반하는 사항이며 평양 근교에 있는 국제 위성지국을 사용 인도양·태평양 위성을 사용하면 되는데 왜 SNG를 휴대하는지 이해를 할 수 없다."며 우리가 예상했던 답변을 하였다. 일단 북의 주장이 맞다는 사실을 인정하고 SNG를 사용해야 하는 이유를 설명하였다. 북측에 설명한 이유는 "남북 정상회담 개최 소식이 전 세계로 알려지면서 정상회담 예정 날짜 전 후로 며칠씩 미국의 CNN, ABC, CBS, FOX방송사, 일본의 NHK, TV 아사히, TBS, 영국 BBC 등 전 세계 방송국에서 인도양·태평양 위성은 완전히 점유 당해 당사자인 우리는 위성을 사용할 수 없다(당시 KBS가 대부분 시간 확보하였지만 선의의 거짓말을 하였다)."는 이유를 설명하고 "역사적 남북 정상이 만나는 장면을 한 민족이 생방송으로 볼 수 없다는 사실이 안타깝다."고 설명하였다. 북측도 난감해 했다.

그러면서 "SNG장비 반입 문제는 난해한 문제임으로 다른 안건에 대한 설명부터 듣자."며 우리의 요구사항을 "일괄 설명하라"는 것이었다. 당시에도 평양에서 판문각, 판문점을 연결하는 TV뉴스를 보낼 수 있는 평양, 개성 송악산을 경유하여 판문각, 판문점을 거쳐 서울까지 전송하는 전송로가 있었다. 과거 남북한 축구 경기 때 사용한 적이 있었지만 실제로 장비를 보완해야 사용이 가능한 사실을 우리도 알고 있었기 때문에 처음부터 배제하였고 북측도 이 부분에 일체 언급을 하지 않았다.

두 번째로 정상회담 보도를 위해 사용할 프레스센터 설치 공간과 기자단 규모, 기자단 숙소 제공이었다. 세 번째는 생방송을 위해 공항과 시내 중심에서 사용할 중계차 제공, 평양과 서울 간 연락용, 팩스용 국제전화용 전화선을 프레스센터에 설치하고 신문사 사진기자 전송용 국제 전화선을 설치해 달라는 것이었다. 남측 공보팀에서 원하는 구체적 요구사항들이 적힌 메모지를 북측 대표에게 넘기고 정회를 하였다.

정회 후 속개된 회의에서 북측에서 우리가 요구한 사항에 "SNG 사용은 절대로 허가할 수 없다"는 것이었다. 그러면서 "모든 것은 선발대가 평양에 도착하여 회의를 통해 결정하자."는 답변이었다. 북의 모든 의사결정은 회담 대표자가 결정할 수 있는 것은 아무것도 없었다.

그러나 회의 마지막에 일단 SNG장비를 "선발대가 방북할 때 휴대해도 좋지만 사용 허가 여부는 평양 회의에서 최종 결정되고 중계차는 절대 휴대 반입할 수 없다."는 것이었다. SNG 사용 문제는 세계 어떤 국가에서도 쉽게 허가하지 않는다는 사실을 필자도 잘 알고 있었다. 특히 사회주의 국가들은 언론 통제에 익숙해져 있는데, SNG를 사용하여 뉴스를 보도할 경우 뉴스 내용을 중간에서 감시할 수 없어 보도 통제가 안 되기 때문에 통상적으로 사용을 불허한다.

필자는 러시아나 중국에서 SNG 사용 허가를 몇 번 시도하였지만 허가를 받지 못해 사용하지 못하다가 국교 수립 후 엄청난 비용을 지불하고 사용한 경험이 있었다.

 선발대 방북

선발대 방북은 판문점 군사정전위원회 건물을 통해 방북하도록 되어 있었다. TV 화면에서 자주 접하는 파란색 지붕으로 덮힌 건물로 중간을 기점으로 국경이 정해져 있다. 건물의 절반은 UN군 측이 사용하고 다른 절반은 북한 영토이다.

이곳에 임시 출입국 사무실을 설치하고 임시로 만든 출입국 카드로 방북하고 북측 판문각을 거쳐 개성 평양간 고속도로를 이용하여 방북하도록 되어 있었다. 선발대는 이른 아침 삼청동에 있는 통일부 남북회담 사무국에서 모여 분과위원회 별로 승용차에 분승하여 판문점으로 향하였다.

의전팀을 비롯하여 경호, 통신, 보도 등 3개 분과 선발대는 경호팀이 가장 많았고 선발대 전체 인원은 한국통신_KT에서 SNG장비와 운영요원 1명을 포함해 전부 31명이었다. 필자는 승용차에 청와대 공보비서관, 행정관과 함께 탑승하여 이동 중에 승용차 안에서 방북 후 수행할 사항들을 최종적으로 점검하였다. 이른 아침 출근시간이라 도로는 출근 차량들로 만원이었지만 교통경찰의 교통신호 조정, 경찰 선도 차량, 경찰 오토바이의 능숙한 통제로 논스톱으로 달려 판문점까지는 불과 몇십 분 만에 도착하였다. TV로만 보던 남북 군사정전회담장 건물에 법무부 출입국사무소가 차려져 임시로 발급한 특별 출입국 검사와 세관 검사를 마치고 건물내 절반의 경계를 넘어 북측 영토에 들어가 북측 사무소 판문각에 도착하였다.

북측 판문각 건물 내 넓은 접견실은 깨끗한 카페트가 깔려 있었다. 홀 안쪽으로 남측 대표단을 안내하여 북측이 제공한 음료와 차를 대접받고 일행들은 약간의 긴장감을 떨칠 수 있었다. 북측으로부터 특별한 설명 없이 일행들은 판문각 건물로 나오니 북측에서 준비한 독일 벤츠사에서 수입한 승용차 4대와 마이크로버스 1대가 대기하고 있었다. 북측 경찰 선도 차량이 맨 앞에 서 있었다. 남북 대표 단장과 각 분야별 남북 수석대표들은 벤츠 승용차에 탑승하고 나머지는 미니버스에 탑승하자, 경찰 선도 차량 출발과 함께 일행이 탄 차량은 평양으로 향해 판문각을 출발하였다.

판문각을 출발하자 좁은 길가에 과거 미군이 '미루나무 절단 사건[*]' 당시에 북한군이 도끼로 미군들을 무참하게 살해한 현장을 지날 때는 긴장감이 앞서기도 하였다.

이 사건 이후 박정희 대통령은 주한미군에게 말했다.

"미군이 아니라 우리 대한민국 국군이 미루나무를 반드시 베어내겠다."

한미 양국은 만약 북한이 저항하면 신의주까지 치고 올라갈 작전계획까지 준비하고 있었다. 박정희는 3군 사관학교 졸업식에 나가 "미친개는 몽둥이가 약이다"라고 외쳤다. 한반도가 제2의 전쟁에 빠져들 수 있는 순간들, 드디어 미루나무 제거 작업 시작! 박정희는 청와대 집무실에 철모와 군화를 갖다놓고 사태를 예의주시하고 있었다. 만약 북한이 또 도발하면 대한민국 대통령인 내가 철모 쓰고 군화 신고 전쟁을 진두지휘하리라!

사건 발생 이틀 만에 김일성은 유엔사령부에 사과하고야 말았다. 대통령은 국가의 영혼이고 그 영혼이란, 국가라는 사실로 국민을 감동시켜 하나로 단결시켰다.

차량행렬이 개성 평양 간 고속도로에 진입하자 진입로에는 통행료

---

**미루나무 절단 사건[*]**

1976년 8월18일, 북한군이 판문점에서 시야를 가리는 미루나무를 제거하던 미군 장교 2명을 도끼와 몽둥이로 무참히 살해한 판문점 도끼 만행사건이다.

징수 톨게이트도 없고 도로 표지판에 평양 166km라는 표지판이 눈에 들어왔다. 서울에서 대전 간 거리와 비슷했다. 남북 간 실무회담에서 합의한 대로 개성에서 평양 간 이동 중, 차 안에서 남측 방북단은 북측 안내원 간에는 절대 대화를

송악산 아래 개성시 모습

못하도록 되어 있었다. 판문각에서 출발하면서 북측 안내원 한 명이 미니버스에 동승했지만 인사도 자기소개도 없었기 때문에 지금도 그 사람의 이름도 성도 모른다.

고속도로 오른편으로 멀리 송악산과 개성 시내도 보였다. 남북 분단 후 처음 공개적으로 정부 대표단이 육로를 통해 방북하는 역사적인 날이었다. 실록의 5월 중순이지만 멀리 보이는 송악산과 주변의 야산에는 헐벗은 민둥산(사진)들만 보이고 초목은 보이지 않았다. 연료 부족으로 산에 있는 모든 나무를 벌목하고 부족한 식량 생산을 위해 산마다 개간을 했기 때문이었다. 고속도로는 예상외로 터널이 많고 터널 입구 산위에 육중한 탱크의 포신은 남쪽을 바라보고 있었다. 아마도 유사시 남측의 군대 북진 때 사용 목적인것 같았다. 터널 안을 지날 때는 전기가 켜지지 않아 차량 전조등 없이는 차가 갈수 없이 아예 깜깜했다.

고속도로에는 통행하는 차량은 전혀 볼 수가 없었고, 도로 노면은 이끼가 덮여 푸르스름하고 시멘트 포장이 깨진 상태 때문에 차량은 시속 40킬로미터 이상 달리지 못했다. 도로변 들녘에 넓은 논두렁에 붉은 선전 구호가 적힌 깃발을 보니 정말로 북녘 땅이라는 사실이 실감났다. 간간히

작은 시멘트 건물로 지은 집단 마을이 보이고 집단 농장에서 5월 중순이라 모내기를 하는 농부들은 우리가 지나는 차량 행렬에 관심이 없는 것처럼 태연히 모내기만 하고 있었다. 반세기 동안 이어진 남북 간 대립으로 처음 시도하는 평양행. 우리 모든 일행은 마음을 긴장하지 않았다면 거짓말이다. 소형 마이크로버스는 좌석이 불편하고 흔한 음료수도 없이 오직 침묵 속에 북으로 향했다.

남북 간 오랜 세월의 냉전과 반목, 질시의 대립, 변화의 흐름에 남측의 행렬은 북으로 향하고 있었다. 이념 대결에서 사회주의, 공산주의 사상을 신봉하던 소련이나 동유럽 공산 국가들도 종말을 고한지가 10여 년의 세월이 흐른 시점이었다.

소련은 더 이상 이념을 유지할 여력이 없어 강제로 빼앗은 국가들을 해방한 시점이었다. 막강한 중국 공산주의도 흑묘백묘를 제창하며 수정 자본주의를 선택한 중국의 위대한 지도자 등샤오핑도 돈을 벌어야 인민이 배불리 먹고 살수 있다며 공산주의를 변질시켜 경제는 자본주의 노선을 선택한 시점이었다. 장기간 사회주의 속에 묶어 있다 소련에서 독립한 국가들도 자기 방식의 정책으로 잘 살고 있는데 아직도 북한은 개혁과 개방과는 거리가 먼 체제를 유지하고 있는 이상한 나라를 우리는 찾아가고 있다는 생각이 들었다.

판문각을 출발 한지 시간 반쯤 후, 우리 일행이 탄 차량은 고속도로 휴게소에 멈춰 섰다. 휴게소는 한국의 고속도로 상하행선 양측에 휴게소가 있는 것과는 달리 북측 고속도로 휴게소는 왕복 도로를 가로질러 걸쳐 건물을 지은 특이한 구조였다. 도로 옆에 남측 일행들을 위한 임시 가판대 매점을 설치하고 한복을 입은 여성 판매원들은 들쭉술, 건조고사리, 버섯들을 진열하고 있었지만 아무도 물건을 사는 일행은 없었다. 약간의 휴식과 용변을 보고 차와 음료를 제공받고 다시 출발해도 고속도로에는 차량이라고는 여전히 보이지 않았다. 판문각에서 출발 한 지 약 4시간 만에 평양 시내에 진입했다.

텅빈 평양 시내 모습(위)
평양 – 개성 간 고속도로 임시 가판대(아래)

평양 시내로 가는 풍경은 곳곳에 높은 아파트 건물들이 질서정연하게 서 있었다. 도로는 넓고 시원하게 뚫려있지만 역시 차량은 거의 보이지 않았다. 평양 시내 남측을 통과하여 시내 중심부에 있는 김일성 광장을 지나자 비로소 평양에 도착한 것을 실감할 수 있었다. 관공서 건물마다 화강암을 붙인 석조 건물들이 우람해 보였다. 평양시는 김일성 가계의 우상물로 가득 찬 '우상의 도시' 답게 모란봉 아래 만수대 언덕 위에 자리 잡고 있는 김일성 동상이 시야에 들어왔다. 언덕을 넘자 개선문이 나타나고 김일성 시신이 있는 금수산 궁전 앞을 지나니 곧 백화원 초대소_호텔에 도착하였다.

### ꩜ 백화원 초대소_백화원 호텔
북한에서 초대소는 호텔을 의미한다.

백화원_百花園이란 '백가지 꽃이 피는 정원' 이라는 뜻이며 '초대소' 는 '호텔' 을 의미한다. 즉 '백가지 꽃이 피는 호텔' 이라며 저녁 만찬장에서 북측 대표 단장이 자랑스럽게 설명해 줘서 알게 되었다.

'화원 초대소' 는 북한에서는 가장 최고급 영빈관으로 김일성 시신이 있는 금수산 궁전과 같은 영역에 있으며 궁전과 초대소가 연결되어 있다. 주변에 아파트나 개인 주택은 볼 수 없으며 철조망으로 울타리를 만들어 군인들이 보초를 서 개인은 누구도 접근할 수 없다.

백화원 초대소(사진)에 도착하여 SNG장비는 창고에 보관하고 각자 정해진 방으로 개인 짐을 옮기고 여장을 풀었다. 한 방에 두 명씩 배정되었는데 침대는 매트리스 위에 깔린 비단 양단이불이 덮여 있어 한민족의 상징성과 친근감을 갖게 하였다. 욕실에는 순수 우리말로 적힌 살물결_로션, 비누, 칫솔 등이 놓여 있었다. 룸서비스는 한복을 곱게 차려 입은 젊고 아름다운 두 명의 여성이 전담하였다.

간단한 샤워를 하고 저녁 만찬에 나갔다. 북측 대표단장과 선발대 전담 안내원을 포함하여 100여 명이 연회장을 가득 메웠고 음식이 제공되자 북측 단장의 인사말과 남측 대표단장 답사로 이어졌다. 북측 단장의 인사말은 단호하고 자신감이 넘치는 강한 어조로 "같은 동포가 분단 반세기 만에 이렇게 만난 것이 감개무량하다." 며 "같은 동포끼리 빨리 통일을 앞당기

백화원 초대소 외경 - 호텔 외경

자."라는 내용이었다. 남측 대표단장도 비슷한 내용의 연설을 하고 난 후 식사가 시작되었다.

북에서 가장 귀하다는 머루주와 한식 뷔페식 음식이 골고루 배급되었다. 테이블마다 남측 대표단 전담 1인 1명씩 배석하여 인사를 나누고 술을 따르는 모습은 남에서 회사 회식 자리에서 술잔을 주고받으며 벌어지는 인정어린 모습 그대로였다. 다만 식사 장소에서 남북한을 비교하며 남한의 우월성을 내 세우거나 북한의 체제 비판성 발언을 취중에도 절대 금해야 하는 것만 빼면 정말 우리는 동포임에 틀림없었다.

모든 대화는 통역 없이 의사소통이 되고 같은 음식문화, 얼굴 형태 등을 볼 때 더욱 그랬다. 즐거운 식사가 끝나고 방으로 돌아와 텔레비전을 켰다. 북한 TV방식은 한국의 NTSC와 다른 PAL방식으로 방송한다. TV프로그램의 대부분은 체제 미화, 김일성·김정일 세습 우상화를 위한 내용이 대부분이었다. 평일에는 오후 5시 30분에 방송을 시작하고 저녁 10시 30분에 종료하며 휴일에는 밤 12시까지 계속된다. 우리는 이미 보안교육을 받았기 때문에 첫날밤 함께 투숙한 동료와 대화는 극도의 보안을 유지하며 대화를 나누다 잠이 들었다.

양단이불이 이채롭다 – 호텔 내경

### ✈ 백화원 초대소 구조

백화원 영빈관은 국빈급 외국 인사들의 숙소로 사용할 목적으로 1983년 건립하였다. 평양직할시 중심부에서 북동쪽으로 10분 거리에 있는 평양시 대성구역 임흥동에 위치하고 있다. 건물 바로 앞에는 대동강에서 물을 인공적으로 끌어들여 담수한 전체 둘레 길이가 약 1km의 큰 인공호수가 있다. 3층 구조의 건물 3개동 가운데 1개동은 외빈 숙소 건물로 사용하고 1개동은 부속 건물로 다목적용으로 사용하는데 영화 상영관도 있다.

가장 우측 건물은 국빈급이 자는 방이 있고 건물 대부분은 김정일 위원장이 국빈을 영접하고 회담장으로 사용하는 건물이다. 3개의 건물과 건물 사이는 통로식으로 연결되어 있다. 건물 뒤편에는 많은 나무를 심어 육안으로 금수산 궁전을 볼 수 없도록 하였다. 회담장 건물은 내부 바닥과 벽면은 대리석으로 단장되어 있으며 건물 입구와 곳곳에 벽면에는 산수화와 풍경화가 걸려 있어 중국을 모방한 듯 했다.

백화원 초대소_호텔 앞

이 그림들 앞에서 김정일 위원장이 귀빈들과 기념사진을 촬영하는 장소로 사용한다. 건물 내부에는 정상과 만나는 방이 따로 있는데 방에는 긴 탁자에 의자, 벽에 걸린 몇 개의 산수화 액자만 걸려있다. 회담장 외에 만찬장으로 사용하는 방이 별도로 있으며 꽃무늬 카펫이 깔려 있다.

백화원 영빈관 외에 고급호텔은 모란봉 정상에 있는 '모란봉 초대소', '흥부 초대소' 등 평양직할시에 모두 8개의 초대소가 있다. 남북 정상회담 때 김대중 대통령은 백화원 초대소에 머물렀고 장관급 등 남측 고위층들은 모란봉, 홍부초대소를 숙소로 이용하였다.

## 🦢 방북 둘째 날

백화원 상설 식당에서 각자 아침 식사를 하고 아침 10시에 보도분과 대책회의가 열렸다. 분과위 회의는 별도 회의장 없이 숙소 건물 끝 복도에 의자 몇 개만 놓고 진행했다.

북측 참여 인사는 조선중앙TV 관계자, 통신 관계자들이 대부분으로 처음 이들과 인사를 나누었다. 회의 진행은 판문점 회의에서 남측이 북측에 요구한 사항들을 상호 간에 질의와 응답으로 재확인하는 형식이었지만 방송 관련 분야는 전문가 간에 소통은 쉬웠다. 첫날 회의에서 첫 번째 의제는 단연 위성장비 SNG 사용 문제였다. 그만큼 SNG 사용은 정상회담에서 가장 절대적이었기 때문이다. 그러나 첫 날 회의에서 SNG 부분은 다음 회의에서 논의하자며 대신 본진 도착 기자단 숙소와 프레스센터로 사용할 호텔은 평양 시내에 있는 고려호텔로 정했다고 우리 측에 알려 주었다.

고려호텔은 1985년에 문을 연 45층짜리 쌍둥이 건물로 객실이 500개를 갖추고 있다는 설명과 통신용 전화선 사용 여부는 다음 회의 때 알려 주겠다는 것이었다. 중계차 반입 문제는 불허하며 대신 조선중앙TV방송국_한국의 KBS와 같은 방송국이 보유한 중계차를 빌려 사용하라는 것이었다. 하루 임대료는 1일 1만 5,000달러_한화 약 1천 800만 원로 다른 외국 국기의 임차료 수준과 비슷해서 수용하기로 하고, 첫 회의는 일찍 종료하였다.

공보비서관 방에 임시 설치한 남북 연락용 전화선으로 공보비서관이 양측 회담 내용을 청와대로 전화통지문을 보내고 하루 일과를 마무리했다. 오후에는 밖으로 나와 인공호수가와 건물 주변 여러 곳을 둘러보며 망중한을 보냈다. 북에서 최고급 영빈관이라는 백화원 초대소의 전경은 지극히 평범하고 '백가지 꽃이 핀다' 는 정원이라지만 '5월의 꽃' 장미 한 송이도 보이지 않았다. 건물 앞마당과 도로는 대부분 아스팔트로 포장되어 있고 정문에서부터 주변 전체에 철조망 울타리만 있었다. 울타리 주변에는 군복 입은 경비 군인 모습만 보였다. 정문 앞에 늘어진 수양버들 나무에서 떨어진 하얀 솜틀이 길가에 쌓여 바람에 날렸다. 날씨는 건조하고 유난히 무더웠다.

우리 일행 중 경호팀은 아마도 회의가 끝나지 않았는지 아무도 보이지 않았다. 남에서 온 일행은 북의 배려 없이는 건물을 빠져 나갈 수도 없는 간힌 영어_圄圄의 몸이었다. 방으로 돌아와서 남쪽에서 가져온 라디오를 켰으나 다이얼을 돌려도 한국 방송은 잡히지 않았다. 조심스럽게 다이얼을 돌리자 겨우 KBS 제2라디오가 잡혔다. 그런대로 남쪽의 소식을 들을 수 있다는 생각에 이어폰을 라디오에 꽂고 청취하였다. 이는 북측이 통상 방해 전파로 남측 방송을 듣지 못하게 하기 때문이다.

북측 관계자들에게 주려고 가져온 선물은 속옷이나 스타킹, 양말 등의 생필품이 대부분이었지만 누구에게 전달할 대상을 정하고 가져온 것은 없었다. 방에 있는 "휴지통이 왜 이렇게 작아." 하며 혼잣말로 불평하였더니 저녁 식사 후 돌아와 보니 큰 휴지통으로 바뀌어 있었다. 아마도 도청하고 있는 덕을 본것 같다. 방 청소는 항상 두 명의 여성이 함께 움직이기 때문에 개별적으로 대화할 수 없다. 물론 이들이 청소를 하지만 중요 정보기관의 정보원이라는 사실쯤은 우리도 알고 있어 매사에 조심해야 했다.

이들과 대화는 할 수 없었고, 우리도 물어볼 것도 없었지만 가져간 중요 서류는 철저하게 관리가 필요했다. 아리따운 룸서비스 여인들한테 속옷 등 여성용 생필품들을 선물로 주겠다고 하니 정색을 하며 거절하였다. 룸메이트와 상의하여 선물 전달 방법 묘안으로 물건들을 쓰레기통에 넣었더니 방을 비운 사이 모두 가져갔다. 매일 아침 이 같은 방법을 사용, 가져간 선물은 대부분 전달되었다. 우리도 그들도 부담 없이 편리한 선물 전달 방법이었다.

## ☙ 방북 열흘째

평양에 도착한지 열흘쯤 시간이 흘렀다. 대부분 문제는 해소가 되었지만 여전히 SNG 사용 허가는 미제로 남아 있었다. 평양에 도착한 후부터 매일 아침, 점심, 저녁에는 어김없이 평양 시내 전역에 사이렌 소리가 울려 퍼졌다. 마치 한국이 매월 한 번씩 민방위 훈련 때 사용하는 싸이렌 소리와 같았다. 그러나 이 싸이렌 소리는 하루 일과 시작, 점심시간, 일과 끝 시간을 알리는 신호로 사용하는 것이라는 사실을 담당 안내원으로부터 물어서 알았다. 가장 시급한 문제인 SNG 사용 허가는 오늘 회의에서 결론을 내야 하는 날이었다.

아침 식사 후 공보팀 대책회의는 도청을 피해 호숫가를 걸으면서 계속하였다. 오전 10시 남북 담당자들이 다시 모여 회의가 속개되었다. 가장 먼저 SNG장비 사용 문제에서 북측을 설득하여 이들에게 "SNG 사용을 허가해도 북측에 아무런 문제점이 없다"는 이유를 설명하였다. 대신 북에서 보내는 "모든 TV뉴스는 북측 관계자가 SNG가 설치된 현장에서 감시하고 문제가 되는 화면을 북한의 감시자가 지적하면 절대로 보내지 않는다"는 약속도 하였다. "정상회담 전이나 정상회담 기간 중에는 남측에서 북을 자극할 만한 기사는 절대 취재하지 않으며 만약 특정 방송사가 취재한 잘못된 것은 북에서 지적하면 기사는 직권으로 남으로 전송하지 않겠다"는 약속을 하였다.

그러나 북측은 SNG장비 허가 문제는 다음에 답변을 주겠다는 말만 하고 우리에게 각 방송사별, 신문사, 사진 기자단 등 방북할 기자단 명단만 달라는 요청만 하였다. 다음으로 프레스센터에서 기자단이 사용할 일반 전화용 국제전화선 수량과 신문사 사진 전송용 회선수 등 남북 간 사용할 통신회선 자료를 넘겨 달라고 요청하여 가져간 자료를 전부 북측에 넘겨주었다.

다음에는 정상회담이 열리는 장소와 만찬 장소에서 남측 취재기자 행사장 입장 인원수 등 취재 방법에 대해 심층 논의가 시작되었다. 방북단 본진 공항 도착에서 대통령 영접, 환영식, 숙소 이동시 차량 이용 및 취재진이 사용할 차량 제공 등 광범위하게 토의에 들어갔다. 회담 후 결과

백화원 정상회담 장소 사전 답사

통보는 반드시 다음날 회의에서 우리에게 알려주기 때문에 오늘 회의도 오전에 마쳤다. 다음날 속개한 회의에서 기자단의 공항 도착 후 숙소 이동, 취재지원 차량 등 우리가 요구한 제반사항을 제공하겠다는 답변을 해주었다. 그리고 프레스센터에서 사용할 전화선, 팩스, 사진 전송용 회선 등 제반 통신선도 우리가 요구하는 모든 것을 제공하겠다는 답변이었다.

행사가 개최되는 장소는 합동 선발대와 함께 북측 안내로 각 행사장을 직접 방문할 것이라고 설명해 주었다. 오전 10시에 숙소 건물 앞으로 나오라는 연락을 받고 나가니 공보팀 4명을 안내하여 백화원 건물 3개동 중 제1 건물인듯한 곳으로 따라갔다. 정문에서 들어서자마자 오른쪽 건물이었다.

건물 안으로 들어서자마자 큰 벽에 벽화와 마주쳤다. 아마도 금강산 폭포수를 그린 화폭 같았는데 그전에 고 정주영 현대그룹 회장과 그 일행이 찍은 배경을 TV로 보았던 곳이었다. 고 김정일 국방위원장이 국빈이나 귀빈을 영접해 기념촬영을 하는 곳이었다. 안으로 들어가 긴 복도 양측에 여러 개의 홀이 있었는데 맨 먼저 남북 정상회담이 만나는 방으로 안내하였다. 홀 안에 유리로 덮혀 있는 긴 탁자가 놓여있고 푹신한 의자가 놓여 있는 평범한 곳이었다. 벽면에 몇 점의 화폭 액자가 걸려있을 뿐 방안은 화려하지도 않은 평범한 방이었다.

한국 측 촬영진은 TV 카메라 1조, 필름 촬영 1명, 신문 스틸카메라 1명, 청와대 소속 카메라맨, 펜기자 등 공동취재단만 출입이 가능하며 북한 취재단은 북측에 맡기고 취재, 촬영 시간은 의전 순서에 따르기로 하였다. 우리 일행은 산수화를 배경으로 기념촬영을 하고 밖으로 나왔다. 북한에서 가장 유명한 영빈관이며 외국 정상과 만나는 장소로, 수준이 너무

저급이어서 의아한 생각이 들었다.

## ⚜️ 평양시 주요시설 견학

SNG 사용 허가 문제 외에 각 분과팀 별로 요구한 사항들이 대부분 마무리가 되었다. 오전 10시에 현관으로 나오라는 안내에 따라 북측이 제공한 마이크로버스에 탑승하였다. 행선지는 말해주지 않아 어디로 가는지는 아무도 알지 못했다. 백화원에서 조금 나오니 바로 금수산 주석궁이 보였다. 도로가에 인접한 금수산 주석궁은 전체가 보이지는 않았지만 건

만수대 언덕에 세운 김일성 동상

물이 웅장하고 규모가 크게 보였다. 울타리들은 화강석으로 아름답게 만들어져 있었다. 김일성 주석의 시신이 안치된 곳이라는 것만 알고 있었다. 차량은 영빈관에서 멀지 않은 곳인 만수대 의사당에 멈췄고 일행은 의사당 건물로 안내되었다.

만수대 의사당은 평양직할시 중구역 서문동에 위치하고 있다. 지하 1층, 지상 4층 건물로 화강석으로 지은 이 건물은 1984년 10월에 완공되었다고 한다. 대한민국의 국회의사당에 해당하는 건물이다. 안내원이 일행들을 의사당 내부의 일부를 보여 주었다. 의사당 내 회의장 맨앞 연단에 하얀색의 김일성 상이 우뚝 서 있고 김일성 자필이 새겨져 있었다.

내부의 크기로 보아 우리나라 국회의원보다 많은 좌석이 배치되어 있었다. 이곳이 최고인민회의의 회의장으로 사용되는 외에도 북한의 주

요 정치행사와 국가회의 개최 장소로 이용되는 곳이다. 우리나라의 국회의장 격인 상임위원장이 북한의 정부를 대표하는 북에서 최고위 직위이다.

합동 선발대 일행들은 의사당 내부만 입구 쪽에서 보고 곧 바로 김영남 상임위원장이 있는 방으로 갔다. 방 내부는 백화원 초대소의 정상회담 장소보다 훨씬 작고 직사각형 모양이라 카메라 근접 촬영이 어려워 보였다. 방 가운데 큰 탁자와 의자 몇 개만 있고 벽에는 장식용 액자도 없는 지극히 평범한 방이었다. 의사당 관계자 몇 명이 와서 우리 대표단과 만나 가장 먼저 TV 카메라 촬영용 카메라 위치와 음향 녹취를 위한 것을 점검 결과 어려움이 있을 것 같았다. 음성 녹취용 마이크 설치를 문의하자 "마이크가 필요 없다"는 것이었다. 사무실 벽면에 벽지 안에 마이크가 설치되어 있다는 것이었다. 취재 카메라는 사용할 수 없고 대신 카메라에 부착된 마이크와 붐마이크를 사용하면 음성 녹취에 문제가 없다고 판단되어 더 이상 추가 요청을 하지 않았다. 곧바로 경호 문제 협의에 들어가서 공보팀은 밖으로 나왔다.

참고로 북한의 권력구조는 상임위원장이 정부 수반이며, 김일성 주석은 영원한 주석 직위를 가지고 있으며, 김정일은 국방위원장 직위를 가지고 있으면서 최고 권력자다. 의사당에서 업무 협의를 마친 일행은 다시 차를 타고 남측 고위층들이 묵을 초대소를 보여 주겠다며 모란봉 정상으로 향했다. 의사당에서 가까운 곳에 있는 모란봉은 서울의 남산보다 작은 규모의 산이다.

모란봉산으로 올라가는 도로는 자동차 한 대만 지나갈 수 있는 일방통행 길이다. 모란봉산은 평양 시내에서 동서를 가르는 산으로, 고도가

평양 산원_산부인과 병원 입장 전 대표단 가운 바꿔 입기

높지는 않지만 삼림이 잘 보존되어 있으며 산 동쪽 아래 대동강변에 능라도 체육공원이 자리 잡고 있다.

모란봉산을 조금 올라가는 길목에 대중가요 가사에 나오는 '을밀대_乙密臺' 정자가 보였다. 조금 더 올라가면 정상 중간에 모란봉 초대소와 흥부 초대소가 있다. 안내원의 말에 의하면 이곳이 정상회담 기간 중 고위급 공식·비공식 수행원들 일부가 숙소로 사용할 것이라고 하였다. 우리나라 산장 같은 건물 내부에는 복도에 카페트는 깔려 있지만 방 내부에는 침대 한 개뿐이고 케케한 카페트 냄새로 남측의 여관보다 못한 것 같았다. 이곳이 장관급 귀빈들 숙소라는 안내원이 설명하였다.

이곳을 답사 후 산을 출발해 내려오는 길도 일방통행로로 다음 행선지는 어린이 위탁소와 임산부들이 출산하는 병원 평양산원(사진)으로 안내하였다. 어린이 위탁소는 큰 건물에 여러 층마다 어린 아이들이 수용되어 있었다. 안내원의 설명에 의하면 북한의 모든 여성 근로자가 직장을 다녀 정부가 어린들을 보호하는 차원에서 시설을 갖추고 관리한다는 것이었다.

어린 시절부터 집단시설에서 북한의 체제를 경험하고 김일성 세습 숭배사상을 배워 성장 후에도 복종하는 시스템의 최초 관문으로 북한 체제 학습 요람이다. 어린 아이들의 모습에는 영양이 부족한 흔적들이 역력하였고 왜 이런 시설을 보여주는지 이해가 가지 않았다. 탁아소에서 멀지 않은 산부인과 병원_평양산원으로 우리 일행을 안내하여 입구에 도착하니 모든 일행들에게 하얀색 가운을 입고 건물 안으로 입장하라는 것이었다. 모두가 남자들인데 왜 산부인과 병원으로 안내했는지 이해할 수 없었지만 시키는 대로 병원에 들어가니, TV모니터로 산모와 아기가 면회하며 볼 수 있고 유리창을 통해 신생아들을 보여 주는 시설로, 한국에서는 보지 못했던 대형 병원이었다. 아마도 북에서 현대화된 병원이라고 자랑하고 싶은 시설이기에 보여준 듯 했다.

점심 식사 후 일행은 평양 제1의 예술가들의 작품이 전시된 인민예술관으로 안내하였다. 현장에서 수업 중인 미술가들이 작업 중인 곳과 전시관으로 안내하였다. 작품 대부분은 동양화와 수묵화가 주를 이루었다. 안내원은 영웅칭호를 받은 작품들이 많이 전시되어 있다고 설명하였지만 필자는 미술에 무뢰한이라 예술품들을 평가할 수가 없었다.

## ❧ 평양 직할시

면적 2,629.403㎢로 서울시 면적_605.52㎢의 4.3배, 인구 약 310만 명, 북한 수도이자 제1도시로서 정치, 경제, 행정, 문화 중심지이다. 광복 당시에는 평양시로서 평안남도의 도청 소재지였고, 1946년 9월 특별시로 승격되었고 후에 직할시가 되었다. 상업의 중심지로서 각종 백화점 · 식

금수산의사당

당 · 금융기관이 있으며 만수대 의사당 · 김일성 광장 · 평양학생소년궁전 · 옥류관 등이 있는 대동강변의 승리거리, 고려호텔, 역전백화점이 있는 영광거리, 만경대학생소년궁전이 있는 만경대 구역의 광복거리 등이 있다.

금수산의사당_일명 주석궁은 북서부의 금성거리에 있다. 교통의 중심지로서 각종 철도, 고속도로, 도로의 기점이다. 모스크바, 베이징으로 통하는 국제철도가 있고, 순안구 역에는 국제공항인 순안비행장이 있다. 지하철은 평균 지하 100미터에 과거 소련 기술로 건설한 천리마선, 혁신선, 만경대선 등 전체길이 34km의 지하철 2개 노선이 있어 평양 시내의 대중교통을 담당한다.

### ☙ 김일성 광장

한국의 TV뉴스에서도 자주 접하는 김일성 광장은 북한의 수도 평양시에 위치한 중앙광장으로, 대동강의 서쪽에 있으며 인민대학습당, 대동강을 가로질러 주체사상탑과 마주보고 있다. 1954년에 만들어진 김일성 광장의 명칭은 김일성주석을 기념하기 위해 붙여졌다. 면적은 75,000㎡

김일성 광장

_22,727평로 세계에서 16번째로 큰 광장이다.

이 광장은 북한의 축제, 집회, 정치 문화 활동, 군사퍼레이드 등이 이 뤄지는 곳으로 한국의 TV 방송에서 뉴스로 군사퍼레이드를 펼치는 장면 을 자주 접하는 광장으로 평양시의 중심부에 있다. 북한 외무성, 교육성 건물도 광장 주변에 위치해 있다. 그러나 실제로 현장에서 보면 TV로 보 는 것처럼 광장이 별로 크지 않게 보인다.

### ✈ 금수산기념궁전

금수산의사당은 김일성 사망 후 그 시신을 안치한 곳으로 명칭이 금 수산기념궁전에서 '김일성 시신궁전'으로 바뀌었다고 한다. 이곳에 김일 성이 미라의 모습으로 누워있으며 금수산기념궁전은 대성구 미암동에 1973년 3월에 금수산의사당으로 착공되어 1977년 4월 김일성 탄생 65돌 에 준공된 주석궁이다. 김일성은 스스로 죽고나면 대성산 혁명열사능에

묻히기를 원했다고 한다. 그러나 김정일은 수령의 후계자로서 김일성을 영원한 주석으로 상징하기 위해 김일성의 유언을 거부하고 금수산의사당 전체를 시신궁전으로 만들었다. 1995년에 착공했고 의사당을 시신궁전으로 재건축하였다고 한다.

우리는 가지 않고 설명으로만 들었지만 김일성 시신이 있는 방에 들어갈 때에는 외투를 벗어 탈의실에 맡기고 남자는 양복, 여자는 한복 차림한 사람만 입장이 허용되며 점퍼나 작업복을 입은 사람은 입장할 수 없다고 한다. 북측이 선발대 요원들도 이곳을 방문해야 된다고 했지만 남측에서 거부해 방문하지 않았다. 이 궁전에는 주민들의 관람을 위해 건물 바깥쪽에 긴 복도를 만들었고 지하 200미터에 있는 평양 지하철과 이어져 있으며 주변에만도 30여 개의 감시 검문초소가 있어 일반인의 접근이 불가능한 곳이다. 고 김정일 미라도 이곳에 있다.

### ⅔ 만수대 예술극장 공연

남측에서 요구한 대부분을 수용한 북측 대표단은 남측 일행들을 시내에 있는 '옥류관'으로 이동시켜 냉면과 빈대떡, 들쭉술을 곁들인 점심

만수대 예술극장 앞 필자   예술단 공연 모습

식사를 접대한 후 '만수대 예술극장'으로 안내하였다. 이곳에 도착하여 홀 로비에서 간단한 차 서비스를 받고 곧이어 공연장 안으로 안내하였다. 공연장 안에는 정장을 한 남자들, 한복을 입은 여자들이 좌석을 모두 메우고 기다리다 우리 일행이 입장하자 열렬한 환영의 박수를 보냈다. 곧이어 무대의 커튼이 올라가며 현란한 조명과 대합창단의 합창이 울려 퍼졌다. 약 2시간에 걸쳐 진행된 공연은 글로서도 말로서도 표현할 수 없는 화려함과 정교함 모든 미사여구로도 표현할 수 없는 인간의 한계를 넘은 완벽의 극치인 북한의 예술 총아를 모두 보는 듯 했다.

원래 사회주의 국가에서 예술이 체제 결집과 선전용으로 효과적이라 가장 많이 발달하였지만 북의 예술은 인간의 한계를 넘는 수준까지 발달한 것 같았다. TV로 보던 대형 마스게임을 보면서 북의 예술 수준을 알고 있었지만 현장에서 보니 숨이 막힐 정도로 완벽함의 극치에 소름이 끼쳤다.

만수대 예술극장은 북한에서 가장 화려한 공연시설의 하나로 평양의 중심지인 중구 대동문동 서문거리에 위치하고 있다. 김정일의 지시로 1977년 1월 건립됐으며 '꽃파는 처녀' 등 혁명 가극과 '낙원의 노래' 등 음악 무용 서사시 등의 공연으로 유명한 만수대예술단의 전용극장이다. 총 건축면적 6만㎡ 규모로 내부에는 동시에 수천 명의 공연이 가능한 2천 2백㎡의 회전무대와 4천 명을 수용하는 관람석 등을 갖추고 있다.

### ☙ 평양학생소년궁전, 인민문화궁전

다음날 일행을 젊은 학생들에게 전문 분야만 집중 양성하는 '평양학생궁전'으로 안내하였다. 학생소년궁전은 인민학교 학생들의 과외 할동

김일성이 쓴 어린이 예찬 글

을 위한 장소로서 평양에는 평양학생소년궁전 외에도 1989년에 설립된 만경대 학생궁전도 있다.

평양직할시 중구 종로동에 있으며, 1963년 9월에 건립되었다고 한다. 건평 5만㎡, 부지면적 11만㎡, 건물 높이 48m이다. 10층의 탑식 건물과 5층의 본관 건물로 되어 있다. 궁전에는 정치, 사상, 교양, 과학기술, 예능, 체육 부문의 소조실과 활동실 200여 개를 포함해 500여 개의 방이 있으며, 1,100석 규모의 극장, 수용능력 500명의 체육관도 있다. 공훈 교원, 공훈 예술가, 공훈 체육인 등의 지도교원들이 학생들에 대한 과외 교양을 담당한다. 재봉반, 자수반, 외국어 실습반, 기악반, 공작반, 서예반, 운동반, 무용반, 연극반, 가야금반 등으로 나누어져 있다. 이곳에서 과외활동을 지도받는 학생수는 하루 평균 1만여 명에 이른다고 한다.

### ☙ 보통문

평양시 중구 보통문동에 있으며 평양성 서문으로 6세기 중엽 고구려가 수도성인 평양성을 쌓을 때 함께 세웠다. 지금의 건물은 여러 차례 보수로 재건되었고 1473년에 지은 것이다. 평양성 서북쪽 방향으로 통하는 관문으로서 국방 및 교통의 중요한 위치에 있었으므로 고구려 때부터 고려와 이조시기에 이르기까지 매우 중요한 건물로 취급받았다.

보통문은 평양8경의 하나로 널리 알려져 있으며 이 건물은 웅장하면서도 균형이 잘 잡힌 아름다운 건물로서 고려 왕조의 건축양식을 나타낸다. 화강석을 다듬어 쌓은 축대와 그 위에 세운 2층문 루_樓로 이루어져 있고, 축대 중앙에는 무지개 문길을 내고 문길 앞쪽에는 앞뒤에 쇠 조각들을 줄지어 입혀 든든한 널문이 달려있다.

### ⅔ 옥류관 냉면

백화원 초대소에서만 지내다 모처럼 시내 주요시설을 답사 후 점심을 옥류관에서 두 번째로 먹게 되었다. 옥류관은 대동강변의 높은 언덕에 위치하여 건물 뒤의 경치가 절경이다. 대동강은 서울의 한강처럼 주변을 정리해 물의 흐름이 일정하고 대체로 깨끗해 보였다.

백화원 초대소의 식당 요리사의 말에 의하면 대동강에서 잡은 민물을 회로 먹을 수 있다는 말이 사실인 듯 했다. 일행들은 옥류관 뒤에서 기념촬영을 하고 식당으로 들어가 원형테이블에 개인별 북측 안내원과 함께 앉았다. 한복을 곱게 차려입은 아가씨들이 냉면이 나오기 전에 녹두전과 여러 가지 요리를 테이블에 올려놓았다. 맥주에 기본 안주는 빈대떡으로 맛이 괜찮았다. 가장 뒤에 냉면이 제공되었는데 냉면은 무게로 주문하

서빙하는 옥류관 종업원                      냉면 식사 후 종업원들과 기념 촬영

고 가격도 무게 양에 따라 다르다는 것이었다.

### 백화원 초대소의 망중한_忙中閑

평양에 체류한 지도 3주째, 전날 저녁 식사는 시내에 있는 불고기 집으로 안내하였다. 식당 바로 옆에 윤이상 음악관 건물이 있었다. 윤이상은 경남 고성에서 태어나 독일에 유학하여 음악을 공부한 인물이다. 독일 체류 중 그는 북한 체제에 매료되어 친북 음악가로 유명한 분인 것을 필자도 알고 있었다. 불고기를 숯불에 구워 먹으니 남에서 외식할 때와 같은 기분이었고 개별 안내원들도 배석해 같이 먹으면서 공통적으로 술을 많이 마시는 모습에 놀랐다.

식사가 끝나고 숙소로 돌아오면서 처음으로 평양의 야경 밤거리를 보고 놀랐다. 가로등에 불이 켜진 곳은 보이지 않았고 자동차 헤드라이트 불빛도 없으며 건물에도 불켜진 곳이 없으니 마치 시골의 암흑가와 같았다. 북한의 최대 도시 수도가 이 정도이니 전력사정이 얼마나 심각한지 짐작할 수 있었다. 백화원으로 돌아오는 길에 김일성 동상이 서 있는 언덕만 화려한 불빛이 가득했다. 조금 더 달리니 개선문에도 네온 불빛이

백화원 초대소 내 인공호수 전경

보였다. 안내원은 평양 시내 구경도 다했고 더 이상의 외출이 없다는 것이었다. 다음날부터 숙소 현관에 있는 당구장에서 1달러씩 내기를 하는 북측 안내원들과 포켓볼 경기도 하고 호수에서 보트를 타며 망중한을

보내야 했다.

### ⤷ 경호원 길들이기

북측 경호원들이 남측 경호원들이 휴대한 경호 무기에 대해 조사할 것이 있다며 창고에 보관중인 무기에서 이상한 전파가 감지됐다는 핑계로 한 밤중에 남에서 가져간 모든 무기를 조사한 사실을 나중에 알았다. 이는 북측 경호팀이 남측 경호원들 길들이기 차원이었다. 남측 경호원들도 북에 갇힌 신세라 어쩔 수 없는 현실이었다.

### ⤷ 초라한 대통령 숙소

세월은 흘러 정상회담 날짜가 며칠 안 남았다. 2차 선발대도 도착하여 정상회담이 성사될 것이 확실하였다. 2차 선발대는 주로 방송제작 요원들로 오는 길에 TV 수상기를 한 대 가져오고 위성 수신기와 안테나도 가져왔다. 북에서 설치한 TV는 PAL방식으로 북한 방송만 시청이 가능해 남한 방송을 시청하기 위해 대통령이 숙소에서 한국의 위성방송을 시청하기 위해서였다. 저녁에 잠을 자고 있는데 새벽 1시쯤 경호원이 필자를 깨웠다.

청와대 경호팀 몇 명과 북한 경호팀 몇 명이 대통령 숙소에 위성용 TV설치를 나보고 설치해 달라는 것이었다. 숙소의 위치는 백화원 제1건물의 정상회담이 열리는 장소와 같은 건물 2층에 자리잡고 있었다. TV와 위성안테나, 튜너는 우리 경호원이 대통령이 투숙할 방에 옮겨 놓았다. 밖에서 감시를 하는 동안 위성안테나를 고정시키고 TV를 설치하고 KBS 방송을 시청할 수 있도록 조치하고 방으로 돌아왔다.

방으로 돌아와 생각하니 외국의 정상이 사용하는 방으로는 너무나 초라한 것에 깜짝 놀랐다. 방은 10평 남짓해 보였지만 방 한가운데 있는 금칠이 벗겨진 더블침대 한 개만 놓여 있고 거실에는 장식장이 있지만 책 몇 권만 꽂혀 있었다. 벽에는 흔한 산수화도 인테리어용 장식 그림조차 걸려 있지 않았다.

정상이 처음 만나는 장소를 보고 시설 규모가 격이 떨어지는 것은 알았지만 너무나 초라한 침실에 정말 놀랐다. 이는 의도적으로 검소하게 사는 모습을 보여주기 위한 사회주의 속성 때문이라지만 이 방에서 많은 외국 국빈이 자고 갔다는 사실에 놀라울 뿐이었다.

### 🛫 신격화 교육

아침 식사 후 담당 안내원과 둘만이 건물 밖 마당에서 모처럼 대화를 할 수 있는 시간이었다. 그는 항상 안주머니에 간직한 책을 시간만 나면 독서에 열중하는 모습을 보고 독일에서 유학한 엘리트답다고 생각했다. 필자는 그가 항상 읽는 책이 어떤 종류의 책을 읽는지 궁금해 물어 보았다. 그는 김일성 유훈집과 과거 독립투사 이야기집 등 주석의 활동 상황에 대한 역사 이야기, 김정일 세습체제에 대한 성경과도 같은 내용을 안주머니에 넣고 다니며 암송하고 있다고 하였다. 북한의 당·정부 핵심요원이면 누구나 신격화 관련 서적을 암기해야 된다고 하였다. 다시 필자는 "왜 모든 북한 주민은 모두 뱃지를 다느냐?"고 물었다. 그의 설명에 의하면 "김일성, 김정일 뱃지는 반드시 심장의 한 가운데 달도록 되어 있으며 두 분은 항상 북한 인민들의 가슴속에 함께 한다."라는 의미란다. 오랜 기간의 정신 쇠뇌 교육으로 김일성, 김정일은 북에서 완벽한 신(神)과 같은 존재로 누구도 이 신의 체제를 무너뜨릴 수 없다는 생각이 들었다.

그에게 "왜 평양 시내에 차가 없느냐?" 하자 "대부분의 주민은 직장이 있는 곳에 집을 배정해 차를 타고 다닐 필요가 없고 출퇴근은 걷거나 자전거를 이용하기 때문에 차가 필요 없다."는 설명을 하였다. 그러나 "명절에는 차가 너무 많아 고생을 한다."는 말은 도저히 믿을 수 없는 대답 같았다. 농담으로 집 구경 좀 시켜 달라고 하면서 부인 이야기도 묻자 '꽃동무'도 직장에 다녀 만나기 어렵다는 것이었다. 북에서 부인은 '꽃동무'로 애칭되며 부부관계는 '꽃밭에 물주는 것'이라고 알려 주었다. 잘 맞는 표현방식이라는 생각이 들었다.

### ⚘ 북한 국민은 '대한민국'을 모른다

한국의 국호는 '대한민국'이며 북한의 공식 국호는 '조선민주주의인민공화국'이다. 남측에서 북한 국호를 호칭할 때 북한으로 불러 '조선민주주의인민공화국'을 잘 모르듯이 남한의 국호 '대한민국'을 북한에서 대부분 국민들은 어느 나라인지 모른다. 남에서 북에 구호물자를 보내면서 포장지에 '대한민국 국민이 보낸 성금'이라고 써서 보내는데 북한 주민들은 어느 나라에서 보낸 것인지 아무도 모른다. 결국 한국이 북한 국민들에게 제공한 구호성금은 북에서는 누가 줬는지 모른다는 이야기다.

### ⚘ 북한 사람들의 똑같은 액센트

우리나라는 지역마다 사투리가 있고 액센트가 약간씩 차이가 있는데 북한에서는 언어의 액센트도 누구나 똑같다. 분단이 고착화됨에 따라 평양을 중심으로 한 평안도 방언에 바탕을 둔 문화어로 바뀌었다. 이는 부자 세습 과정에서 정신 개조를 위한 수단으로 전 국민에게 주체사상을 강조하는 차원에서 개조된 것이다.

### ⚜ 북한 국민은 모두 얼굴이 검다

만나는 안내원마다 얼굴 피부색이 검어 안내원에게 "왜, 북한 사람들은 모두 얼굴이 검은가?"라고 물어보니 "북한에서는 최고위급 몇 명을 제외하고 모든 국민은 일주일에 하루는 반드시 집단농장에서 노동을 해야 하기 때문"이라고 설명해 주었다. 이것도 체제 유지 차원에서 시행하는 방법이다.

### ⚜ SNG장비 시험방송

오전 10시쯤 호텔 현관에 군 트럭이 도착하여 필자에게 서울에서 가져온 SNG장비를 차에 실어라는 것이었다. 시험을 하자는 의미였고, 드디어 북측의 허가가 났다는 사실을 알 수 있었다. 한국통신_KT에서 가져온 KT소속 장비를 군 트럭에 싣고 KT운영요원 1명과 함께 평양 시내로 나갔

한국통신_KT에서 휴대 방북한 휴대용 SNG장비로 평양과 서울 KBS 간 TV전송 시험 장면

다. 인민문화궁전 앞마당에 도착하니 조선중앙TV 중계차가 미리 와서 기다리고 있었다. SNG장비를 설치하고 카메라로 현장 화면과 음성을 서울로 보냈다. 서울의 KBS에서 화면과 음성 상태가 양호하다는 것이었다. 분단 반세기 만에 최초로 북에서 남으로 전파를 발사한 역사적인 순간이었다.

### ☙ 북한 특수부대 경호 검색

평양에서 긴 여정 동안 백화원 특급 호텔에서 매일 맛있는 다양한 최고급 요리만 공짜로 먹으면서 운동을 하지 못해 몸무게도 급격히 늘어났다. 정상회담 언론 보도 협의를 마친 후 낮에는 할 일도 없고 봄날의 나른한 기운에 가끔 대낮에 오침을 하기도 하여 새벽에는 잠이 안와 새벽 3시쯤 호텔 창밖을 내다보고 있는데 중무장을 한 북한 특수부대 요원들이 탄 많은 군용트럭이 호텔 마당에 도착하였다. 이들은 지뢰탐지기를 휴대하였거나 잠수복을 입은 군인들로 지뢰 탐지요원들은 몇 겹으로 백화원 경내 전체를 검색하기 시작하였고 잠수부들은 백화원 영내 인공호수에 들어가 수색을 하기 시작했다. 수색요원들은 누구도 소음을 내지 않아 취침 중인 사전 선발대 요원들은 알 수 없었다.

평양에서 실무회담 동안 우여곡절을 겪으면서 과연 남북 정상회담이 개최될지를 반신반의 한 시점이라 수색 모습을 보면서 정상회담이 개최된다는 것을 알 수 있었다.

### ☙ 고려호텔로 이동

백화원호텔에 머문 지 3주가 지나 정상회담이 임박해 KBS 중계팀이

고려호텔 내 매점

도착하였다. 공보팀은 모두 프레스센터로 사용하고 기자단 숙소로 정한 고려호텔로 이동하였다.

고려호텔은 1985년 8월 개관한 45층 건물의 쌍둥이 건물로 객실 수가 510개다. 풀장과 사우나실, 마사지실, 게임룸 등도 갖추고 있다. 특히 44~45층은 회전 전망대 식당으로 평양 시내를 한눈에 내려다 볼 수 있다. 이곳은 외국 관광객들이 가장 많이 이용하는 호텔이다. 고려호텔의 지정된 객실로 개인 짐을 옮기고 SNG장비는 호텔 로비에 쌓아 두었다. 북한 정보요원들이 한 명씩 우리 방송요원들을 안내하기 시작하였다. 호텔방은 청와대 소속 공보팀에게는 대형 스위트룸이 제공되었는데 내부가 너무 크고 시설이 낙후하고 혼자 지내기에 을시년스러웠다. 북측 안내원과 함께 호텔 2층에 마련한 큰 공간이 있어 이곳을 프레스센터 시설로 사용하라는 것이었다. 공보비서관과 함께 서울에서 가져온 복사기, 팩스 전화기, 각종 전기 콘센트까지 기자단이 도착하자마자 사용할 수 있도록 모든 작업을 시작하였다.

2차로 도착한 KBS 방송제작팀들은 평양 시내 관광을 떠나고 공보비서관, 행정관, 필자 3명이 일을 처리하였다.

북측이 설치해 준 국제전화선에 전화기를 설치하고 신문사 사진기자가 촬영한 화면을 보내는 통신 선로 등 제반시설을 설치하고 작업을 마무리하였다. 프레스센터 설치 작업을 끝내고 호텔에 있는 외국인 전용 슈퍼마켓에 가니 다양한 북한의 토산품과 건강용품, 의류 등을 판매하고 있었다. 매점 요원들도 대부분 절세미인으로 정보요원인 듯했다. 북한에서 유일하게 카드결제로 물건을 살 수 있는 매점이었다. 이 호텔은 물론 호텔비도 신용카드 결제가 가능했다.

그러나 사전 선발팀이 북한에서 장기간 체류기간 중에 호텔비, 식비 등 편의비를 누가 얼마를 어떻게 지급했는지 알수 없었지만 최고의 편의 제공을 받은 것은 확실했다. 매점에는 산삼, 경옥고, 우황청심환 등 건강식품을 진열하고 있었다. 산삼은 건조한 것으로 가격을 물어보니 싼 편이라 산삼 한 뿌리를 사겠다고 하니 점원은 "누가 드실겁네까?" 하기에 "아내 선물"이라고 하자 "선생님은 정말 애처가 시군요"라며 칭찬을 듣고 체육시설이 있는 지하실로 내려갔다.

### ⚘ 평양에서 공짜 이발

고려호텔 지하실에는 수영장, 헬스장, 사우나를 갖추고 외국인들만 전용으로 사용하는 곳으로 시설도 꽤 넓었다. 평양 체류기간이 길어 머리도 많이 자라서 이발을 하기로 마음 먹고 1달러 지폐 몇 장을 가지고 이발소로 갔다. 상냥하고 예쁜 아가씨 두 명이 "반갑습네다."라며 "통일사업에 고생이 많으십니다." 라며 상의를 벗고 의자에 앉으라는 것이었다.

의자에 앉자마자 두 명의 이발사 중 한 명은 일사불란한 손놀림으로 머리 커팅을 하고 또 한 명은 어깨, 팔, 다리, 목에 안마를 해주며 의자를 상하 좌우로 조절하며 서비스를 해 줘 기분이 좋았다. 안마를 하면서 미녀의 손이 나의 은밀한 곳까지 접근하여 당황스러웠다. 나를 보고 "남남북녀_南男北女라더니 역시 남에서 온 선생님은 미남"이라고 치켜세웠다. 나를 두고 미남이라는 말에 내 스스로 동의할 수 없었지만 립서비스로 알고 나도 "두 분이 정말 미녀"라고 말하니 그들도 좋아했다. 다른 손님은 아무도 없었다. 나는 이발과 샴푸, 손톱깎기, 마사지를 포함하여 약 두 시간 동안 이발을 계속하였다.

이발이 끝나고 이발비가 얼마냐고 물어보니 "통일사업 하러 오신 분한테 리발비를 받지 말라는 지시를 받았슴네다."라며 그냥 가라는 것이었다. 모든 것이 공짜였다. 나는 약 한 달 후 이산가족 상봉 때 다시 방북해 이 호텔에 도착하니 매점 직원들도 반가워하였다. 또 첫 번째처럼 이발소에 갔다. 이때는 머리도 길지 않았지만 사실은 안마를 받기 위해 이발을 한 것이다.

### ☇ KBS 요원 추방 엄포

당시 북한에서 KBS와 조선일보는 가장 적대시하는 남한의 대표적 언론기관이었다. 이유는 'KBS 스페셜' 프로그램을 통해 김정일 국방위원장의 복잡한 여인들 이야기를 방송 해 지도자를 모욕한 괘씸죄 때문이고, 조선일보는 사설을 통해 "북한의 세습체제 비판과 북한의 인권, 주민들의 굶주림 등 다방면에 북을 자극하는 사설로 북을 비판" 하였기 때문이었다.

필자가 백화원 초대소에서 북측 안내원과 대화 중 안내원은 주먹을 불끈 쥐고 "남조선 조선일보는 북조선 인민의 적으로 명령만 내리면 신문사를 없애버리겠다는 전사들이 줄을 서 있다" 며 이 말을 직접 듣고 조선일보에 대한 적개심이 대단하다는 것을 알고 있었다.

고려호텔로 이동하여 프레스센터 설치 준비를 마무리하는 시점에 공보팀에게 비상사태가 발생하였다. 대통령 방북 일자가 연기되었다는 소

남북 이산가족 상봉 취재단 평양순안공항 도착 기념사진

식과 북한에서 선발대로 방북한 KBS 소속 PD 한 명을 추방한다는 것이었다. 선발대로 방북한 KBS PD L씨(작고)는 남측에서 북측에 선발대 명단을 제출하면서 KBS 소속으로 표시하지 않아 청와대 소속으로 알고 있었다고 한다.

그러나 북한에서는 엄밀히 남한의 이상한 정보원 보고를 통해 L씨는 KBS 소속자임을 알아냈다. 필자도 KBS요원이었지만 청와대 방송과장 신분으로 명단을 제출하였기 때문에 필자는 문제를 삼지 않았다. 북측에서 남측 대표단에 KBS 요원은 절대로 북한에 체류할 수 없다고 통보하면서 북한에서 추방시키겠다는 것이었다. 추방 방식은 평양시에서 헬기로 판문각으로 보내고 남측이 판문점에서 인수하는 방식이었다. 새벽 4시쯤 공보비서관이 전화로 급히 프레스센터 사무실로 오라는 것이었다. 현장에 도착하니 키가 작은 인민복장을 한 북측 요원 한 명이 프레스센터에 대기하고 있었다. 곧 이어 KBS PD L씨는 인민복 차림의 기관원 짚차 편으로 어디론가 떠났다.

이미 한국 정부는 물론 청와대에서도 모든 것을 알고 있는 사항이었다. 대통령의 방북 날짜가 하루 연기된 상황에서 사태가 심상치 않았다. 결국 양측 고위층 간 막후 협상을 통해 추방은 하지 않았고 L씨는 오전 8시쯤 다시 프레스센터로 돌아왔다. 필자는 L씨에게 "어디까지 갔다 왔느냐?"고 물었지만 "짚차의 창문을 가려 아무것도 볼 수 없었다."는 대답뿐이었다. L씨는 이미 고인이 되었지만 이 같은 돌출행동도 북측에서 남측을 길들이기 차원으로 해본 짓으로 생각한다.

### 🦋 KBS 사장, 조선일보 기자 입국 불허

드디어 대통령이 방북하는 날 또 다시 북은 남측을 괴롭혔다. 북에 통보한 대통령 전용기 탑승자 명단에 KBS 사장과 조선일보 기자 명단을 보고 북은 두 언론사 사장과 기자가 비행기에 탑승하더라도 비행기에서 내릴 수 없다는 것이었다.

이 보다 하루 전에도 KBS 방송제작 요원들의 평양 관광을 안내하면서 안내원이 김일성 동상에 참배해야 한다고 이들을 안내하려 하였으나 KBS 방송제작팀들은 참배를 거부하여 분위기가 심상치 않았다. 이처럼 북은 남측에 무엇이든 일방통행식으로 통보하는 형식으로 외교적 결례를 한 것이다. 김정일 국방위원장이 공항 영접도 북에서는 전용기 도착 후에 알려 주는 등 그 결정은 항상 임박한 시간에 통보하는 식의 남측을 무시하는 것이 곳곳에서 감지되었다.

결국 대통령 전용기에 탑승한 KBS 사장과 조선일보 기자도 비행기에서 무사히 내렸지만 조선일보 사진기자가 촬영한 카메라의 필름을 북한 요원들이 공항에서 강제로 빼앗아 폐기하였다는 사실을 프레스센터에 도착한 조선일보 기자를 통해 알았다.

## ✈ 대통령 평양 도착

정상회담이 하루 연기 된 후 북에 체류 중인 선발대는 정상회담 무산 가능성에 극도의 긴장을 하게 되었고 개인별 북측 안내원들은 우리가 화장실 가는데도 동행하는 등 긴장감이 더해 갔다.

2000년 6월 13일 북측은 대통령 방북 소식을 전할 SNG장비를 사용하는 것을 최종적으로 허가하여 한국통신_KT이 한국에서 가져간 SNG장비를 KT운영요원이 장비를 고려호텔 주변에 설치하고 조선중앙TV에서 고려호텔 정문 옆에 중계차를 설치함으로 방송제작 준비를 모두 마무리하였다.

그러나 대통령 전용기가 평양 근교에 있는 순안비행장에 도착하는 것을 시작으로 행사는 시작되었다. 이른 아침부터 한복을 입은 여인들과 정장을 한 남자들이 순안공항으로 향하는 모습이 고려호텔에서도 보였다. 2000년 6월 13일 오전 10시 25분쯤 김대중 대통령이 전용기 밖으로 몸을 드러냈다. 트랩에 내려서기 직전 손뼉을 치며 아래에서 기다리고 있던 김정일 국방위원장에게 화답했다. 공항에 나온 북한 주민들의 함성이 순안공항에 울려 퍼졌다. 이 함성은 결코 김대중 대통령을 환영하는 것이 아닌 김정일에 대한 상투적 충성을 표시하는 의식이었다.

트랩을 내려온 김대중 대통령은 만면의 웃음을 지으며 김정일의 손을 굳게 잡았다. 이 장면은 양국이 반세기 넘게 지속된 적국의 적장_敵長을 만나는 모습은 아니였다. 이후 15분쯤 진행된 북한

평양 순안공항에서 첫 만남

의장대의 명예례_名譽禮_사열, 화동_花童들의 꽃 전달, 의장대의 분열행사가 진행되었다.

오전 10시 48분. 공식행사를 마친 김 대통령과 김정일이 인파를 향해 손을 흔들어 보이면서 대기하고 있던 미국산 링컨 컨티넨털 리무진 승용차로 다가섰다. 김 대통령은 김정일이 열어 준 오른쪽 문으로 승차했고, 김정일은 승용차 왼쪽 뒷문으로 탑승하고 숙소로 향했다. 서울에서 미리 도착한 외곽 취재진은 전용기 도착 장면, 김정일 위원장의 영접 장면 테입을 촬영 후 가장 먼저 고려호텔에 도착하여 우리가 가져간 녹화기와 SNG를 통해 적도 상공 35,000km 상공에 있는 '무궁화 위성'을 통해 북에서의 첫 화면들이 한국 전역에 생방송되었다.

이 화면은 다시 서울에서 위성을 통해 전 세계에 무료로 재송신하는 형태로 지구촌 전역 각국에서 동시에 방송됨으로 전 세계의 핫뉴스를 한반도에서 제공한 것이다. 이어서 전용기 본진으로 도착한 취재진이 두 정상의 이동 장면과 연도에 환영 장면 등을 촬영한 테입을 고려호텔로 운반하여 서울로 계속 보냈다. 행사의 특성상 펜기자가 전하는 기사의 내용보다 화면이 절대적으로 중요한 순간임을 알 수 있었다. 위성은 24시간 사용할 수 있어 행사기간 동안 위성을 언제든지 사용이 가능해 SNG와 무궁화 위성의 위력을 실감하였다.

행사가 시작되면서 수많은 수행원, 기자단들이 평양에 도착하고 백여 명이 넘는 신문·방송 청와대 출입기자들이 프레스센터를 꽉 메우고 일사불란하게 움직이자 북측의 개별 안내원들도 우왕좌왕하며 남측을 통제하지 못했다. 안내원은 "이렇게 많은 인원이 난리법석을 뜨는 것을 본적이 없다"며 놀라워하였다.

고려호텔 2층에 설치한 프레스센터는 인산인해로 신문사 기자들의 사진 전송 소음, 팩스 전송, 펜기자들의 기사송고 소리, 방송사마다 On카메라 촬영, 서울 간 국제전화 장면들, 방송사 좌담 생방송 등으로 북측 인사들이 한 번도

남북 정상회담 장소(L씨와 함께)

겪지 못한 상황이 전개되자 개별 안내원들도 어리둥절해 하며 통제력을 잃어버린 것이다. 김 대통령의 숙소인 백화원에서 김정일 위원장과 재상봉이 이어졌고 이곳에서 정상회담, 만찬 등이 이어지는 모든 장면들은 하나도 빠짐없이 모두 방송되었다.

조선중앙TV 중계차를 빌려 백화원 대통령 숙소 앞 잔디밭에서 좌담 프로그램까지도 녹화방송함으로 우리가 시도한 국제법을 어기며 SNG 사용을 관철한 결과로 목적을 모두 달성한 것이다.


### ☞ 남북 정상회담

짧은 기간의 남북 정상회담에서 합의한 가장 큰 의제는 남북 실무 대표단에서 사전에 만든 초안을 토대로 '6.15 합의서'를 만들어 공동성명으로 발표하였다. '6.15 기본 합의서'의 요지는 '남북 간 긴장을 완화하고 군사적 대결을 지양하며 통일은 우리민족끼리 힘을 합쳐 낮은 단계의 연방제에서 시작' 등등으로 언론을 통해 발표한 기사다.

김일성은 박정희 대통령 때부터 남북통일 방식으로 남측에 고려연방제를 제안하였지만 한국정부는 이를 수용하지 않았던 사항이다. 남북 정

상회담에서 의제도 연방제에 초점을 맞추었고 김대중 대통령은 '낮은 단계의 연방제*'에 무게 중심을 두었다. 이 회담에서 남북 간 긴장완화 노력은 물론 김정일이 답방한다는 소식으로 금방이라도 남북한이 통일될 듯한 기류가 형성되었다.

백화원 초대소에서 가진 만찬장에서는 남북 인사들이 모두 축제처럼 만찬을 즐기면서 남측 L모 씨는 울음을 터뜨리면서 감격해 하였다. 북한 주민들은 이 소식을 보고 드디어 남측이 북의 품으로 통일이 된다고 굳게 믿게 만들었다.

### ✈ 귀환_歸還

북한 일정을 모두 마무리하고 대통령 전용기는 평양 순안공항에서 남으로 출발하였다. 필자는 북에서 사용한 SNG사용 전파료, 중계차 임차료 등을 포함한 제비용에 대한 거금의 인보이스_송장를 북한 대표로부터

---

**낮은 단계의 연방제란***

낮은 단계의 연방제안(案)은 하나의 민족, 하나의 국가, 두 개 정부의 원칙에 기초하여 남과 북에 존재하는 두 개 정부가 정치 군사 외교권을 비롯한 현재의 기능과 권한을 그대로 가지게 하고 그 위에 '민족통일기구'를 두어 남북 관계를 민족공동의 이익에 맞게 통일적으로 조종해나가는 것을 기본 내용으로 하고 있다. 즉 '민족통일기구'가 중앙정부, 즉 국가역할을 하게 된다.

그러나 대한민국 헌법은 북한을 반국가단체, 북한지역을 대한민국 영토, 그 북한지역을 평화적으로 자유통일하는 것을 국가의 의무로 규정하였으므로 '낮은 단계의 연방제'는 헌법 1조(민주공화국), 3조(영토 규정), 4조(평화적 자유통일) 위반으로 한국이 절대로 수용할 수 없는 안이다.

수령하였다. 송금계좌는 북에서 개설한 홍콩은행으로 되어 있었으며 후일에 회사로 복귀해 은행을 통해 모든 비용을 송금해 주었다.

한편 남에서 반입한 장비들은 북이 제공한 트럭에 싣고 북한 인사들이 책임지고 판문점까지 운반해 주기로 하고 우리 일행이 탄 승용차는 오후 4시쯤 평양 시를 출발하였다. 최첨단 장비 덕택에 남북 정상회담 뉴스는 완벽하고 신속하게 국내는 물론 전 세계로 방송되었다. 다시 고속도로를 이용 판문점으로 향하다 임시로 마련한 고속도로 휴게소에서 기념품으로 북한산 고사리와 들쭉술을 샀다. 판문점에 도착하여 아무리 기다려도 짐이 도착하지 않았다. 짐을 싣고 오던 트럭이 고장나서 평양에서 보낸 다른 차로 바꿔 실어면서 늦어 진 것이었다. 북에서 인수한 화물들을 회수해 회사로 옮기고 집에 도착하니 새벽 1시쯤이었다.

## ❧ 동상이몽_同床異夢의 정상회담

1989년 독일 통일, 소련 붕괴, 동구 각국의 독립, 중국의 개혁개방 시동 등 격랑기에 북한은 이들과 같이 개혁 개방에 동참하면 세습체제 유지가 어렵다고 판단하고 유일 세습체제 유지를 위해 변화의 바람을 거부하고 독자적 생존책으로 핵무기와 미사일 개발로 국면전환을 하였다. 계속되는 북한의 핵실험, 미사일 발사를 계속하자 미국을 중심으로 한 서방세계의 경제 제재로 당시 북한 경제는 최악의 상황이었다. 이로 인해 부족한 식량으로 평양과 대도시를 제외한 대부분 지역에서 수많은 기아와 아사자가 발생하였고 공장의 노동자들은 기계 부품을 훔쳐 팔아 모든 공장들이 멈추어 버려 소비재 생산을 하지 못했다.

이를 두고 미국과 서방 세계의 정보기관들은 북한은 스스로 붕괴될 것으로 예상했다. 그러나 한국의 재벌인 고 정주영 씨가 고향땅 북한에 소떼 방북으로 남북 경색의 길을 트자 현대는 북한 금강산 일대에 개발권을 달라는 대가로 북에 막대한 자금을 투자하는 것에 합의하였다. 이때부터 북한은 한국에서 오는 돈으로 위기에서 벗어날 수 있다고 판단하였다.

김대중 대통령으로 정권이 교체되어 김대중 정부는 국민정서를 조심스레 살피며 장기간 지속된 남북 대치 상황을 국면전환하기 위해 여러 경로를 통해 남북 정상회담을 타진하였다. 현대라는 창구에서 거금을 맛본 북에서 호기를 놓칠 리가 없었다. 김 대통령은 취임 후 국내외에서 북한과의 대화 가능성을 언급하였고 특히 영국에서 북한 유화정책 언급, 독일 베를린 자유대학 연설에서 '햇볕정책'을 주창하면서 남북 정상회담을 공개적으로 언급하였다. 그 결과 양측 측근이 제3국에서 비밀리에 수차례 만나 정상회담을 논의하는 자리에서 북한은 정상회담 조건으로 한국 정부에 거금의 대가를 요구한 것은 널리 알려진 사실이다.

김대중 대통령과 김정일 간 합의한 6·15선언 제2항에서 '남과 북은 나라의 통일을 위한 남측의 연합 제안과 북측의 낮은 단계의 연방 제안이 서로 공통성이 있다고 인정하고 앞으로 이 방향에서 통일을 지향시켜 나가기로 하였다'고 하여 북한식 연방제를 수용했다. 그리고 남과 북은 '나라의 통일문제를 그 주인인 우리민족끼리 서로 힘을 합쳐 자주적으로 해결해 나가기'로 하였으며 낮은 단계의 연방제에 합의하였다. 김대중 정부는 '북한의 경제사정이 어려운데 그들도 체제를 유지하며 잘 살아가야 할, 같은 민족'이라는 개념으로 '우리민족끼리' 표현에 합의하게 되어 국민들이 대북정책을 지지하도록 하였다.

그러나 이 같은 논리는 6·15선언이나 김정일·김대중, 김정일·노무현 사이에서 이뤄진 약속이지 국회나 국민의 동의를 받은 것이 아니었다. 실천하지 않고 묵살하면 되는 합의였다. 역사적 남북 정상회담은 지구촌에 핫뉴스가 되어 김대중 대통령은 노벨 평화상을 수상하였다. 만약 1994년 김일성이 갑자기 사망하지 않고 김영삼 대통령과 정상회담이 성사되었다면 엄청난 자금을 북에 제공하지도 않았을 것이며 노벨 평화상은 김영삼 대통령이 수상하였을 것이다.

남북 정상회담 후 김정일 위원장의 답방은 무산되었으며 남북 간 연방제에 관해 실무회담조차 한 번도 열린 적이 없이 말장난으로 끝나고 김정일은 위기의 북한을 구할 수 있는 토대를 마련하였다. 남측은 방향감각을 잃고 종북 세력이 나라 곳곳에 자생하며 보수와 진보, 좌우로 양분되어 나라가 여전히 혼란스럽다.

### ⋙ 남북 정상회담 비화_秘話

최초 남북 정상회담 후 2000년 6월 20일 국회에서 '김대중 대통령이 김정일 차량에 통신 두절 상태에서 경호원도 없이 55분간 동승하여 적장_敵將의 리무진에 혼자 있었다.' 는 사실과 '미국 CIA가 첩보위성을 통해 밀담을 녹취했는지 여부', '평양 순안공항에서 백화원 초대소 숙소까지 55분 소요된 행적' 등 세 가지 문제를 거론하였다. 또 국회에서 문제를 제기한 것은 첫 번째는 김대중·김정일 탑승 차량에 한국 측 경호원이 탑승하였는지? 두 번째는 이동 중에 둘이서 나눈 밀담 내용, 세 번째는 차량 이동 중에 금수산 기념궁전에 있는 김일성 시신 참배(?) 여부 등이었다.

세 가지 의문에 대해 국회 통일외교통상위원회에서, 통일부장관은 "김정일 위원장이 공항에 나오기를 바랐지만, 도착할 때까지 모르고 갔다."고 증언했다. 반면 2000년 6월 13일 서울의 프레스센터를 지키고 있던 통일부차관은 "김정일 위원장의 순안공항 영접은 미리 결정됐으나 남북 양측이 합의하에 밝히지 않았다."고 언론에 브리핑했다. 통일부차관의 말이 맞다면 북한의 호위총국과 한국의 대통령 경호실은 '김정일이 공항에 마중 나오면 김정일이 순안공항부터 백화원 초대소까지 김대중 대통령과 한국 경호원 없이 차를 타고 가기로 합의했다'는 것이 된다.

그러나 비행기가 도착한 뒤에 의전장에게 김 대통령이 "김정일 위원장이 나왔느냐?"고 물었지만 의전장이 "모르겠다"고 했다. 갑자기 와! 하는 소리가 나서 김 위원장이 온 줄 알았다"고 하였다.

또 국회에서 논란은 김대중, 김정일이 동승한 리무진 승용차가 백화원 초대소로 이동 중에 우리 측 경호원이 타고 있었나? 하는 것이었다. 그래서 국회 외교통상위원회는 KBS와 통일부의 남북 정상회담 관련 동영상을 확인해봤으나, 차량 조수석에 아무도 탑승하지 않았음이 확인되었다. 통일부장관도 "경황이 없어 대통령 차 운전석 옆 자리에 누가 앉았는지 기억나지 않는다."고 했다.

그러나 2000년 6월 28일 국회에서 청와대 경호실 차장을 상대로 집요한 추궁을 벌인 끝에 대통령의 승용차에 우리 측 경호원이 탑승하지 않았고, 김 대통령과 우리 측 경호원 사이에 직접적인 통신수단이 확보되지 않았다는 사실을 밝혀냈다. 첫 번째 문제의 차량 동승 이동 문제는 "김정일의 기습 제안을 김 대통령이 수락하여 돌발적으로 이루어졌다."는 정부 관계자들의 설명이 있었다.

또 2000년 7월 12일 국무총리를 상대로 한 질의에서 "김 대통령이 북한 리무진에 우리 측 경호원 없이 승차해 국가원수 부재의 통치공백이 생졌다."는 의원의 대정부 질문에서 당시 국무총리도 핵심을 피해 갔다. 결론적으로 대통령이 55분간 잠재적 적국의 차량에 고립돼 있었다는 것이 정설이다.

두 번째로 공항에서 백화원 초대소까지 이동 시간이다. 순안공항에서 백화원 초대소까지 거리는 34.7km이다. 대통령 이동 차량 속도는 경호 기동을 하면 대개 시속 60㎞ 이상 100km의 속도를 낸다. 이 같은 이동 경호수칙은 어느 국가에서도 수류탄 투척, 폭파 시도를 피하기 위해 빠른 기동을 한다. 34.7km의 거리를 공항에서 백화원 초대소까지 55분이 소요된 것으로 보아 이동 중 김일성 시신이 있는 금수산기념궁전을 방문하여 참배를 한 것이 아닌지 의문을 갖게 된 것이다. 필자의 판단으로는 첫 번째 차량 동승 이동 문제는 김정일의 갑작스런 제안으로 이루어진 것 같고, 두 번째 금수산궁전을 방문해 김일성 시신을 참배했는지 문제는 청와대 경호 원칙으로 볼 때 실현 가능성이 희박하다고 생각한다.

통상 외국 정상이 숙소로 이동하는 과정은 수십 대의 선도 경찰 오토바이, 경찰 선도차량, 동일한 종류의 차량(대통령이 어느 차량에 탑승했는지 고의적 혼란 야기)의 2~3대 대통령 탑승 차량, 경호 차량, 앰블런스, 의전차량, 장관급 수행원 차량, 외곽 경호 차량, 취재 차량 등이 동시에 뒤를 따른다. 이 같은 이동 행렬을 따돌리고 두 정상만 금수산기념궁전을 방문했다는 이야기는 완전 난센스라고 생각한다.

그러나 공항에서 숙소까지 이동 시간은 약 20~30분 이내면 충분한 거리인데 37.4km를 55분이 소요된 것도 한편 납득이 가지 않는 부분이다. 백화원 초대소와 금수산기념궁전은 같은 영역에 있으며 백화원 초대소에서 금수산기념궁전까지 차량으로 이동하는데 약 5분이면 된다. 필자는 당시에 행사 중심에 있지는 않아 행사가 시작되면서 행사 촬영 화면을 평양에서 서울로 전송하는 문제로 상기 의문들에 대해 전혀 알지 못했다.

사전답사 동안에도 김 대통령 금수산궁전 방문 문제는 수차례 거론되었지만 한국 측에서 국민 정서상 수용하지 않았던 분야이다. 그러나 55분이나 걸린 것을 보면 김 위원장이 시신 참배를 제안하자 김 대통령이 수락하여 돌발적으로 김일성 시신에 참배하고 측근들에게 극도의 보안을 주문했다면 가능할 수도 있지만, 수많은 수행원들이 보안을 지킨다는 것이 가능한지 의문을 갖는다. 다만 미국 첩보위성이 당시에 평양 상공에 배치되었다면 세 가지 행적이나 대화에 대해 알고 있을 것이나 미국의 외교 비사는 통상 30년이 지난 후에 공개하기 때문에 먼 훗날에 진실이 밝혀질 것이다.

 남북 간 이상한 교류

### ☞ 경쟁적 방북

1차 남북 정상회담 후 이어서 노무현 정부가 탄생하자 북한은 더 활력을 받는다. 김대중 정부의 이념을 계승한 노무현 정부는 다방면의 남북 교류를 본격화하였다. 이에 편승하여 한국의 정당 대표, 정치인, 언론인, 기업인, 예술인, 농민들까지 앞 다투어 북이 요구하는 대가를 지불하고 방북을 하는 것이 유행처럼 되었다. 특히 '한민족을 돕는다' 라는 명분으로 다양한 친북단체가 만들어져 쌀과 밀가루 등 곡물과 시멘트를 포함한 건자재, 비료, 의류, 연탄을 싣고 줄줄이 방북하여 북을 즐겁게 하였다. 특히 해방 후 자생하던 좌우 세대결은 정부의 강력한 통제로 잠수했다가 남북 간 본격 교류를 계기로 우후죽순처럼 만들어졌다.

남한의 정당 대표, 정치인들도 방북하면 김정일 위원장을 만나는 것을 최대의 영광으로 생각하고 방북 후 돌아오면 모두 북한 찬양 일색이었다. 북으로부터 초청장만 받으면 통일부는 방북을 허락하였고 남북 이산가족들은 거금을 내면 중국에서 가족 간 개별 만남도 가능했다. 특히 방송사들은 엄청난 금액을 지불하고 평양 체육관, 예술공연장, 백두산 등지에서 어디에서도 방송사마다 경쟁적으로 생방송을 안 한 방송사가 없다.

최근에 파악된 것만으로 한국에서 남북 간 교역이나 금강산 관광, 개성공단, 정부 지원, 개별 단체의 지원으로 수십조 원의 돈이 지원됨으로 군량미 확보, 전쟁물자 비축, 식량문제 해결, 핵무기 제조 자금 확보 등으로 북한 체제는 굳건히 유지할 수 있는 토대를 한국이 제공한 것이다. 이로써 북한은 체제유지에 필요한 핵무기를 보유하고 있고 정신적으로 무장된 국민, 강력한 군사력이 있다.

중국은 전략적 대북 지원을 위해 김정일을 1994년 김일성 사망 후 무려 7번이나 초청함으로 노골적으로 북을 이용하는 밀월을 즐겼다. 천안함 공격이나 연평도 포격 때도 중국은 상투적 외교적 수사로 "한반도 안정이 중요하다"는 식으로 유엔에서 제재에 반대하는 식으로 북한을 보호해 버렸다. 따라서 한반도는 통일보다 영구분단의 벽만 두껍게 형성해 가고 있는 것이다. "미국은 힘들여 북한을 제재하는데 한국으로 인해 북한은 미국에 길들여지지 않는다."고 미국 관리는 말했다.

## ✈ 정상회담 기간 비용 누가 부담?

정부 대표단 선발대 31명이 평양에 도착했을 때 평양 시내 모든 도로를 새로운 포장 공사를 하고 있었다. 북측은 남측 방문자들에게 깨끗한 시가지를 보여 주고 싶었겠지만 많은 공사비를 지출했을 것으로 생각되었다.

남측 대표단 31명이 약 3주간 평양에 머물면서 호텔 숙박료, 식비는 누가 지출했는지, 또 정상회담 기간에 공식, 비공식 수행원, 취재진 등을 합해서 몇 백 명의 숙식비는 누가 지출했을까? 평양을 방문한 어느 누구도 개인이 체류비를 지출했다는 인사는 없었다. 남북이 절반씩 부담했을까? 북한이 전체 비용을 부담했는지 아니면 남한이 부담했는지? 그러나 KBS는 중계차 임차료, 위성사용 주파수 사용료 몇 억 원을 정상회담 후 송금해 줬다. 협상 과정에서 비용 부담에 관한 논의가 있었는지 몰라도 금액으로 환산하면 상당액의 비용일 텐데 정상회담 후 국회에서도, 언론에서도 누가 얼마를 지출했는지 밝힌 통계 보도가 없어 지금도 의아스럽다.

## ✈ 북한에 지원한 비용?

통일부는 정상회담 대가 외에 김대중 정부와 노무현 정부가 1998~2006년 사이 북한에 대출해 준 돈은 약 2조 3,744억 원이라고 밝혔다. 이자 8,772억 원을 포함하면 북한이 한국에 상환해야 할 돈의 규모는 이자 포함 약 3조 5,000억여 원에 이른다고 한다. 검찰 조사에서 거론된 4억 5,000만 달러는 북이 요구한 정상회담 성사 조건으로 현대와 한국 정부에서 지급한 금액은 포함되지 않은 금액이다. 통일부 자료에 따르면 정상회담 후 김대중 정부와 노무현 정부는 10년 거치 20년 상환, 연리 1%로

쌀 240만과 옥수수 20만t을 지원했다. 쌀 240만 톤 등 식량 차관 7억 2,004만 달러_약 8,230억 원, 섬유, 신발, 비누 생산에 필요한 원자재 차관 8,000만 달러_915억 원에 이른다.

북한에 준 차관은 2012년부터 상환기간이 지나 2013년 6월부터 상환해야 하지만 북한은 차관을 상환해 본적이 없는 나라로 현재의 남북 관계로 볼 때 상환 기대는 어려울 것으로 예상된다. 우리 정부는 또 2002~2008년 남북 철도·도로 연결 사업을 위해 남북협력기금 5,852억 원을 집행했다. 북측 구간에 대해 우리 측이 차관 형태로 제공한 자재와 장비가 1,494억 원어치다. 이 돈 역시 10년 거치 20년 상환, 연리 1%의 조건으로 갚아야 한다_통일부 자료 인용.

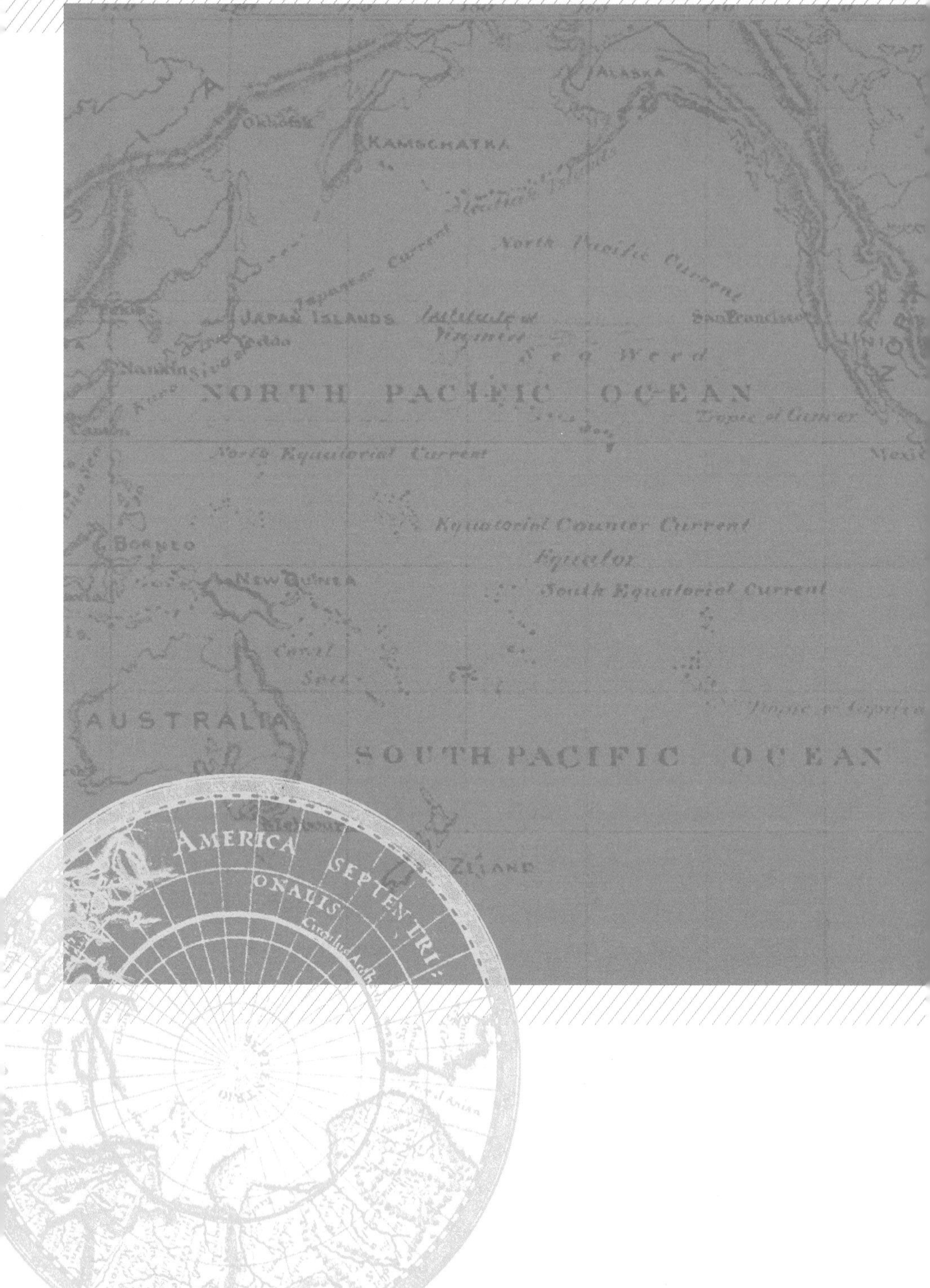

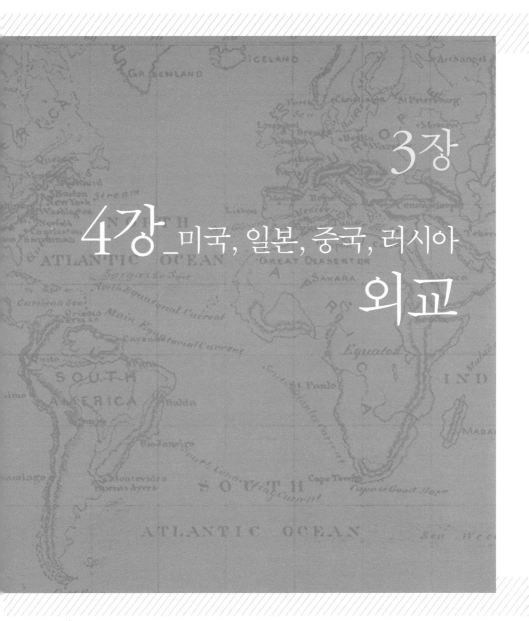

# 3장

# 4강_미국, 일본, 중국, 러시아
## 외교

한국의 4강 외교란 미국, 일본, 중국, 러시아 등 한반도 주변을 둘러싼 4개국과의 외교를 말한다. 일본 식민지배, 해방과 남북분단, 남북전쟁 등 격동기에 한반도를 둘러싼 4개국 간에 벌어진 외교 각축장으로 남북분단 후 냉전시대 기간에 일어난 각종 전체 외교를 말한다. 한반도를 배경으로 하는 4개국 간 외교는 근본적으로 한미동맹을 기초로 하여 점진적으로 주변 열강 국가들에 의해 전개되어 왔다.

# 미합중국_United States of America 외교

 한·미 정상회담 준비

세계의 정치, 경제, 문화를 선도하는 강대국 미국은 우리나라 역대 대통령들은 물론이고 전 세계의 정치 지도자들도 취임 후에는 반드시 방문하는 국가이다. 뉴욕에 본부를 둔 UN의 정기총회는 매년 9월에 시작된다. 총회는 유엔 회원국 정상들이 참석하게 되고 한국의 역대 대통령들은 총회에서 기조연설을 한다. 총회 참석 후 미국 대통령과 개별 정상회담을 하고 유력 국가 정상들과 연쇄 정상회담을 갖는다. 따라서 자연히 역대 대통령들이 미국을 가장 많이 방문하며 미국은 세계 각국의 정상들이 펼치는 외교의 시험 무대이다.

워싱턴 D.C는 거대한 미합중국의 수도이면서도 전 세계를 감시하는 경찰 역할의 국가 수도답지 않게 아주 작은 전원도시다. 메릴랜드 주와 버지니아 주 경계를 이루며 생활하는 이곳은 세계 경찰 역할의 국가답지 않게 의외로 미국에서 치안이 가장 불안한 곳이다. 또한 특별한 번화가도 위락시설도 없어서 관광객 방문도 많지 않은 도시다. 그러나 포토맥 강변의 아름다운 숲은 이곳 주민들에게 유일한 안식처를 제공하는 곳이다. 워싱턴 D.C에 있는 주미 한국대사관은 외교통상부의 외교 공관 중 특급지역으로 외교부에서 파견한 외교관도 가장 많이 상주하지만 전문 외교관들 외에 정부 주요 부서에서 파견된 상무관, 농무관, 무관, 정보기관 등 다양한 정부 부처 공무원들이 많이 근무하는 곳이다.

역대 대통령들이 반드시 방문하는 곳이라 대사관에서도 방문행사를 준비하는 것도 익숙해져 있다. 의전과 정상회담 의제, 경호 등은 주미 한국대사관에서 미국 정부와 사전에 협의를 거쳐 정해진다. 미국의 경호는 연방수사국_FBI : 우리나라의 경찰청 광역수사대을 중심으로 지역 경찰과 합동으로 수행하는데 철저히 은폐된 공간에서 이루어진다.

청와대 경호의 특징은 동일 정장 복장과 귀에 이어폰을 끼고 헤어스타일도 같으며 노출된 경호를 하는 반면, 미국 경호는 은폐된 방식의 경호를 한다. 미국의 경호원들은 행사기간 동안 아무도 보이지 않다가 행사가 종료되면 다양한 장소에서 경호원이 나타나 은폐 경호의 원칙을 보여준다. 행사 보도를 위해 청와대 공보팀은 항상 백악관 근처에 있는 호텔을 빌려 기자단 숙소 겸 프레스센터로 사용한다. 방송제작은 이곳에서 일괄적으로 이루어지며 한국으로 직접 전송하는 시스템으로 사전조사 때 모두 준비하게 된다.

백악관에서 진행하는 공식 환영식, 공동기자회견 등은 미국의 주요 방송사인 ABC, NBC, FOX, CNN 등이 풀제_pool system로 지원하기 때문에 방문국 방송사는 미국의 주관 방송사가 제작하는 화면과 음성만 받아서 사용하도록 규정하고 있다. 또한 백악관에 방문국 중계차 설치는 허용하지 않는다.

사전조사 때 미리 어떤 방송사가 백악관 주관 방송사인지 파악하고 이들 방송사를 방문하여 협조를 구하면 백악관에서 열리는 공식 환영식 행사나 양국 대통령 공동기자회견 등을 서울로 직접 중계방송 할 수 있다. 방미 중 미국 의회에서 대통령의 연설은 미국 공영 케이블방송사 'C-SPAN사'를 이용해야 중계방송이 가능하다. 의회에서 하는 연설은 미국 정부가 공식 초청한 국빈방문_國賓訪問 때만 가능하다.

그래서 사전조사 때 국회의사당을 방문하여 케이블 방송사 제작자와 만나 화면제작 기법, 대통령의 육성, 주변 음성 등 세밀한 부분까지 방송사 스탭들과 협의를 해야 한다. 필자는 사전조사 때 연설 생중계 준비를 위해 수차례 미 의회 내에 있는 'C-SPAN' 방송사를 방문하여 세부 준비를 하여 방송사고 없이 한국으로 생중계하였다.

 백악관 외교 의전

미국은 전 세계 정상들이 방문하는 국가로 각국 정상들에게 베푸는 의전 등급은 여러 가지가 있으며 가장 격식이 높은 의전은 국빈방문_state visit)이다. 국빈방문은 1년에 한두 나라에게만 허용하는 극히 제한을 두고 실시하는 외교 의전으로 미국 정부의 공식 초청으로 이루어지는 방문인데 이때 최고의 예를 갖추어 의전행사를 베푼다. 미국은 방문기간 내에 미국 의회 상하 합동회의에서 대표가 연설할 기회를 준다. 한국의 이승만, 김영삼, 김대중, 이명박 대통령이 미 의회에서 연설했다.

통상 공식 환영식은 백악관 건물 남쪽 뜰에서 개최된다. 외국 국빈이 백악관에 도착하면 미국 대통령이 백악관 건물 정면에서 직접 영접한다. 이어 공식 환영식이 개최되면 국빈방문의 경우 통상적으로 21발의 예포 발사, 양국 국가 연주 등 공식 환영행사, 국빈 만찬(남자는 검정 혹은 흰색 나비넥타이와 연미복 착용), 의회 방문 및 연설, 정상간 선물 교환, 양국 간 공연 등 문화교류 행사가 수반된다. 때문에 적어도 방문이 시작되기 2~3 개월 전부터 초청국과 방문국의 외교부와 공관에서는 방문 일정 등 세부 사항에 대해 준비하는 것이 보통이다.

공식 만찬은 야간에 백악관 영빈관에서 거행하는데 미국 대통령 내외 는 반드시 예복을 입고 참석한다. 정계, 재계 인사들이 대거 참석하고 각 국의 외교사절 참석은 물론 유명 배우, 스포츠계 등 다양한 인사들이 참석 한다. 국격에 따라 다르지만 공식 만찬 비용으로 수억 원을 지출한다.

이외에도 여러 가지 의전이 있는데 공식방문_official visit이나 실무방 문_working visit은 환영식 등 의전행사를 생략하고, 정상회담을 통해 양국

백악관

간 현안만 토의하고 공동기자회견 등으로 마무리한다. 한국은 역대 주미 한국대사에 장·차관, 총리 출신까지 전권대사로 발령했다. 그러나 한국 대사는 미 국무부에서 일상적으로 차관급 이상은 만나지 못한다. 그래서 정상회담 주요 의제는 대통령 방문 전에 통상적으로 외교부장관이 사전 에 방문하여 최종 결정한다. 한국 외교력의 냉엄한 현실이다. 그러나 한 국의 외교부장관은 미국 장·차관은 물론 차관보도 만나준다. 의전이 중 요시 되는 외교가의 현실이지만 때로는 의전보다 실리가 중요할 때도 많 아 어쩔 수 없는 한국 국력의 차이 때문이다.

 ## 역대 대통령의 한·미 정상회담

### ⭐ 이승만 대통령

1954년 7월 25일 소나기가 쏟아지던 날 오후 5시, 이승만 대통령 내외 는 김포공항에서 환송식을 마치고 미국 정부가 제공한 군용기편으로 미 국으로 향했다. 총 27명의 공식 수행원 명단에는 손원일 국방부장관, 정 일권 육군참모총장_대장, 김정렬 국방부장관 보좌관_중장, 김일환 육본관 리부장_중장, 최덕신 육군작전기획부장_소장, 장건식 국방부 제5국장_대령 등 국방부 관리들이 대거 포함됐다.

군 요직이 이렇게 공식 수행원 명단에 다수 포함된 것은 이 대통령 방 미의 중요한 목적의 하나가 한미 군사협력 강화와 미국의 군사원조 요청 에 있음을 보여 주고 있었다. 즉, 이 대통령은 제네바회의의 결렬에 따라 한반도의 상황이 다시 악화되고 있으므로 공산주의자들에 대해 적극적으로 대처하고, 한반도의 통일을 앞당길 수 있는 방안을 심도 있게 논의하고 싶어 했다.

일본에는 절대 들르지 않겠다는 이 대통령의 고집으로 알류샨 군도의 에이댁_Adak 섬과 시애틀을 경유해 7월 26일 오후 4시_미국 동부시간 워싱턴 공항에 도착했다. 공항에는 사열대와 환영식장이 마련됐고, 미국 정부를 대표해 닉슨_Richard Nixon 부통령 내외, 덜레스 국무장관 내외 등 정부 고위인사들이 도열해 있었다. 재미동포 100여 명도 한복에 태극기를 들고 이승만 대통령 내외와 일행을 마중하기 위해 기다리고 있었다.

이승만 대통령 일행이 도착하자 아이젠하워 대통령은 백악관 건물 계단에서 내려와 차에서 내리는 이승만 대통령을 영접하며 계단을 다시 올라와 그의 부인에게 안내했다. 이어 아이젠하워는 다시 계단을 내려가 프란체스카 여사를 마중했다.

이날 밤, 아이젠하워 대통령은 이승만 대통령과 프란체스카 여사가 백악관에서 머물도록 각별한 배려를 했다. 수행원들은 영빈관인 블레어 하우스와 헤이 애덤스 호텔에 나뉘어 투숙했다. 특히 아이젠하워는 이승만 대통령 내외에게 링컨 대통령이 사용하던 침대에 잠자리를 마련해 줬다. 이날 이승만 대통령 내외는 백악관에서 잠시 휴식을 취한 후 저녁 8시 20분, 아이젠하워 대통령 내외가 베푸는 국빈만찬에 참석했다. 아이젠하워 대통령 내외는 공산침략에 맞서 싸운 이 대통령과 한국 국민에게 존경과 경의의 표시로 성대한 만찬을 마련했다. 만찬회는 백악관의 국빈연회장에서 개최됐다. 연회장은 약 150명이 함께 만찬을 즐길 수 있는 고전적 향취가 물씬 풍기는 곳이다. 이날 만찬회 참석자 수는 통상 백악관의 국빈만찬 참석자 수보다 상당히 적은 총 60명이었다.

한국전쟁 후 1954년 7월 25일부터 8월 13일까지 아이젠하워 대통령과 가진 정상회담에서 미국으로부터 한국에 대한 재정지원, 군사원조 약속 등을 이끌어 내었다. 이승만 대통령은 한국전쟁 기간 휴전 전에 외교력을 발휘하여 한국에서 북한과 또다시 전쟁이 발발할 경우 미군이 자동 개입하는 '상호방위조약'을 체결함으로써 북한의 대남 도발을 원천 봉쇄하여 우리나라 방위를 굳건히 지키는 기초를 만들었다. 미국 방문 중 이 대통령은 미국 의회에서 "6.25전쟁 중 미국의 지원에 감사하다."는 내용의 연설을 하여 미 의원들의 열렬한 박수를 받았다. 전후 가난으로 수많은 국민들이 고통을 당할 때 미국의 구호물자를 한국에 대량으로 보급하게 하여 수많은 아사자를 막았다. 미국은 이 대통령의 한·미 정상회담을 위해 미군 군용기를 제공하는 호의를 베풀었다.

워싱턴 D.C에서 정상회담 후 뉴욕, 시카고, LA, 하와이를 방문하여 교포들을 만나 한·미 정상회담 결과를 설명하는 교포 간담회를 가졌다. 방미 후 귀국 때는 지금 공원으로 바뀐 여의도 비행장을 통해 도착하였으며 동대문 운동장에서 많은 서울 시민들이 참석한 가운데 방미 성과 보고회를 가졌는데, 이것이 우리나라 최초의 대통령 순방외교였다. 이 대통령은 유창한 영어로 한국의 민주주의와 시장경제를 출발시킨 대통령이다.

### ⚘ 이승만 대통령 방미 일화

1954년 7월 이승만 대통령 방미 기간에 미국 의회 연설에서 미국의 대공산권정책을 직설적으로 비판하여 미국 행정부를 곤란하게 만들었다. 영빈관 '블레어 하우스'에 묵고 있던 이 대통령에게 미 국무성 부의전장이 정상회담 후 발표할 공동성명서 초안을 들고 왔다. 이 초안에는 이 대통령이 싫어하는 문장이 들어 있었다. '한국은 일본과의 관계에 있어서 우호적이고 운운' 하는 대목이었다. 미국은 한국과 일본이 국교를 수립하여 동아시아에서 미군 작전이 원활하게 될 수 있도록 하려고 했다.

여기에 이승만 대통령은 신경질적인 반응을 보였다. 이 대통령은 미국이 일본을 지원하는 것이 싫었고, 한국의 국력이 아직은 미약한 입장이므로 일본과 수교하는 데는 시간이 지나야 한다는 생각이었다. 이 대통령은 즉각 참모들을 불러 모아 오전 10시에 예정된 제2차 한·미 정상회담을 하지 않겠다고 말하고 회담장에 가지 않았다.

백악관에서는 "왜 안 오느냐"고 전화가 걸려왔다. 측근들이 "그래도 회담은 하셔야 합니다."라고 건의하자 이 대통령은 10분쯤 늦게 백악관 내 회담장에 도착했다. 아이젠하워 대통령은 이 자리에서 "한·일 국교 수립이 필요하다"고 말을 꺼냈다. 이미 화가 나 있었던 이승만 대통령은 외교적으로 해서는 안 되는 말을 했다. "내가 살아 있는 한 일본과는 상종을 하지 않을 것입니다."

그러자 아이젠하워 대통령도 화를 벌컥 내면서 일어나 옆방으로 가버렸다. 이 대통령은 이때 아이젠하워 대통령 등에 대고 소리쳤다. "저런 고얀 사람이 있나. 저런…" 물론 이 말은 통역되지 않았다.

아이젠하워는 가까스로 화를 식히고 회담장으로 돌아왔다. 이번엔 이 대통령이 일어났다. "외신기자 클럽에서 연설하려면 준비를 해야 합니다. 먼저 갑니다."라며 회담장을 나가버렸다. 이 대통령에 이어 아이젠하워도 나가버렸다. 그러나 양유찬 주미 한국 대사는 덜레스 국무장관을 설득하여 실무자들끼리 회담을 계속했다.

이 회담에서 미국은 군사원조 4억 2,000만 달러, 경제원조 2억 8,000만 달러, 총 7억 달러의 대한원조를 약속했다. 이승만 대통령이 일제 식민지 기간에 독립운동을 하면서 품었던 반일감정을 표출한 일화다.

### 🎋 박정희 대통령

국가재건최고회의 의장 신분으로 1961년 11월 10일부터 11월 17일까지 미국의 존 F 케네디 대통령의 초청으로 첫 번째로 미국을 방문하였다. 박 의장은 미국 방문길에 일본을 방문하여 영빈관에서 수상이 베푼 만찬회 참석, 주일 한국대표부 방문 등 일정을 마치고, 미국의 앵커리지, 시애틀을 거쳐 한국 출발 3일 만에 워싱턴 D.C에 도착했다.

케네디 대통령과 두 차례 정상회담에서 한국의 고리채 문제, 한국군 현대화, 민간투자 등에 합의하고 양국 간 우의와 결속을 다지는 공동성명을 발표하였다. 귀국길에 뉴욕, 샌프란시스코, 하와이를 차례로 방문하고 다시 일본 하네다공항을 경유하여 미 공군이 제공한 전용기로 공군 전투기 호위를 받으며 김포공항에 도착하였다.

두 번째 방문은 존슨 대통령의 초청을 받고, 5.16 혁명 4주년을 맞아 1965년 5월 16일부터 27일까지 미국을 방문했다. 베트남전쟁에 휘말린 미국은 서방국가들이 참전을 꺼리자 한국의 병력지원이 더욱 절실해졌다. 1964년 5월 우리나라에 파병을 요청했고, 박정희 정부는 1964년 9월 11일 최초로 파병을 개시했다.

한편 북한 공산 집단과의 무력 대치상황 아래에서 자급자족이라는 경제적인 목표를 달성하기 위해서 필사의 노력을 경주하고 있던 우리로서는 파병을 계기로 국군을 현대화하고, 자급을 위한 경제발전을 마무리하기 위해서는 미국의 경제지원이 절실했다. 한미 양국 간의 상호 이해관계가 맞아 떨어지는 시점에서 기획된 박정희 대통령의 미국 국빈방문에 대해 미국 정부와 국민은 각별한 애정과 관심을 표했다.

존슨 대통령은 미 국무부 의전국장과 대통령 특별전용기를 서울로 보내 박정희 대통령 내외와 수행원들을 미국으로 정중하게 모셔왔다. 박 대통령 일행이 워싱턴과 뉴욕의 거리를 지날 때는 수십만의 인파가 양국 국기를 흔들며 열렬히 환영해주었고, 고층건물에서는 미국 역사상 가장 많은 오색 테이프가 뿌려졌다. 거국적인 환영을 받으며 박정희 대통령은 존슨 대통령과 매우 우호적인 분위기 속에서 2차례의 정상회담을 갖고, 양국 동맹관계의 새로운 장을 여는 장문의 한미공동성명을 발표했다.

이 공동성명에서 베트남 지원과 관련해 긴밀한 협조체제를 갖추는 한편, 미국이 한국 내에 강력한 군사력을 유지하는 것은 물론 한국의 안전을 보장하기 위해 미국과 제휴, 한국군의 전력을 증강할 것을 밝혔다. 이 밖에도 한국군 월남 파병에 대한 보상문제를 논의했다. 박 대통령 내외 일행은 10일간의 방미일정을 마치고, 27일 존슨 대통령의 전용기편으로 귀국했다. 또한 박 대통령은 미국 기자협회에서의 연설, 국빈만찬, 의회 방문, 알링턴 국립묘지 참배 등의 공식적인 행사를 통해서 한미 양국의 우정과 신의를 과시했다.

일부에서는 월남전 한국군 파병을 미국의 용병_傭兵이라고 폄훼하는 세력이 있었지만, 미국 정부는 만일 박 대통령이 파병을 거부했다면 주한 미군 2사단과 7사단을 한국에서 철수해 월남전에 투입할 계획을 잡고 있었다고 한다. 당시 주한 미군 2사단, 7사단은 북한의 남침을 원천적으로 차단할 수 있는 강력한 부대였기 때문에 박 대통령은 한국군 파병을 거절할 수 없는 입장이었다.

방미 기간에 뉴욕 세계박람회를 참관하고, 웨스트포인트를 방문하여 사관생도들을 격려하기도 했다. 또한 피츠버그 철강공업단지, 케이프케네디 우주센터, 리버사이드 감귤시험장 등을 방문하여 미국의 공업·우주산업·농업 발전의 실상을 직접 체험하는 등 다른 일정을 소화했다.

워싱턴과 로스앤젤레스에서는 재미동포와 유학생들과의 만남을 가졌다. 박 대통령은 이들에게 조국의 번영과 발전에 대한 신념과 열정을 말하고 동참을 호소했다.

"아시아 한 구석에 땅은 좁으나 사랑스러운 우리의 조국이 있습니다. 가지고 있는 것은 적으나, 우리는 함께 노력하여 우리 운명을 개척할 수 있습니다. 여러분은 스스로의 노력으로 공부했습니다. 이제 조국의 운명을 개선하기 위해서 일해야 할 때입니다. 미국은 분명히 살기 좋은 곳이지만, 오늘의 안락한 생활에 만족하거나, 화려만을 꿈꾸지 마십시오. 동포들이 발버둥치며 일하는 고국으로 돌아오기 바랍니다." 라고 강조했다.

이후 베트남전쟁 기간 내에 닉슨 대통령의 초청으로 샌프란시스코를 방문하였다. '성 프란시스 호텔'에서 개최한 한·미 정상회담에서는 양국의 베트남전쟁에 관해 심도 있는 협의를 하였다. 박 대통령은 재임 중 세 번에 걸쳐 미국을 방문하여 베트남전 문제 협의, 경제 군사물자 지원, 대한 원조, 방위조약, 과학기술 협력을 체결하여 양국 간의 본격적인 협력 시대를 열었다.

한일회담을 통해 일본이 한국에 제공한 경제협력자금을 포함하여 대일 청구권자금 8억 달러가 한국 경제 성장에 어느 정도 기여를 했다. 그러나 지금의 한국 경제를 만든 기초는 박정희 대통령의 베트남 파병 결정이었다. 박 대통령은 자유민주주의를 지키기 위해 베트남에 군대를 파병한다는 대의명분을 내세웠지만 경제 살리기를 위한 선택이었다.

전투부대가 파병되기 시작한 1965년부터 1973년까지 추가로 제공된 미국의 군사원조 명분으로 한국에 지원한 금액이 약 10억 달러 정도다. 그리고 파병 병력 전체 약 38만 명에게 미국 정부가 장병에게 지급한 수당, 대한물자구매, 기타 경비지출 등으로 국내에 유입된 외화가 약 10억 달러 정도다. 또한 참전 중 베트남에 진출한 한국 기업의 경제활동, 즉 용역 및 상품 수출 등 전쟁 특수를 이용한 외화수입을 합해 베트남전쟁으로 미국이 한국에 지원된 금액은 약 50억 달러로 추산된다.

일본의 대일청구자금 전체인 약 8억여 달러는 베트남 파병으로 벌어들인 비용과는 비교할 수 없는 규모다. 미국은 과거 한국이 약소국이라는 위상 때문에 외교적으로 무시하는 상대였지만 베트남 파병으로 미국은 사상 처음으로 한국 정부를 외교의 동반자로 생각하기 시작했다. 원조 등으로 끌려 다니던 약소국 한국이 베트남 파병을 통해 미국 정부가 오히려 한국의 눈치를 보게 만든 외교상의 쾌거였다.

외교 문서에 따르면 1968년 말 우리 정부는 미국에게 M-16 소총 10만 정 제공, M-16 소총 제조 공장 건설, 전폭기 17개 대대, 전략 공군기지 건설 지원 등을 긴급 요청했고, 미국은 요구 장비의 85% 수준을 이행한 것으로 나타나 있다.

베트남 파병을 통해 한미 양국의 안보체제는 더욱 강화되었으며, 특히 베트남전 특수로 한국 경제는 한 단계 더 도약했다. 박정희 대통령은 미국의 역대 대통령들과 외교사적 업적을 남겼지만 자주국방 실현을 위해 핵무기 보유를 시도함으로 역대 미국 대통령들과 많은 갈등을 겪었다. 특히 지미 카터 대통령과 많은 갈등을 겪었는데 카터 대통령은 방한 후 귀국하여 결국 주한 미군의 대규모 철수를 결정하였다. 얼마 지나지 않아 향리_鄕里의 최측근 후배 총탄에 쓰러졌다.

## 🐾 박정희 대통령 방미 일화

1965년 5월 17일 존슨 대통령 초청 방미 기간에 일본이 '독도를 한국과 일본이 공유' 하도록 하는 로비를 하여 정상회담에서 존슨 대통령이 "독도를 일본과 공유하고 공동 등대를 설치하라"는 압력을 가했다. 박 대통령은 "있을 수 없는 일"이라고 단호히 거절했다.

이후 미국은 계속 압력을 가하자 박 대통령은 장관급 회담을 거절하겠다고 맞섰다. 결국 주한 미국대사는 본국에 "박 대통령은 그 무엇으로도 독도를 사수하려고 한다"고 보고하여 미국도 결국 압력을 포기하였다. 1965년 6월 22일 체결된 한일어업협정도 독도가 한국 땅이라는 전제하에 체결된 사실에서 박 대통령은 국가 안위와 직결되어 있는 안보 외교 국방 문제에 관해 단호한 정신을 엿볼 수 있다.

또 하나는 존슨 대통령이 월남전 파병으로 다진 혈맹의 우정으로 경제원조 차원에서 대학을 하나 지어주려고 박정희 대통령에게 제의를 했다. 그러나 박 대통령은 "제가 원하는 건…, 종합연구소입니다." 라고 뜻밖의 제의를 했다. 박 대통령은 존슨 대통령이 제공하는 경제원조 자금에 1966년 2월 2일자로 개인자격으로 사재 100만 원을 출연_出捐하는 증서를 작성함으로 이 서류가 한국과학기술연구원_KIST 설립의 모태가 되었다.

'과학의 집현전'인 한국과학기술원이 들어설 터로 성북구 홍릉 임업 시험장이 결정됐다. 농림부가 반발했지만 대통령은 지적도를 직접 들고 현장을 돌며 부지를 골랐다. 처음에 원한 땅이 5만평 정도였다. 대통령이 선택한 부지 넓이는 정확히 8만 2,644평이었다. 60년대 세계후진국 중 '과학기술연구소'에 눈 돌린 나라는 대한민국뿐이었다. 과학의 불모지에 미국 체류 과학자 18명이 조국에 발을 디뎠다. 미국의 유명연구소와 대학에서 받던 연봉의 4분의 1을 받고 고급 두뇌들은 돈 대신 조국을 택한 것이다.

1969년 준공 후 KIST_한국과학기술연구원가 걸어온 길은 우리 경제의 성장사_成長史이다. 대일청구권 자금을 들고 박태준이 영일만에서 거둔 기적의 배경에 KIST의 계획서가 있었다. 이병철이 반도체, 정주영이 자동차에 달려든 것도 KIST가 보여준 희망 때문이었다. 1978년까지 과학자 410명이 미국에서 한국으로 돌아왔다. 미국에서는 "세계 최초의 역 두뇌유출 프로젝트"라며 난리가 났다. '전자산업의 아버지' 김완희 박사는 박 대통령이 미국에서 활동하던 과학자들을 초청하면서 "대통령이 그들의 밥숟가락 위에 손수 깻잎을 올려줄 만큼 간곡했었다."고 전했다. 이는 오늘날의 모든 과학기술 분야의 모태가 되어 한국이 선진화 국가가 된 것이다.

### ꒰ 전두환 대통령

군부 출신이라는 정통성의 문제를 안고 출발한 전두환에게는 미국의 공식승인이 절실한 입장이었다. 승인을 내외에 확인시키자면 미국 대통령을 만나야 했다. 제40대 미국 대통령에 취임한 레이건은 1981년 1월 21일 전두환에게 2월 1~3일에 워싱턴을 방문해 달라는 초청 서한을 보내왔다. 날짜가 불과 11일 뒤라 너무 긴박했다. 보통 이런 식의 일정으로 타국의 대통령을 초청하지는 않지만 그러나 12.12 사태 이후 지속되어온 한·미 간의 불편한 관계를 씻어내는 계기가 된다고 생각할 때 전두환으로서는 다른 불평을 할 수 없는 처지였다. 레이건이 취임한 후 백악관을 방문하는 첫 외국 원수가 되었다는 것만으로도 국민들에게 국면을 전환할 수 있는 절호의 기회였다.

전두환은 이틀 만에 초청에 대한 감사의 답장을 보냈고 초청 날짜에 맞춰 워싱턴으로 날아갔다. 사실은 레이건 대통령이 취임 후 가장 먼저 전두환 대통령을 초청하게 된 것은 박정희 대통령이 시도한 핵보유 계획을 차기 정치 지도자와 외교를 통해 원천 차단해야 하는 절박한 외교적 난제가 있었기 때문이었다.

한·미 정상회담에서 한국이 핵무기 제조를 포기하는 대신 주한 미군이 보유한 핵무기로 한국에는 핵우산국으로 한국 방위를 보장하는 형태의 합의를 보았다. 대신 한국군 현대화의 일환으로 미국 정부는 F-16 최신예 전투기를 한국에 판매하는데 합의했다. 이로써 한국은 핵보유국 대열에서 멀어지게 되어 오늘날 북한의 핵 위협 아래 절박한 처지에 놓이게 된 것이다.

이 회담에서 주한미군 추가 철수 백지화, 한미 연례 안보협의회 창설에 합의하였고 에너지 보급, 군현대화 지원, 방위산업 협력 등 14가지의 의제에 대해 합의를 보았다. 돌아오는 길에는 뉴욕 주에 있는 웨스트포인트 육군사관학교를 방문하여 생도들을 만나 대화를 나누기도 하였다.

### ⚘ 전두환 대통령 방미 일화

1981년 1월 20일, 백악관의 새 주인이 된 공화당 정권의 레이건 대통령은 취임하자마자 한국에 다섯 줄짜리 편지 한 통을 발송했다. 5개월 전인 9월 1일 역시 한국의 신임 대통령이 된 전두환 대통령에게 보내는 초청 서한이었다.

전두환 대통령께

1981년 2월 1~3일에 귀하가 워싱턴을 방문하실 수 있기를 희망합니다.
귀하를 맞아 한·미 양국 관계의 현 상황은 물론 지역 문제에 대한 상호
관심사를 재점검하게 된 것을 본인은 기쁘게 생각합니다.
경의를 표하며,

로널드 레이건

이 짧은 서한은 형식이나 내용 면에서 국가 원수 간에 오가는 공식 대
통령 서한 양식과는 큰 차이가 있었다. 수신자 이름에 붙이기 마련인 존
칭_Excellency마저 생략된 채 'To President Chun'으로 시작되는 이 서한
은 공식 초대 서한이라기보다는 일종의 대통령 메시지의 형식이었다.

한 장짜리라고 말하기도 힘든 불과 다섯 줄짜리의 이 편지 하나로 전
두환 대통령은 12.12 이후 1년여 지속되어 온 워싱턴과의 불편한 관계를
말끔히 씻어내게 된다. 이틀 후인 1월 22일, 초청에 대한 감사 편지 형식
으로 백악관에 발송된 전두환의 답장은 의례적인 초청 수락 이상의 감사
를 표하는 문구가 곳곳에 들어 있다.

저와 제 아내가 워싱턴을 방문할 수 있게 초청해 주신 1월 20일자 서한에
감사드립니다. 초청에 응하게 되어 매우 기쁘게 생각하며, 국제 상황은
물론 여러 가지 양자 간 현안을 상의하기 위한 회동을 가졌으면 합니다.

레이건은 불과 11일의 여유를 두고 전두환을 초청했고, 전두환은 이틀 만에 초청에 대한 감사의 답장을 보냈으며, 오라 했으니 가겠다는 답장을 보낸 지 열흘 만에 워싱턴으로 날아갔다. 전두환—레이건의 워싱턴 회동은 이렇게 전격적으로 성사되었다. 파격적인 성사 과정이야 어떠했든, 한·미 양국의 신임 대통령들이 만나는 자리인 만큼 형식은 '공식방문_Official Visit' 이었다.

1981년 1월 제40대 미국 대통령에 취임한 로날드 레이건은 가장 먼저 전두환 대통령을 초청해 미국을 방문했지만, 한국 대통령에 대한 미국 정부의 대접은 싸늘했다. 국빈방문_state visit은 고사하고 공식방문_official visit도 아닌 실무방문_working visit이었다.

워싱턴의 덜레스 국제공항에서는 아무런 환영행사도 없었다. 정상회담 자리에는 통역관도 없이 한국의 외무장관이 통역으로 배석하고, 두 정상이 마주앉은 시간은 단 10분간이었다. 양측의 통역시간과 회동, 앞뒤의 의례적인 인사말을 빼고 나면 길어야 5분, 서로 마주 앉았다가 금방 일어나는 것이나 마찬가지였다. 그러나 전 대통령에게는 대접이 중요한 것이 아니었다. 그에게 필요한 것은 미국의 공개적인 승인이었다. 그러나 미국의 승인을 얻어내는 데는 상응하는 대가가 뒤따랐다.

당시 헤이그 국무장관과 노신영 외무장관 사이에 오간 그 대가의 내용은 '박정희시대부터 추진해오던 핵개발 포기, 핵미사일 폐기, F-16 전투기, 호크미사일 등 구매' 등이었다. 전 대통령은 이들을 모두 수용해, 이로써 미국은 국익을 얻었고 전 대통령은 미국의 승인을 얻었다.

### ❧ 노태우 대통령

군부 출신이지만 야당 지도자와 표 대결에서 승리한 대통령이다. 노 대통령은 선거 공약에서 대통령 재임 중에 중간 평가를 받겠다고 선언한 상태에서 성공한 대통령이 되기 위해 다양한 정책으로 야당 정치인들과 맞섰다. 국제 정세의 흐름도 노 대통령에게 유리하게 전개되었다. 거대한 소련이 경제 위기를 맞고 중국 대륙에서의 민주화 시도, 개혁개방 시작, 동서독이 통일되면서 미국의 훌륭한 정치 지도자 로날드 레이건 대통령은 세계 패권국가로 자리를 굳혔다. 노 대통령은 취임 후 1988년 10월 UN 총회에서 연설을 통해 남북한의 공존을 강조함으로써 남북한이 동시에 UN에 가입하는 결과를 도출하였다.

레이건 대통령과 정상회담에서 양국 간 경제협력시대를 선언하여 한국 제품이 대량으로 미국에 수출하는 계기를 만들었다. 이어서 부시 대통령 취임 후 정상회담에서 경제 군사 분야 협력을 합의하여 양국 간 무역 확대는 물론, 한국의 북방 외교에 미국 정부의 적극적인 지지 약속을 받았다. 1992년 6월 샌프란시스코 한·소 정상회담 개최, 동년 9월에 유엔총회에서 "평화와 번영의 21세기를 향하여"라는 제목의 연설을 했고, 모두 다섯 차례 미국을 방문하여 한·미 간 유대를 공고히 하였으며, 특히 북방 외교의 터전을 UN과 대·미 외교를 통해 이룩함으로써 중간 평가라는 굴레에서 벗어났다.


### ❧ 김영삼 대통령

민선 대통령으로 빌 클린턴 대통령의 초청으로 국빈방문하여 정상회담에서 북한 핵문제를 해결하는데 합의하고 한국군 현대화 문제를 획기적으로 개선하였다.

미 의회 상하양원 합동회의에서 "21세기 신세계, 아태 협력 평화 번영 동반자, 인류에게 꿈, 새로운 세계를 열자"라는 긴 제목으로 연설하고, 민주당 국제문제연구소가 수여하는 '민주주의 상'을 수상하였다. 클린턴 대통령은 김 대통령에게 한국이 미국의 자동차, 군사무기를 수입할 것 등 다방면의 무역 압력을 가하였다.

### ☞ 김영삼 대통령의 방미 일화

원래 김영삼 대통령은 승부사적 기질이 강한데다 문민 대통령이란 정통성까지 확보하고 있다고 자신하여 외국 정상과의 만남에서 국가적 실익을 어떻게 얻어낼 것인지 골몰하기보다는 그저 '강대국 정상들과 당당하게 맞서는 모습'에 치중하였다. "클린턴 하고 딱 마주 앉으니까 클린턴이 다리를 꼬데, 그래서 나도 꽜지."

1993년 7월 취임 후 첫 미국 방문에서 클린턴과의 정상회담 장면을 전한 김영삼 전 대통령이 남긴 유명한 일화다. '승부사적 기질', '오기 정치' 등으로 유명한 김 대통령의 성격이 외국 국가원수와의 정상회담에서도 그대로 발휘되었음을 나타내는 상징적 얘기다.

김 대통령의 승부사적 기질은 1994년 '북폭 위기' 당시 실제 위력을 발휘하기도 했다. 당시 영변에 대한 제한적 폭격을 구체적으로 검토하던 미국 클린턴 행정부에 대해 김 대통령은 자신이 정면으로 맞서 폭격 계획을 무산시켰다고 여러 차례 회고한 바 있다. 당시 클린턴 대통령과의 전화통화에서 "내가 대한민국의 국군통수권자다. 만약 북한을 폭격할 경우 우리 60만 군대는 나의 명령에 의해서 한 발짝도 움직이지 않을 것임을 분명히 알아두라"고 윽박질렀다고 한다.

실제로 김 대통령의 압력 때문에 미국이 북폭 계획을 취소했는지는 불확실하다. 자체적으로 불가 판단을 내렸을 수도 있고, 중국 때문일 수도 있다. 하지만 어쨌든 김영삼 대통령이 외국 정상과 어떤 식으로 관계를 맺으려 했는지를 드러내주는 좋은 사례인 것만은 분명하다.

### ⟆ 김대중 대통령

미국 필라델피아에서 수여하는 자유메달 수상을 비롯하여 유엔 국제 인권연맹에서 수여하는 인권상 수상하는 길에 한·미 정상회담을 가졌다. 이어서 1998년 6월에 미국의 초청으로 국빈방문하여 한·미 정상회담에서 안보, 대북정책에 관해 한국의 입장을 미국에 전달하고 의회에서 연설을 통해 한미 동맹을 강조하였다. 한·미 정상회담에서 한미 범죄인도 조약을 체결하였다.

 미 국무장관의 한·미 정상회담 회고록

한·미 정상회담에서 안보, 대북정책에 관해 한국의 입장을 미국에 전달한 것을 라이스 국부장관은 한·미 정상회담을 다음과 같이 회고하였다. "회담 분위기는 정중했으나, 북한을 다루는 방향에 대하여는 양국의 입장이 다르다는 것이 명백해졌다. 김대중 대통령은 어떤 경우에도 북한에 도전하지 않겠다는 인상을 주었다. 부시 대통령은 김정일의 폭정_暴政에 화가 나 있었는데, 왜 한국 정부는 이런 데 반응에 답이 없는지 이해할 수가 없다".

부시는 북한정권을 '악_惡의 축_軸' 이라 부르고, '워싱턴 포스트' 기자에게 "나는 김정일 이름만 들어도 오장육부가 뒤집어진다." 고 말하였으며, 2003년 초에는 중국의 장쩌민_江澤民 국가주석에게 "북한 핵문제 해결을 위하여 필요하면 군사력을 사용할 수도 있다"고 압박했다.

### ☙ 노무현 대통령

노무현 대통령은 선거 기간에 좌파, 반미 세력인 시민사회단체, 학계 인사들에게 반미 기치로 지지를 받아 당선되었다. 그러나 미국을 방문하여 한 · 미 정상회담에서 합의한 내용인 친미 입장이 발표되자 반미 세력 단체들이 거세게 반발했다.

노 대통령은 한미 주둔군지위 협정_SOFA, 북핵문제 등에서 우호적인 한미 공조관계를 가져가지 않으면 안 되는 현실을 강조하자 이들의 반발을 산 것이다. 그러나 노무현 대통령은 2012년에 주한미군 전시작전권 환수문제를 정상회담에서 합의하였으나 정권이 교체되어 다시 2015년으로 기간이 연장되었다.

### ☙ 노무현 대통령 방미 일화

노무현 대통령은 한 · 미 정상회담에서 한국전쟁 종전선언이란 이벤트를 만들려고 애썼다. 노 대통령은 그해 10월 4일 평양에 가서 김정일과 10.4 선언에 합의하는데, 이런 내용이 있었다.

"남과 북은 현 정전_停戰체제를 종식시키고 항구적인 평화체제를 구축해 나가야 한다는 데 인식을 같이하고 직접 관련된 3자 또는 4자 정상들이 한반도지역에서 만나 종전을 선언하는 문제를 추진하기 위해 협력해 나가기로 하였다."

미국은 '검증 가능한 핵 포기' 이후에만 종전선언을 할 수 있다는 입장이었는데, 노무현 정권은 그 조건에 대한 언급 없이, 즉 핵 포기와 상관없이 종전선언을 할 수 있다는 오해를 줄 만한 합의를 해 준 것이다. 미국이 기존 입장을 견지, 종전선언 구상은 한 걸음도 나아가지 못했다.

라이스 미 국무장관은 그의 회고록에서 "노무현-부시 정상회담은 최악의 한·미 정상회담"이었다고 회고하였다. 노무현 대통령은 북한에 대한 견해에서 "북한이 무너지더라도 남북한의 통합은 불가능할 것이다. 남북한 관계를 개선하기 위한 최선의 방법은 미국이 북한을 공격하거나 정권을 흔든다는 공포심을 제거해 주는 것이다. 이게 북한으로 하여금 보다 개방적인 사회로 나아가도록 하는 최선의 길이다. 유일한 방법은 북한의 불안감을 줄여주는 것이다."라고 하였다.

또 다른 일화는 노무현 대통령이 미국 방문 때 미군 장갑차 사고로 숨진 심미순, 신효순 두 여중생의 이름을 거론하며 한국에서는 촛불시위가 한창이라며 미군의 행동을 강하게 항의하였다. 그러자 라이스 미 국무장관이 "서해 해전에서 전사한 한국 장병들의 이름을 아느냐?"고 질문했다. 노무현 대통령이 장병의 이름을 기억 못하고 우물쭈물하자, "적군의 의도적 침공에 장렬하게 전사한 애국 장병들의 이름은 모르면서 혈맹의 미군이 훈련 중 실수로 사망한 여중생의 이름은 알고 항의하는 대통령께서는 혹시 적군과 아군을 반대로 잘못 알고 계시는 것 아닙니까?"라고 질문하여 노대통령을 쩔쩔매게 했다는 일화가 있다.

또 라이스 국무장관은 노무현 대통령을 "생각을 읽기 힘든 사람", "변덕스런 사람"이라고 평하였다. "그는 때로는 반미성향을 보여주는 말들을 하곤 하였다"는 것이다. 한 예로서 "한국이 중국과 미국 사이에서 균형자 역할을 해야 한다는 것"이었다. 한국이 동맹국인 미국과 북한의 동맹국인 중국 사이에서 균형자 역할을 하려면 먼저 한미동맹을 해체하고 중립을 선언해야 하는 문제를 정상회담에서 거론하여 미국의 심기를 불편하게 하였다.

## 🦢 이명박 대통령 방미 일화

미국은 김대중-노무현 정부와 한·미 간 외교적 갈등을 겪었다고 규정하였다.

이명박 대통령 취임 후 미국은 곤돌리자 라이스 전 미국 국무장관은 자신의 회고록 '최고의 명예'에서 김대중, 노무현 대통령을 혹독하게 비판한 것과는 매우 대조적으로 이명박 대통령을 호평했다. 2008년 2월 말 이명박 대통령 취임식에 한국계 미국인 하인스 워드_미식축구 선수와 함께 참석한 라이스장관은 대통령을 잠시 만났다고 한다. 이 자리에서 "이명박 대통령은 북한동포를 동정하는 발언을 열정적으로 했다"라고 회고하였다.

"그들은 우리의 형제입니다"라는 이명박 대통령의 이야기를 들으면서 감동했다는 라이스는 그 몇 년 전 한 한국 관리가 보여준 반응과는 너무나 대조적이었다고 썼다. 라이스는, "미 의회에선 정부가 북한 인권문제를 제대로 다루지 않는다고 비판했으나, 한국에 협력자가 없는 상태에선 우리가 할 수 있는 일이 거의 없었다."고 썼다. 이명박 대통령이 북한 주민들의 인권문제에 큰 관심을 가진 것을 보고, 라이스장관은 '임기가 얼마 남지 않았지만 우리가 새로운 출발을 할 수 있겠구나'라고 생각했다는 것이다. 그날 밤 라이스장관은 부시 대통령에게 전화를 걸어 "이명박 대통령은 '아시아의 자유'를 주제로 한 각하의 정책 수행에 있어서 좋은 협력자가 될 수 있을 것"이라고 보고했다. 라이스는 '두 사람이 함께 일할 시간이 짧다는 게 안타까웠다'고 썼다.

### ✈ 재미 교포 간담회

한국인들이 미국에 이주해 사는 재미 교포들은 동부지역의 워싱턴, 메릴랜드, 앵커리지, 뉴욕, 뉴저지, 서부지역은 LA, 시애틀, 샌프란시스코, 하와이, 중부지역의 시카고 등지에 약 217만 명의 교포가 살고 있다. 백악관에서 한·미 정상회담이 결정되면 워싱턴 D.C로 가는 길에 교포들이 많이 사는 지역에서 반드시 동포 간담회를 갖는다. 짧은 일정에 행사가 동시다발로 겹쳐있기 때문에 방송 준비는 항상 바쁘기 마련이다. 사전조사 때 모든 준비를 마치고 대통령 방문행사 때 뉴스는 서울에서 개별지역에 별도 2~3팀의 방송제작팀을 파견하여 지원하게 된다. LA, 샌프란시스코, 시애틀, 시카고 등지에서의 행사는 뉴스를 편집하지 않고 음성과 화면을 테입에 수록하여 지정한 방송사로 테입을 운송, 위성을 통해 서울로 보낸다. 서울의 각 방송사에서는 동시에 수신하여 편집실에서 완성한 후 뉴스시간에 방송한다.

 역대 대통령의 미국 의회 연설

미국 정부가 외국 정상이 국빈방문의 경우에만 상하 합동의회에서 연설하도록 기회를 준다. 우리나라 대통령으로서는 이승만_1954, 노태우 _1989, 김영삼_1995, 김대중_1998 대통령에 이어 이명박 대통령이 다섯 번째 로 미 의회에서 연설했다.

외국 국가원수의 미국 국빈방문 시 중요한 일정으로는 정상회담, 국 빈만찬, 미 의회 연설 등을 꼽을 수 있다. 그런데 이승만 대통령의 경우 의 회연설에 남다른 집착을 보였다. 아이젠하워와의 정상회담을 통해서는 결코 자신이 원하는 한반도의 휴전, 동북아시아에서의 공산주의 축출을 기대할 수 없다는 판단을 했기 때문이다.

이승만 대통령의 의회 연설에는 영어 통역이 필요 없었다. 그는 미국 최고 지성인 못지않은 영어 실력을 갖추고 있었다. 또 그는 망명 시절부 터 자신이 가장 중요하게 생각했던 의회 연설 연설문은 어느 누구와도 협 의하지 않고, 직접 입력해서 준비했다.

이 대통령이 연단으로 안내됐으며 마틴 의장이 "미국 국민이 진심으 로 존경하는 자유를 위한 불굴의 투쟁가를 여러분에게 소개하게 된 것을

미국 국회의사당

무한한 영광으로 생각합니다."라는 소개말을 건네자 다시 장내에 열띤 환호의 분위기가 조성됐다. 장내가 잠잠해지자 이 대통령은 나지막한 소리로 연설을 시작했다.

"하원의장, 상원의장, 상하 양원의원 여러분, 신사 숙녀 여러분!

저명한 미국 시민들이 모인 이 존엄한 자리에서 연설할 기회를 얻게 됐음을 매우 소중하게 생각하는 바입니다.

여러분은 오늘 이 유서 깊은 의사당에 참석해 주심으로써 내게 커다란 영예를 베풀어 줬습니다. 내가 할 수 있는 단 한 가지 방법으로 여러분의 후의_厚意에 보답하려고 합니다. 바로 내 마음속에 간직된 것을 여러분에게 솔직하게 털어놓는 것입니다. 그것은 미국의 민주주의와 자유 정부의 위대한 전통 일부이며, 이 전통이야말로 내가 반세기 이상이나 신봉해 온 것이기도 합니다.

나도 여러분처럼 워싱턴, 제퍼슨, 링컨에게서 영감을 받아 왔습니다. 여러분처럼 나도 여러분의 빛나는 선조들이 전 인류를 위해 탐구했던 자유를 수호하고 보존하려고 스스로 맹세해 온 사람입니다.

무엇보다도 먼저 여러분과 미국 국민이 행한 일에 대해 한국과 한국 국민을 대표해 끝없는 감사의 뜻을 전하고자 합니다. 여러분은 고립무원_孤立無援의 나라를 파멸로부터 구출해 줬습니다. 그 순간, 진정한 집단 안전보장의 횃불은 전례 없이 찬란히 빛났습니다. 우리 전선의 방어를 위해서, 또는 피난민과 기타 이재민들의 구호를 위해서 여러분이 정치적으로, 군사적으로 그리고 다른 방법으로 보내 준 원조는 그 무엇으로도 갚을 수 없는 고마움의 빚입니다.

우리는 또한 한국 파병의 중대 결정을 내림으로써 우리를 바다 가운데로 밀려나지 않도록 구원해 준 트루먼 전 대통령, 그리고 당시는 대통령 당선인으로서 지금은 미국 행정수반으로 적의 위협을 잘 이해하고 우리를 원조해 준 아이젠하워 대통령에게 많은 신세를 지고 있습니다… 중략

나는 이 기회에 6 · 25전쟁에 참전한 미군의 어머니들에게 우리 마음속에서 우러나오는 깊은 감사를 표시하지 않을 수 없습니다. 우리가 가장 암울한 처지에 놓여 있던 시기에 그들은 미국 육 · 해 · 공군 및 해병대에서 복무하는 자식, 남편, 형제들을 한국으로 보내 줬습니다. 정말 감사합니다.

우리는 영원히 잊을 수 없습니다. 우리나라의 계곡과 산으로부터 한 미 양국 군인들의 영혼이 하나님에게 함께 올라갔다는 사실을 말입니다. 우리가 그들을 마음속에 소중히 기억하듯이, 전능하신 하나님도 그들을 어여삐 품어 주실 것입니다.”

유창한 영어로 연설이 끝나자 모든 참석자들은 자리에서 일어나 우레와 같은 박수가 미 의회에 가득했다.

노태우 대통령도 국회의사당에서 상하 양원의원들이 모두 모인 가운

데 우리나라 대통령으로서는 지난 54년 고 이승만 대통령에 이어 두 번째로 연설했다.

"전진의 동반자, 변화하는 세계 속의 한미관계"라는 제목의 연설에서 노태우 대통령은 우리의 한민족공동체통일방안과 북방정책을 설명하고 급변하는 국제정세 속에서 한반도의 안정과 평화를 위해 확고한 안보체제의 확립 등 양국 간의 긴밀한 협조가 더욱 필요하다는 점을 강조했다.

노 대통령은 또 통상문제와 관련해 정상회담에서 강조한 바와 같이 미국 정부의 입장을 이해하지만 산업구조의 조정 등 시간을 필요로 하고 있는 만큼 우리로서는 점진적인 개방이 바람직하다는 입장을 거듭 확인했다.

김대중 대통령의 미 의회 상하원 합동연설 당시 참석한 의원 수가 예상 밖으로 적었다. 하원의원 435명 중 공화당 의원 20명과 민주당 의원 30명 정도로 모두 합쳐 50명도 안됐다. 빈자리를 채우기 위해 각 사무실의 인턴들과 보좌관들로 채웠다. 상원도 100명 의원 중 15명만 참석하고 보좌관과 인턴을 합쳐 100명 정도, 각 상임위원회 보좌관을 합쳐 약 350명 내지 400명 정도였다. 2층에는 가족과 수행원들이 빈자리를 채워 텔레비전 화면으로는 의사당이 꽉 차 보였다.

열렬한 기립박수와 함께 김대중 전 대통령이 입장했다. 간단한 인사를 나눈 뒤 연단에 오른 김 전 대통령은 놀랍게도 영어로 연설을 했다. 역대 외국 대통령이 미 의회 합동연설에서 영어로 연설한 경우는 이승만 대통령 외에는 없었다. 이스라엘 수상 벤야민 네탄야후는 14살 때 부모를 따라 미국에 와 펜실베이니아에서 고등학교를 졸업하고 대학은 MIT에서 건축학을 전공해 영어가 모국어처럼 유창하지만 미 의회 연설은 히브리어로 했다. 그런데 김대중 전 대통령은 한국어가 아닌 영어로 연설을 한 것이다. 그러나 김대중 전 대통령의 발음이 너무 좋지 않아 연설문 없이 2층에 앉아 있던 사람들은 연설 내용을 거의 못 알아들어 불평을 하였다.

김대중 대통령의 연설은 의회에서 한동안 화제가 됐고, 워싱턴 정가는 한미관계를 굉장히 낙관하면서 한국은 역시 미국과 피를 나눈, 아시아의 가장 믿을 수 있는 동맹국이라는 평가가 나왔다. 하지만 불행히도 막상 대통령에 취임한 뒤 불과 1년이 채 안 돼 한미관계는 금이 가기 시작했다.

햇볕정책으로 불린 대북정책 때문이었다. 한국 정부가 북한에 보내는 식량이 굶주린 주민들에게 가지 않고 군용으로 전용된다는 증거를 확보한 미국 측은 당황했다. 그러면서도 자칫 잘못 대응했다가는 내정간섭이라는 비판이 나올까 우려해 매우 신중한 입장이었다. 하지만 증거가 있는 만큼 이를 한국 정부에 조심스럽게 전달했다. 아니나 다를까 '햇볕정책을 흔들지 말라'는 반응만을 얻었다는 보도들이 나왔다.

이명박 대통령은 2011년 10월에 두 번째 미국을 국빈방문하여 미의회 상하합동회의에서 연설하였다. 제목은 "전략적 동반자 관계를 넘어 완전한 한미 동반자"였다. 이명박 대통령은 "압도적으로 한·미 자유무역협정_FTA이 통과 된데 대해 사의"를 표하고 현직 의원 중 4명의 한국전 참전자 명단을 거명하며 감사를 표명하였다.

이 대통령은 약 30분간 동시통역으로 진행된 연설을 통해, 한·미관계는 "같이 갑시다_we go together"로 함축되는 동맹이자 동반자 관계이며, 이러한 굳건한 한미 관계 속에서 지난 60년간 우리나라의 경제적 성취와 민주화, 글로벌 코리아_Global Korea로의 도약이 이루어졌음을 강조했다.

의회 연설 중 45분 동안 45회 박수를 받아 의회 사상 가장 많은(이스라엘 네타냐후 총리 연설 역대 최고 13회 박수) 박수를 받는 기록을 남겼다. 양국 대통령은 '친구'로 호칭하며 한국은 미국에게 가장 가까운 친구의 나라이며 혈맹국임을 강조하여 전 세계에 동맹을 과시하였다.

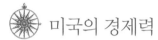 ## 미국의 경제력

미국은 일찍이 1992년도에 1조 달러 무역을 달성하였다. 2012년 미국의 경제지표는 국민총생산_GDP은 15조 944억 달러로 선진국 그룹인 일본, 독일, 프랑스 영국, 중국 전체 GDP를 합한 것보다 많다. 국민 1인당 GDP는 4만 8,373달러로 명실공히 경제부국이다. 그러나 부채가 15조 5,742억 달러로 전체 GDP를 앞질렀다. 전체 무역 총액은 3조 8,628억 5,000만 달러로 수출은 1조 4,973억 달러, 수입 2조 2,356억 달러, 경상수지 적자는 7,300만 달러다.

2012년 기준 미국의 주요 산업 지표는 반도체, 석유화학, 컴퓨터 산업, 우주항공, 군수품 제조, 농산물, 자동차, 기계, 전기, 전자 등이 주도하고 있다. 반도체 분야에서 세계 1위 기업 Intel이 496억 8,500만 달러 매출로 2위 한국의 삼성 292억 4,200만 달러를 훨씬 추월하고 있다.

석유화학산업을 보면 미국의 경제력을 짐작케 한다. 미국의 에너지원은 원유, 천연가스, 석탄으로 텍사스 주에 27개 정유공장이 있다. 미국 내 하루 원유 소비량은 2,073만 배럴, 전 세계 소비량의 30%를 차지한다.

부족분 49%는 주로 OPEC 회원국의 사우디아라비아, 베네주엘라, 나이지리아 등지에서 수입한다. 국내 충당 원유는 텍사스, 알래스카, 캘리포니아, 루지아나 등 4개 주에서 생산해 충당한다.

미국은 세계 컴퓨터 산업 형성에 선도적 역할을 하며 하드웨어, 소프트웨어 기술 개발의 중심 국가이다. 컴퓨터 산업은 Dell, HP, Gateway, Apple이 주도하며 전 세계 방송미디어, 컨텐츠, 휴대폰 등 다양한 산업영역에 영향을 미친다. 그러나 향후에는 태블릿 PC가 대세로 한국의 삼성, LG가 바짝 추격하고 있다.

## 🧭 초강대국의 조건

미국은 경제적으로 군사력만으로 초강대국이 아니다. 2010년 경제전문지 포브스 선정 세계 50대 기업브랜드 가치에 10위 안에 미국의 유력기업들이 모두 차지하고 있다. 고난도의 원천기술과 세계적 브랜드 파워를 보유한 애플을 비롯해 마이크로소프트, 코카콜라, IBM, 구글, 맥도날드, GE, 말보르, 인텔사 등이 모두 미국 회사들이 차지하고 있다.

초강대국이 되는 조건으로 역대 대통령들의 훌륭한 정치 리더십, 기초가 튼튼한 토론, 교육에 바탕을 둔 민주사회로 가는데 필요한 토론 문화가 일찍이 정착되었기 때문이다. 협상장에서 탄탄한 논리와 증거 제시 능력이 있는 정치 지도자들이 모여 국사를 논의함으로 민주주의의 원천이 살아 있는 국가를 만든 것이다.

미국사회는 국민들에게 자유를 바탕으로 인권, 민주주의에 필적할만

한 보편적 가치를 제시하여 약자에 대한 이해심과 배려, 보은으로 값진 가치를 유지하는 것을 제일로 삼는다. 이면에 국가를 움직이는 핵심세력인 청교도 정신의 리더인 앵글로색슨족이 중심에 있고 정치, 경제, 문화, 예술 분야에 소수의 유대인이 미국의 새로운 헤게모니를 창출한다. 거대한 미합중국을 다스리는 세력은 영국에서 일찍이 건너온 앵글로색슨족과 개신교도, 청교도들이었다.

 ## 미국을 견인하는 새로운 세력

오늘날 미국을 리드하는 또 하나의 세력은 유대인이다. 전 세계에 분포되어 살든 유랑민족 유대인들은 현재 650만여 명이 미국에 살고 있다. 이들은 정치, 경제, 종교, 금융, 문학, 과학, 의학, 언론, 정보산업, 영화, 음악, 예술 등 다방면에 소속되어 국가를 주도한다. 또한 유대인들은 교육열을 앞세워 미국 영재 교육의 산실 아이비리그_8개 명문 사립대 대학인 하버드대학, 예일대학 등 약 40% 학생, 교수진이 유대인들이 차지하고 있다. 이들이 졸업 후에 미국의 중요 위치를 점하고 있음은 물론, 미국에서 수상한 노벨상의 절반을 미국 국적의 유대인이 받았다. 유대인은 어려서부터 가문의 전통을 바탕으로 논리적, 창의성을 중요시하는 교육을 받음으로 많은 노벨상 수상의 원천이 되고 있다.

미 의회에서의 상하 양원 약 30%, 대법관, 대부호, 유력 일간지 뉴욕타임스, 워싱턴 포스트, 월스트리트 저널, LA 타임스의 경영진과 간부들, 미국의 방송사 ABC, NBC, CBS, CNN 경영진과 보도진도 약 절반을 유대인들이 차지하고 있다.

즉 정치권력, 경제, 문화, 예술 등 다방면에서 최고의 위치를 점유한 유대인은 대표적 소수 지배 민족으로 미국을 견인하는 집단이 되었다. 이외에 미국, 이스라엘 공무위원_AIPAC이 여러 분야에서 활동하며 자유, 평등, 번영을 실현하는 이상 국가를 만들며 교육열 외에 경제력, 정치권력에 파워를 더하고 있다. AIPAC은 미국과 이스라엘을 연결하는 단순한 유대 강화 차원을 넘어 미국의 이스라엘 정책에 모든 분야에서 영향을 미친다.

미국의 역대 대통령들의 당선, 낙마는 물론 경제적으로 절대적 영향력을 행사하는 미국 내의 최대 파워그룹을 형성하고 있다. 주요 다국적 기업, 언론사, 영화산업, 월가의 재벌들은 모두 유대인이 장악하고 정치, 경제, 사회, 문화, 제반 분야에서 영향력을 행사하고 있다. _박재선 지음, 해누리 출판사의 ≪유대인 파워≫ 인용

 미국의 위대한 대통령들

미국은 역사는 짧지만 역대로 위대한 대통령들이 많았다. 그중에서 제 1·2차 세계대전을 승리로 이끈 프랭클린 루즈벨트 대통령을 비롯해 1980년대~1990년대 사회주의의 퇴락 시기에 헐리우드 배우 출신인 로날드 레이건 대통령이 1981년부터 1990년까지 집권하면서 최첨단기술을 바탕으로 최신에 무기를 만들어 강력한 군사력을 갖추어 세계 어떤 나라도 대적할 수 없는 군사강국을 만들었다. 레이건 대통령은 미국이 경제적으로 어려운 시기에 국민과 소통하는 리더십을 발휘하였다.

세계의 격변을 예고하고 선지자적 메시지로 소련을 악의 제국으로 규정한 레이건 대통령은 1987년 6월 12일 독일 '브란덴부르크 문' 앞에서 소련 공산당 서기장 '고르바초프'에게 "당신이 평화를 원하고 소련과 동유럽의 번영과 자유를 원한다면 이 문으로 나와 베를린 장벽을 허무시오."라고 연설을 하였다. 레이건 대통령은 8년간 대소_對蘇 압박정책을 편 뒤 퇴임하였다. 그 결과로 소련과 동구권 안에서 본질적 변화가 일어나 후임 부시 정권 때 국제 공산체제가 무너졌다. 부시 공화당 정부가 레이건 정책을 확대 발전시킨 덕분이다.

이 결과 1989년 11월 9일 베를린 장벽이 무너졌다. 레이건 대통령은 소련 해체, 독일 통일, 냉전시대의 마감 등을 달성함으로 외교력으로도 세계 지각 변동을 일으킨 20세기 미국 역사상 가장 위대한 대통령이 되었다.

미국은 서유럽의 역사, 가치, 이익을 공유하면서 국가의 체제를 유지하며 민주주의와 시장경제를 바탕으로 발전하였다. 안정된 치안, 엄

미국 거리 풍경

격한 법집행을 통해, 다민족 국가이면서 세계 일류 초강대국으로 발돋
움하였다.

1995년대 '빌 클린턴' 대통령은 연임에 성공하면서 집권 동안 대외
개방과 압력으로 다방면에 무역을 통해 경제성장을 이룩하여 미국 경제
를 약진시켰다. 1차 산업인 농업국에서 2차 산업 공업국, 의료, 보건, 유
통, 호텔, 리조트, 금융, 관광, 레저산업, 영화산업 등의 3차 산업이 급속도
로 발달시켰다. 3차 산업은 미국 전체 산업의 80%를 차지하여 이미 21세
기에 들어서면서 국가의 국민총생산_GDP 14조 달러를 달성하였다.

하와이를 중심으로 서부의 불가사의한 자연경관, 국립공원에 전 세계
에서 몰려드는 관광수입은 경제발전의 견인차 역할을 하고 있다. 클린턴
대통령은 집권 동안 르윈스키 보좌관과 염문 스캔들로 전 세계 언론이 대
서특필하였지만, 그의 부인 '힐러리 클린턴은 대통령이 국가를 위해 이룩
한 성과를 열거하면서 "남자가 여자를 좋아한 것이 무슨 대수냐?" 며 남편
을 옹호하자 염문 스캔들은 수그러들었다.

클린턴은 성공한 대통령으로 기록을 남겼고, 힐러리는 오바마 정부에
서 국무장관을 하면서 차기 대통령에도 출마하지 않고 모든 공직에서 물
러나겠다고 공언한 여걸로 미국의 국익을 위해 여자로서 자존심을 버린
여자다.

 공동체 정신

미국은 모든 분야에서 개방적이며, 진취적 자세, 인명을 중시하는 사

회구조, 종교의 자유, 막강한 군사력을 바탕으로 도덕적, 이념적 지도력을 모두 갖춘 인류의 평화적 협력과 인권, 민주주의를 위해 국제외교 강화를 위해 노력하는 국가이다.

정치적 반대 이견자도 제도적으로 수용하는 정치력을 토대로 민주주의 방식으로 국가를 경영한다. 소련과 동구의 몰락과 극동아시아 연합 세력 한·일·중을 중심으로 한 동아시아의 부상에도 미국은 세계 유일 초강대국을 유지하고 있다. 이는 사회적 책임을 중시하는 공동체정신 _Community Spirit이 살아 숨 쉬는 나라이기 때문이다.

 가공할 미국의 군사력

미국은 국가의 막강한 부를 바탕으로 국방비 예산을 연간 전 세계 국방비 1조 7천 800억 달러 중, 약 7천 800억 달러 이상을 국방비로 사용하며 세계 기동군으로 활동하고 있다. 지금은 퇴역하였지만 1961년에 처음으로 9만 3,500톤 급 핵추진 항공모함 엔트프라이즈호를 실전 배치한 후 11척의 항공모함 전단을 3대양 바다에 배치하고 68척의 이지스함, 한 대에 2조 원이 넘는 스텔스폭격기_B-2를 20대 이상 보유하고 있다. 미 공군이 보유한 B-52폭격기 외에 F-15SE 전투기는 동체 코팅으로 스텔스 기능을 갖추고 있으며 기체 내부에 공대공미사일과 합동정밀직격탄_JDAM 등 공대지 미사일도 탑재가 가능한 전투기로, 보잉사에서 개발한 최신에 전투기를 보유하고 있다. 이 외에도 록히드마틴사의 스텔스기인 F-35도 미 공군의 주력기다. 전 세계 해군의 63%, 공군 54%를 미 국방부가 장악하고

미국의 니미츠급 항공모함

있다. 미국이 자랑하는 니미츠급 항공모함(사진)에는 각종 항공기 60여 대를 탑재하고, 6,000여 명의 해군이 탑승하여 가공할 전투력을 수행할 수 있다.

미군은 인도양, 태평양, 대서양의 해상에서 항모 전단을 운영하는데 현재 미군이 보유한 핵추진 니미츠급 항공모함으로 미 7함대 소속인 '조지 워싱턴호'를 비롯하여 '존 스테니스', '아이젠하워', '루즈벨트', '케네디', '링컨,' 레이건호 ' 등의 전 세계에 걸쳐 군사작전을 전개할 수 있는 11척의 최신예 항공모함 전단을 보유하고 있다.

##  항공모함_aircraft carrier 전단 제7함대의 위력

태평양지역을 담당하는 '조지 워싱턴 항모전단' 은 1992년 7월에 취역하여 떠다니는 군사기지로 불리며 2008년 9월부터 미 7함대에 배속되어 일본 요코스카를 모항_母港으로 활동하고 있다. 미 7함대는 핵추진 항공모함 조지 워싱턴호를 비롯해, 4척의 이지스 순양함, 3척의 이지스 구축함, 1-2척 핵추진 잠수함, 1척의 지휘함, 4척의 상륙함, 1척의 잠수함·지원함, 소해함 4척, 최신예 전투기 F-22 등으로 구성되어 있다.

미 7함대에는 조지 워싱턴호 외에 '에이브람 링컨호' 항모 전단이 배속되어 인도양, 중동지역 작전을 담당하고 있다. 이지스 순양함은 이지스 전투시스템을 탑재하여 공중, 수중, 수상에 있는 상황을 파악하고 함대공, 함대함 미사일로 상대 적이 공격하는 미사일을 무력화시킬 수 있다. 이지스 구축함은 9,200톤 급으로 다기능위상배열 레이더가 장착되어 있어 육·해·공 어디에서도 적의 미사일 이동 포착이 가능하다. 이지스 구축함에는 도달고도 160km의 SM-3 대공 미사일과 사거리 1,600km의 토마호크 순항미사일을 장착하고 있다. 미 해군의 순양함과 구축함은 모두 이지스 전투시스템을 탑재하고 있다. 반경 수백 km에 걸쳐 공중·해상·수중 상황을 파악하고 함대공·함대함 미사일로 상대방 전력을 무력화시키는 시스템이다. 2013년 2월 동해에서 한국군과 합동 군사훈련을 수행한 핵 추진 잠수함에는 토마호크 순항미사일 150여 기를 탑재하고 있으면서 유사시 한국의 해안에서 북한의 주요 진지를 정확히 공격해 핵시설 기지 등을 초토화할 수 있다. 또 하늘에서 공격하는 탄도, 대함미사일을 교란하여 무력화할 수 있는 미사일 방어 전력도 갖추고 있다. 전자전투기는 주변 수백 킬로미터 범위 안의 모든 정보를 파악하고 그 범위 안의 적 통신과 전자 장비를 무력화할 수 있는 정보전과 전자전을 할 수 있는 능력을 갖추고 있다.

미국 핵항공모함 11척은 대부분 전직 대통령 이름을 땄다. 전직 대통령이 아니면서 미 핵항공모함 이름을 붙인 인물은 3명이다. 태평양함대 사령관과 해군총장으로 2차대전 승리를 일궈낸 '체스터 니미츠', 50여년 하원의원을 지내며 해군 증강에 기여한 '칼 빈슨', 자기 딸이 항공모함 건조를 후원한 '존 스테니스' 전 상원의원이다. 인명_人名이 아닌 미국의 핵항모는 엔터프라이즈호가 유일하지만 이 배도 2014년 제럴드 포드호로 대체된다.

 미국의 딜레마

세계 일류 국가이자 이상국이라고 불리는 미국도 1930년대 경제 대공황을 겪으면서 국가의 위상에 결정적 고비를 맞았지만 윌슨 대통령의 뉴딜정책으로 위기에서 벗어났다. 이후 미국의 국력은 꾸준히 상승하여 초일류 국가를 만들어 정치, 경제, 군사적으로 세계를 견인하는 국가가 되었다. 그러나 인구 약 3억 800만 명을 가진 미국 인구 중 약 10%만이 부유층이다. 이들이 국민소득 절반을 독식한다.

미국 국민 7명 중 1명은 빈곤층이며 약 5천만여 명은 건강보험도 없이 살아간다. 남부의 빈곤층은 북부보다 빈곤층이 약 20%가 높다. 일자리, 교육은커녕 연금, 건강보험 혜택도 없이 자녀들에게 빈곤을 대물림해야 하는 흑인, 히스패닉계 빈곤층은 부유층의 화려한 소비에 분노하며 반사회 세력화 가능성이 있는 집단이다.

자본주의 맹점이 미국의 위상에 여러 가지 분야에 나타나기 시작하였다. 그 원인은 미국은 세계 경찰국가로서 군림하면서 전 세계 국방비의 절반을 국방비를 지출하는데 있다. 하나의 항공모함 전단을 운영하는 비용을 한국의 1년 전체 국방비와 맞먹는 예산을 사용한다. 11개 항공모함 전단을 운영하는 비용은 한국 1년 국방비의 11배 예산을 사용하고 있다. 그리고 미군의 생활수준은 한국의 상류층보다 훨씬 호화롭게 산다. 미 8군사령부나 오산 미군기지에서 군인들이 먹는 식사를 먹어보면 미국의 부를 짐작케 한다.

미국은 최근에 재정 적자로 신용평가 하락에도 불구하고 과거 남북전쟁 촉발이 많은 세금 때문에 발발한 역사가 있기 때문에 세금 인상은 고려하지 않고 있다. 현재 미국의 평균 국민 담세율은 23%에 불과하지만 국가 재정적자를 국채 발행하여 국가를 운영하여 왔다. 유럽의 선진국들이 부담하는 담세율 평균 30~40%에 비하면 턱없이 낮은 수준이다.

 미국의 경제 위기

잘 나가던 미국의 경제는 과도한 주택대출로 인해 2008년 9월 '리먼 브라더스' 파산 사태로 글로벌 금융위기가 촉발하였다. 미국 정부는 대규모 국채를 발행하여 경기가 대공황 수준으로 떨어지는 것을 막았다. 그 결과 미국의 정부 부채는 2012년 8월 현재 14조 3,400억 달러로 미국의 국내총생산_GDP 14조 달러를 초과하게 되었다. 미국은 경기 부양을 위해 빚으로 막대한 자금을 살포하였지만 기업들은 경제를 살리는 투자를 하지 않았다. 미국이 발행한 국채를 중국이 1조 1,600억 달러를 보유하고 있으며, 수많은 국가에서 가치가 좋은 미국 국채를 보유하고 있다. 한국도 3,000억 달러의 미국 국채를 보유할 정도로 미국은 전 세계의 채권국가로 전락하고 말았다. 급기야 미국의 신용평가 기관인 스탠다드&푸어스_S&P는 미국의 신용등급을 최고 등급인 AAA에서 한 단계 아래인 AA+로 낮추었다.

세계 제2차 대전 이후 약 70여 년간 기축통화_基軸通貨 발행국의 지위를 유지한 미국이 그 지위를 상실할 수도 있다는 위기에 처한 것이다. 미국의 경제 위기는 한 달에 최대 200억~500억 달러에 이르는 무역적자와 심각한 재정적자 때문이다. 미국의 재정적자의 대부분은 무상복지 때문이다. 미국인들은 아주 부자이거나 아주 가난해야 한다. 중산층이 가장 살기가 힘들다. 부자들은 세금과 의료, 교육 등 기타 여러 가지 생활에서 자유로울 수 있으나, 아주 가난한 사람이라면 노후까지 국가가 책임져 주기 때문이라고 중산층은 푸념한다.

미국의 하류층, 즉 미국이 재정적자를 무릅쓰고 돌봐야 할 하류층은 지난 시절 아프리카에서 노예로 끌려온 흑인들과 중남미에서 건너온 히스패닉 사람들이다. 이들은 하루 벌면 하루치를 다 쓰고 나서야 다시 일하는 사람들이다. 정치인들이 선거에서 표를 얻는다는 것은 권력을 갖는 것이기 때문에 흑인과 히스패닉 출신 미국인의 표를 얻기 위해, 그들은 포퓰리즘_인기영합주의을 선택하였다.

정치인들은 이들에게 포퓰리즘으로 무상교육, 무상급식, 무상의료를 약속하고, 이를 실천하여 결국 미국의 위상이 만신창이 되었다. 그러나 미국의 일시적 딜레마를 과소평가해서는 안 된다. 모든 분야에서 기초가 튼튼한 나라로 여전히 일류 국가로 남아 있을 것이다.

 미국의 국민성

미국은 여러 이민 민족이 세운 합중국이다. 여러 문화와 민족이 합쳐져서 만들어진 강대국이기 때문에 미국 특유의 국민성이 있다. 200년이란 짧은 역사 밖에 안 된 나라지만 가장 강하고 민주주의가 가장 잘 되어 있는 일류 선진국인 미합중국은 정말 멋진 나라다. 물론 문화의 차이로 부정적인 부분도 있겠지만 그러나 분명 모범이 되는 나라, 배울 것이 많은

나라임은 틀림없다. 선거 결과에서 승리자나 패배자가 없다. 결과에 서로 축하해준다. 흑·백을 가리지도 않고 여당·야당이 같이 축복해준다. 오직 나라와 경제 살리기에 합심한다.

국회에서 난동부리는 자는 더욱 없다. 무조건 반대만 하는 야당은 국민으로부터 질책을 받는다. 반대만 하는 시위는 아예 엄두도 못 낸다. 지역 편견도 있을 수 없다. 오직 한 마음이다. 그래서 다민족이 한나라로 존재가 가능하다. 미국인은 친해지기 쉬우며 수다를 매우 즐겨한다. 상대와 대화를 할 때 직설적이며 누구와도 얘기할 수 있는 성격으로 포옹 키스가 일반적인 인사다. 서부 개척시절의 습성 때문에 자립심과 모험심, 개척 정신이 강한 민족이다. 미국은 개인의 행복이 우선시 되는 나라다. 총기 난사 사건이 끊이지 않아도 미국은 개인의 보호를 위해 총기를 허락하는 나라다. 미국에서는 대학 들어가는데 자원봉사 기록이 없으면 좋은 대학에 들어가기 힘들다. 애국심에 관하여는 미국은 그 어느 나라 못지않다.

한국인을, 냄비근성을 가졌다고 하지만 미국도 언론 보도를 통한 냄비근성을 가지고 있다. 거대한 미국의 대기업들은 여론에 따라 회사의 운명을 결정짓는 경영방침을 세운다. 여론이 바뀌면 하루아침에 모든 것을 바꾸는 것이 미국이다.

미국인은 돈 벌어서 사회에 기부를 잘한다는 여론 때문에 마이크로소프트_MS가 미국에서 가장 큰 회사가 될 수 있었다. 그만큼 미국에는 기부문화가 발달해 있으며 이 문화가 미국을 강대국으로 견인하는 하나의 원인일 수 있다. 미국인들도 패거리 문화가 강하다. 그 대표적인 것이 미국의 배심원제도다. 협회나 단체들과는 절대로 맞상대하지 말아야 한다. 논리적으로 이성적으로 개인이 이기는 경우는 없기 때문이다.

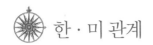 한 · 미 관계

　미국은 해방 후 1945년부터 1960년대까지 약 243억 달러의 경제 원조를 한국에 제공하여 한국 경제의 재건과 부흥에 중요한 역할을 하였다. 이를 토대로 한국은 1962년부터 '경제개발 5개년계획'을 시작하여 1970년대 한국의 경제적 도약을 하기 시작했다. 미국을 중심으로 한국의 수출액은 1978년에 100억 달러를 달성하였다. 미국은 수출입국을 표방한 한국경제에 있어 중요한 시장역할을 담당하였다.

　한국의 경제가 꾸준히 증가하면서 한 · 미 관계는, 군사동맹관계는 물론 정치 · 경제 · 안보 등 포괄적 동반자 관계로 발전하였다. 미국은 한국의 혈맹국이며, 한국은 미국의 아시아지역 핵심 동맹국으로 한국과 미국은 민주주의와 시장경제의 이념을 공유하게 되었다. 아직도 한반도는 냉전의 연속으로 미국은 우리에게 단순한 우방 국가를 넘어 막대한 전략적 가치를 갖고 있는 국가이다. 세계 유일의 패권국가로 경제, 원천기술, 군사, 신무기를 바탕으로 한 하드파워_hard power는 물론, 다양한 문화로 구성된 소프트파워_soft power를 주도하는 미국은 여전히 우리에게 중요한 나라다. 양국 간 교역은 고부가가치 품목 위주로 첨단기술을 바탕으로 부가가치가 높은 반도체, 자동차, 무선통신기기, 컴퓨터, 가전제품, 녹색산업 등으로 바뀌고 있다.

　미국은 한국 IT제품의 최대 수출시장으로 무선통신기기 1위, 반도체 2위 등 상위권을 차지하고 있다. 또한 미국은 국내로 유입되는 해외자금의 주 공급원으로 외국인 직간접투자, 해외금융기관 차입 등에서 미국계의 비중은 압도적이다. 미국 자본은 국내 금융산업을 지배하는 원천으로 주식시장에서 미국 자본의 변동에 따라 시장이 형성되어, 미국 자본의 영향력으로 다른 외국자본도 유입과 유출이 반복되는 현실이다. 따라서 경제 분야에 있어서 한국 경제에 미국의 중요성은 이전보다 더욱 커지고 있다.

최근 중국이 경제적으로 빠르게 부상하고 한·중 간 교역 규모가 커지면서 미국의 가치에 다소 멀리하는 느낌이지만 그러나 중국은 아직도 우리에게 생산기지에 머무는 수준이다. 미국은 한국에게 자본, 기술, 시장, 지식, 안보 등 다양한 이익을 안겨 주는 전통 우방국으로 여전히 우리의 가장 중요한 파트너. 기초 소재, 통신, 전자, 의료, 바이오, 기계제조, 에너지, 자원, 우주항공해양, 화학 소재, 건설, 교통, 사회 안전, 예술, 문화가 융합된 미래산업에 연구개발을 집중해 미국과 경쟁할 수 있을 것이다. 미국과 이익을 공유하며 앞으로 우리가 먹고살 아이템으로 정보기술_IT과 기계·제조 분야 융합, 식물과 에너지공학 융합, 의학과 나노기술이 결합하면 우리의 미래 전략사업으로 발전할 수 있을 것이다. 미국에는 한국 교민이 218만여 명이 살고 있다.

# 일본_Japan 외교

 한 · 일 정상회담

일본은 최규하, 윤보선 대통령을 제외한 역대 대통령들이 모두 취임 후 방문하였다. 이승만 대통령은 외교적 방문이 아닌 미군정청 초청으로 일본을 방문하였다. 박정희 대통령은 방미 길에 일본을 방문하여 일본 수상과 비공식 접촉을 가졌다. 한국 대통령이 일본을 방문하면 일본의 외교 의전은 최고의 국빈으로 예우한다.

대통령은 영빈관에 머물며 공식, 비공식 수행원, 기자단은 시내에 있는 고급 호텔에 체류한다. 일본 방문행사는 공항 도착, 숙소 이동에 이어 왕궁에서 일왕 주최로 공식 환영식을 거행한다. 총리실에서 단독 · 확대 정상회담, 기자회견 등으로 외교 의전이 이루어지고 국왕 주최 만찬이 개최된다. 일본 의회에서 연설이 통상 포함되고 대학에서의 명예박사 학위 수여, 경제인 주최 연설로 이어지며 국립묘지, 영웅묘지가 없어 헌화나 참배행사는 없다.

도쿄 주재 주일 한국대사관도 특급 공관으로 미국에 있는 대사관처럼 외교관 외에 정부에서 파견한 다양한 주재원이 많이 상주하는 공관이다. 대통령 방문이 결정되면 일본 주재 한국대사관에서 일본 정부와 사전에 회담 의제, 행사내용, 규모 등이 결정된다. 일본의 외국 원수에 대한 경호는 미국에 뒤지지 않을 만큼 신뢰할 수 있는 체제를 갖추고 철저한 경호를 하는 것으로 유명하다. 근접 경호는 청와대 간부급 경호원들이 수행하지만 모든 경호는 일본 경시청 방식으로 진행한다. 대통령행사가 예정된 행사장 주변의 철저한 사전 점검은 물론, 대통령이 이동하는 도로와 인접한 강은 반드시 잠수부를 동원하여 수색하고 도로를 완전 폐쇄하는 등 모든 분야에 경호를 철저히 하는 것으로 널리 알려져 있다.

보도를 위해 청와대 홍보수석실에서 도쿄 도심에 있는 일류 호텔에 프레스센터를 설치한다. 한국 대통령이 방문하면 일본의 국내 모든 신문방송 취재진이 자국의 큰 행사처럼 대거 참석하여 주요 기사로 크게 보도하는 습성이 있다. 이들을 위해 청와대 홍보에서는 프레스센터 규모를 호텔 대형 공간을 임차한다. 방송제작을 위해서는 사전조사 때 일본 정부 부서와는 논의할 필요가 없다. 대신 일본 정부의 공식행사는 반드시 일본 공영방송인 일본방송협회_NHK와 협의해야 한다. 왕궁에서 공식 환영식이나 만찬, 수상 집무실에서 정상회담이나 기자회견, 일본 의회에서 연설 등 행사는 NHK 중계차만 출입이 허용되고 민간방송사의 중계차 설치를 허용하지 않기 때문이다.

대부분 국가들도 마찬가지지만 한국도 국가 주요 행사 중계는 공영방송인 KBS가 전담한다. KBS와 NHK 간에는 오래전에 방송 분야에 프로그램 교환, 상호지원을 위한 협약이 체결되어 있다. KBS 도쿄지사 사무실은 NHK 본관에 있고, NHK 서울지사는 KBS 신관에 있으면서 양사는 매

김영삼 대통령 방일 때 게이오 대학에서 연설을 중계하기 위해
NHK 중계차를 설치하는 장면 – 가운데 필자

일 방송하는 뉴스를 무상으로 사용할 수 있다. 사무실 내에 뉴스 제작 스튜디오를 갖추고 있으면서 특파원들의 뉴스 보도를 위성을 통해 또는 인터넷으로 방송할 수 있는 시스템을 갖추고 있다. 그래서 사전 답사 때 통상 NHK를 방문하여 협의하면 방송제작 문제는 대부분 해결된다. 필자는 장기간 NHK 국제협력실 실무 담당자와 친분을 유지해 왔기 때문에 방송제작 업무협의는 항상 고정 담당자와 협의를 했다. 그러나 구체적인 방송제작 협의는 제작부서 요원들에게 사전조사 때에 관계자들을 직접 만나 대통령행사 계획을 설명해야 한다. 이후 NHK 방송제작 요원들은 반드시 행사장 현장을 직접 함께 찾아가서 확인을 하고 실제 방송제작 때는 각 분야별로 대규모 인원이 제작에 참여한다. KBS와 NHK의 차이점은 방송제작 때 KBS는 소수 인원으로도 방송을 제작하지만 NHK는 제작에 필요한 많은 인원이 참석하는 것이 다르다.

일본에서 뉴스 제작이나 생방송은 일본 특유의 철저한 준비로 방송사고가 없는 곳으로 유명하다. 왕궁에서 공식 환영식, 의회에서 연설은 NHK 중계차로 제작하여 NHK 본사를 경유하여 위성을 통해 한국으로 보내면 서울 광화문 위성센터에서 각 방송사로 분배한다. 제작 장비 부분에서는 무료제공 협약은 없지만 NHK는 대통령 방일 기간에 사용하는 중계차 사용료, 편집장비 임차료, 마이크로웨이브 장비 임차료 등에 대해 KBS에 경비를 청구하지 않는다. 그러나 KBS는 일본 수상 방한 행사 때 사용한 장비 사용료를 KBS 국제협력실에서 NHK에 청구하는 점이 다르다.

 ## 역대 한·일 정상회담

### ✈ 이승만 대통령

이승만 대통령은 1951년 한국전쟁 기간 동안 도쿄에 있는 미 군정청 초청으로 일본을 방문하였다. 이 대통령 일행은 부산 수영공항을 출발해 당시 군용 비행장으로 사용하던 하네다공항에 내렸다. 공항에는 김용식 주일 대표부 공사, 마크 클라크 유엔군 총사령관 부부와 주일 미국대사 등 미국 인사들, 그리고 일본 외상과 외무성 아시아 국장 등이 마중 나와 있었다. 숙소는 도쿄 시내의 신주쿠_新宿 인근의 마크 클라크 유엔군 총사령관이 묵고 있던 관저였다. 일명 '마에다 하우스'라는 곳이었다. 에도 바쿠후_江戸幕府 시절, 도쿠가와 쇼군 집안을 제외하고 둘째로 많은 재산과 영지를 보유했던 가가_加賀 영주 마에다_前田의 가문이 도쿄의 저택으로 사용했던 곳이다. 넓이가 9,000여 평에 이르는 대저택이었다.

정상회담은 다음 날 이 대통령이 머물던 마에다 하우스에서 개최되었다. 한국과 일본의 첫 정상회담이었다. 한국 측에서는 이 대통령과 김용식 주일 공사, 일본에서는 요시다 시게루_吉田茂 총리와 오카자키 외상이 참석했다. 회담을 주선한 미국 측에서는 클라크 유엔군 총사령관과 머피 주일 대사가 참석했다. 기념 촬영 후 정상회담에서 "양국의 수교 협상이 잘 풀리기를 바란다"는 이 대통령의 발언에 요시다 총리는 "일본은 향후 어떤 나라도 침략하지 않을 것이며, 일본이 군국주의로 다시 일어나는 일은 기우에 불과하다"는 취지의 발언을 했다. 그러나 회담 결과는 '결렬'이었다.

이전에 이승만 대통령은 대한민국 정부가 세워진 직후인 1948년 가을에 일본을 방문한 적이 있었다. 이 대통령은 당시 일본 점령군 사령관이기도 했던 더글러스 맥아더 장군의 초청으로 일본에 첫발을 디뎠다. 그러나 당시에는 '여순반란사건'이 벌어져 급거 귀국해 일본 정치인들과의 만남은 없었고, 공식적인 한·일 정상회담도 한국전쟁 기간 동안 미군 군정청 초청 때 이루어진 것이다.


### ⚜ 이승만 대통령 방일 일화

이승만 대통령은 1952년 1월 한반도로부터 50~100마일_약 80~160㎞ 떨어진 해상의 선을 이어 대한민국의 해양 주권선으로 선포했다. 이른바 '이승만 라인'이다. 이곳에 독도를 넣어 한국 영토임을 더욱 분명히 했다. 이승만 정부는 이 선을 넘어오는 일본 어선에 대해서는 "무조건 나포하라!"는 명령을 내려 실제로 해양주권선을 넘어온 많은 일본 어선들을 나포했을 때라 일본과의 관계는 매우 좋지 않은 상황이었다. '이승만 라인'은 일본의 기세에서 밀리지 않으려는 이 대통령의 기질이 그대로 드러난 조치이기도 했다. 이승만 대통령 방일 기간에 일본인들이 이승만 라인에 항의해 '이 라인 절대 반대'라는 플래카드를 내걸고 시위를 하고 있었다.

이 대통령의 첫 한·일 정상회담에서 있었던 일화는 '조선 호랑이'에 관한 내용이다. 회담에 들어갔던 요시다 총리가 느닷없이 호랑이 이야기를 꺼냈다. "한국에는 호랑이가 많다는데, 아직도 있느냐?"고 물었다. 그러자 이 대통령이 "이제는 없다. 임진왜란 때 가등청정_加藤清正·가토 기요마사이가 다 잡아갔기 때문이다."고 응수했다. 이 일화는 도쿄 시내에 사는 일본인에게 설움을 당했던 재일동포들 사이에서 번졌다. 한국에서도 이 에피소드가 잘 알려져 사람들은 "이 대통령이 통쾌하게 일본에 대응했다."는 반응을 얻으면서 널리 퍼지기 시작했다. 나중에 한국과 일본이 정식으로 수교를 맺을 무렵에도 이 대통령의 이 일화는 사람들의 입에 즐겨 오르곤 했다. 반평생을 식민지 조국의 독립에 바쳤던 이 대통령이 요시다 총리를 혼냈다는 해석이 지배적이다.

## 박정희 대통령

박정희 대통령은 혁명 후 국가재건최고회의 의장 자격으로 미국의 존 F. 케네디 대통령의 초청으로 방미하는 길에 일본을 처음으로 비공식 방문하였다. 1961년 11월 11일부터 12일까지 30시간의 바쁜 일정으로 일본을 비공식 방문하였다. 박 의장은 11월 12일 오전 일본 수상 이케다와 회담을 가졌다. 정상회담 후 영빈관 로비에서 가진 기자회견에서 "이케다 수상과의 단독회담에선 한·일 문제, 아시아 문제, 세계 정세에 대해서 의견을 교환했고, 대부분의 문제에서 수상과 의견의 일치를 보았다"고 하면서 "대일청구권은 일본에 대한 전쟁 배상 요구가 아니다"라고 했다.

차관 부문에서 "한국은 장기 경제개발계획을 이미 만들었고 외국원조와 차관을 효율적으로 받아 쓸 수 있는 태세를 갖추고 있습니다. 국내 자원을 최대한도로 이용하여 경제개발계획을 실천할 수 있도록 준비를 해두었습니다. 이것들이 우리가 원조와 차관을 요구할 수 있는 조건이라고 생각합니다." 라고 기자회견에서 말했다.

이후 박 의장은 혁명 후 한국을 위해 선진 어느 나라도 한국에 대한 경제 원조를 기대할 수 없었다. 때문에 근대화와 경제부흥을 위해 경제부국 일본의 지원이 절실하다고 판단하고, 과거사를 뒤로하고 빈곤으로부터 탈출을 위해 경제를 살리는 것을 제1의 과제로 삼았다. 일본으로부터 경제협력을 위해 먼저 1962년 10월과 11월 두 차례에 걸쳐 양국 간 고위 접촉을 지시하였다. 한국 측에서 김종필 중앙정보부장이 일본 측의 오히라 마사요시_大平正芳 외무장관과 접촉을 통해 한일회담을 가졌다.

양측 고위급 회담이 시작되자 한국 내 대학을 중심으로 한일회담 반대 데모는 극에 달했다. 그러나 1965년 6월 22일 동경에서 양국 간 외교관계 수립을 위한 한일기본조약이 체결되었다. 한일기본조약에서 일본은 청구권, 경제협력협정에 따라 한국에 3억 달러를 무상으로 제공하고 유상차관 2억 달러를 지원하는 안에 합의하였다. 유상차관은 10년에 걸쳐 균등분할로 한국에 제공하고 추가로 민간차관 3억 달러를 포함하여 총 8억 달러의 유무상 지원에 합의하고 한·일 양국 간 정식 국교수립을 발표하였다. 당시 세계 경제 규모 면에서 엄청난 금액이 일본으로부터 한국에 지원된 것이다. 물론 이 자금은 일본의 대한_對韓 식민지 보상 차원으로 수많은 희생 대가로는 부족했지만 1960년대 한국 경제가 도약하는 토대가 되었기 때문에 박정희 정권이 틀을 잡는 계기가 되었다.

양국 간 국교수립 후 한·일 정기 각료회담, 한일경제협의회, 한일협동

위원회 등 정부와 민간 차원의 경제협력기구들이 만들어져 한국은 제1.2차 경제개발 5개년계획을 통해 괄목할만한 경제성장 발판을 마련하였다.

### 전두환 대통령

전두환 대통령은 1984년 9월 6일부터 8일까지 2박 3일 동안 일본 정부의 공식 초청으로 국빈방문하였다. 전 대통령은 방일 기간에 히로히또_裕仁 국왕 내외의 정중한 환영을 받고, 나카소네 야스히로_中曾根康弘 총리와 정상회담을 가졌다. 정상회담에서 국제 정세 전반에 관해 의견을 교환하였으며 한·일 양국 간의 우호협력증진 방안과 공동 관심사에 협의하였다.

전 대통령의 방일은 우리나라 국가원수로서 최초의 공식 방문으로 한·일 양국 간의 새로운 우호협력 관계의 진정한 기초를 확고하게 다지는 역사적인 의미를 지니고 있었다. 한·일 양국은 물론 동북아시아를 포함한 세계 전역의 안정과 평화의 공동번영에 크게 기여하는 계기가 되었다.

외교 성과로 방일 중 식민통치의 상징적 존재였던 히로히토 일왕으로부터 국왕이 베푼 만찬에서 "과거 일본의 식민지배에 대한 일왕의 사과"를 처음으로 받아냈다. 또한 일본 수상과 정상회담을 통해 40억 달러의 차관 제공에 합의하여 한국의 경제발전 토대를 마련하였다. 당시에 전국 각 대학에서 학생들이 방일 반대 데모가 극에 달했지만 한일 간 경제협력 차원에서 반대가 능사는 아니었다.

### 노태우 대통령

1990년 5월에 일본을 방문하여 5월 24일 밤, 일왕의 궁성 '풍명전'에서 열린 환영 만찬에서 일왕 아키히토는 "불행했던 시기에 귀국의 많은 사람들이 겪었던 고난을 생각하면서 통석지념을 금할 수 없다." 라고 노 대통령에게 사과를 하였다. 그러나 당시에 동아일보가 '통석_痛惜'의 뜻은 자기가 지배하고 있던 땅이 자신의 손을 벗어나 타인의 소유가 되었으니 애처롭고 통탄스럽다는 뜻일 뿐, 거기에는 스스로의 과오를 뉘우친다는 뜻은 없는 것이라고 해석하여 논란을 빚었다.

노 대통령의 방일 기간 동안 일본 정부는 한국에 대한 기술협력 문제, 무역 불균형 시정, 재일교포 처우문제, 원폭피해자 보상문제에 합의를 보았다. 노태우 대통령은 처음으로 일본 의회에서 "미래를 내다보는 관계가 되자"라는 제목으로 연설을 하였다. 이 연설은 한ㆍ일 양국 각 방송사에서 TV로 생중계하였다.

## ⚓ 김영삼 대통령

1994년 3월 일본을 방문하여 양국 간 외교적 관계 격상, 무역확대에 합의하였고 동년 7월 무라야마 총리가 답방형식으로 방한하여 양국 간 외교적 관계를 증진하였다. 뒤 이어 1996년 6월 하시모토 총리 제주 방한, 1997년 1월 김영삼 대통령의 일본 벳부 방문 등을 통하여 한ㆍ일 관계는 더욱 발전하기 시작하였다. 김 대통령은 일본 의회에서 연설을 통해 양국 간 "미래 발전에 관해 함께 협력하자."라는 요지의 연설을 하였다. 그러나 김 대통령은 중국 방문 동안 한ㆍ일 과거사 문제를 놓고 일본의 "버르 장머리를 고치겠다."고 하여 일본 측의 반감을 사기도 하였다.

**⚘ 김대중 대통령**

김대중 대통령은 취임 후 방일을 통해 일본에 대해 과거 청산, 어업협정 타결, 일본의 대중문화 개방 등에 적극적인 자세를 표명하면서 '21세기를 향한 새로운 한일 파트너십 공동선언'을 발표하였다.

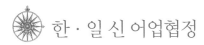

# 한 · 일 신 어업협정

1999년 김대중 대통령은 한 · 일 간 신 어업협정을 체결하면서 독도를 한국의 배타적경제수역_EEZ : Exclusive Economic Zone 기점으로 잡지 않았다. 일본의 독도영유권 주장에 의거한 울릉도와 독도의 중간선을 소위 '중간수역'의 서쪽 경계선으로 수용하였다. 이때 한국은 독도를 한국 영토라고 명시하지도 못했을 뿐만 아니라 독도라는 명칭도 사용하지 못하고 섬으로서의 독도 표시 자체를 없애버렸다.

신 한일 어업협정은 울릉도를 한국의 배타적 경제수역에 넣고 독도는 '중간수역', '한일공동수역'에 넣어 독도를 울릉도로부터 질적으로 다른 수역에 분리하였다. 역사적으로 국제사회에서나 지리학적으로나 일본에서도 독도는 울릉도의 부속도서로 생각되어 왔다. 그러나 김대중 정부가 체결한 신 한일 어업협정은 일본의 장기전략에 말려들어 수많은 어부들이 어업권을 잃고 말았다. 방송사들은 2000년 밀레니엄 생방송 때 전세계에 해 뜨는 장면을 위성으로 연결하면서 새해 아침 독도에서 해 뜨는 장면 방송을 하려는 국내 방송사들은 독도 출입을 금지시켜 울릉도에서 방송해야 했었다.

 경제대국 일본

국토 면적 377,829㎢의 작은 영토를 가졌지만 약 1억 2,700만 명이 넘는 인구와 경제력을 바탕으로 강대국 요건을 갖추었다. 2012년 기준 GDP는 5조 8,723억 달러, 1인당 GDP 42,983달러를 기록하였다. 일본이 보유한 외화는 1조 3,028억 달러를 보유하고 있다. 2012년 일본 전체 교역은 수출 8,209억 달러, 수입 8,523억 1조 6,732억 달러를 기록한 세계 3위의 경제대국이다.

일본 국토는 화산지형으로 평지는 국토의 4분의 1에 불과하고 한국처럼 산이 많으며 석탄을 제외하고 특별한 부존자원이 없는 나라로, 우리나라와 유사한 점이 많지만 모든 분야에서 우리보다 30년은 앞선 나라이다.

일본은 태평양전쟁 기간에 미국의 메이저 석유회사를 통하여 석유를 수입하였다. 1941년 루스벨트 대통령은 일본의 침략정책 제동을 걸기 위해 대일 석유공급을 중단시켰다. 그러자 일본 군부는 석유 비축량이 바닥나기 전에 미국을 공격해야 한다는 강박감을 갖게 되었다. 일본군은 휴일에 미군들이 휴식을 취하고 있는 동안 가미가제 특공대로 하와이 진주만에 있는 미주리호와 아리조나호 항공모함을 공격하여 격침시켰다. 미국은 즉각 제2차 세계대전에 개입하여 막강한 군사력으로 미·영·프랑스군과 연합군을 결성하여 독일·일본군을 공격하게 된다. 결국 일본은 미국의 막강한 군사력에 패망하고 말았다.

# 일본의 새로운 도약

    패전국으로 미국 종속국이 되어 국가도 국민도 절망하고 있을 때, 1950년 한국전이 발발하자 일본은 '신이 내린 전쟁'이라며 이 전쟁을 기회로 패망한 일본 재건에 엄청난 힘을 실어 주었다. 더불어 베트남 전쟁은 일본에게 제2의 재기 기회가 되어, 다시 선진국으로 발돋움할 수 있는 기회가 왔다.

    한국전과 베트남전으로 다시 도약한 일본은 1970년대 초부터 모든 산업을 마이크로 전자혁명이라 불리는 신기술 혁신에 의한 산업구조로 변모시켰다. 지식산업 집약화, 자원절감, 안정된 노사관계, 노동생산성의 상승, 모든 일본 제품의 가격과 품질의 강한 국제경쟁력을 바탕으로 전방위 외교를 통한 전 세계 시장에 수출하여 엄청난 외화를 벌어들였다. 전 세계에 뻗어 나간 공관과 무역기관의 발 빠른 고급 정보를 바탕으로 한 일본의 모든 산업은 급속도로 성장하여 경제대국으로 부상하였다.

    일본은 무역을 통해 얻은 외화로 동아시아 공동체론을 앞세워 아시아 각국에 막대한 경제 원조를 통해 하드파워를 과시하는 경제부국이 된 것이다. 이면에 국민들도 친절과 겸손한 자세로 경제를 일으키고 경제적으로 세계를 제패하는데 일조를 하였다. 1970년대 후반부터는 마이크로 전자공학 혁명을 통해 신기술 혁신에 의한 산업구조로 자원절감을 이룩하였다.

    1980년대 이미 일본 기업들이 일본을 세계 최고의 강자로 만든 것이다. 지식산업 집약화, 낮은 실업률 아래 안정된 노사관계를 구축하여 노동생산성을 향상시켰다. 이같은 구조로 일본 제품들은 모든 분야에서 골고루 세계 시장을 석권하였다. 첨단제품, 부품산업이 골고루 발달하였다. 특히 전기 · 전자 제조업 분야에서 세계를 압도하고, 고부가 상품인 영상 카메라, 녹화기를 중심으로 수많은 방송장비 제품들은 세계 대부분 국가들이 일본 제품을 사용하게 되어 부_富의 토대를 마련하였다.

앞선 기술과 마이크로 혁명을 통해 모든 제품을 가격, 품질로 강한 국제경쟁력을 실현시켰다. 일찍이 일본은 산업 모든 분야에서 인프라가 발달하였음은 물론 전국에 걸쳐 거미줄망의 고속도로, 고속철도망을 갖추고 사회간접시설_SOC을 확충하여 산업이 발달할 수 있는 여건을 갖추고 있었다. 일본의 주요 산업으로는 자동차산업, 기계산업, 전자산업, 물질산업, 에너지산업 등이 있다. 일본의 농업은 주로 쌀과 원예 · 축산의 농업이나, 식량 자급자족이 안 되어 대부분의 식량을 수입한다. 일본은 세계 제2의 어획량을 올리고 해산물 소비량은 세계 제1위이다. 서비스업 분야는 일본 국내총생산의 4분의 3가량을 차지하는데도 불구하고 부실하다는 지적이 있다. 일본의 주요 수출품은 자동차, 철강, 전자제품 등이며, 석유 등이 주요 수입품으로 미국이 최대 교역 대상국이다.

일본은 국가 근대화를 우리보다 80년 먼저 시작하였다. 명치유신이 1868년, 대한민국 건국이 1948년이다. 일본은 도쿠가와 막부 시절에도 국부를 축적해갔다. 18세기에 도쿄는 인구가 100만 명을 넘어 당시 세계 최대 도시였다. 수백 년 동안 쌓인 일본의 국부와 60년밖에 되지 않는 한국의 국부 축적량은 비교 대상조차 되지 못하였다. 그리고 한국이 일본을 따라잡지 못할 부분이 있다. 그것은 바로 국민의 의식수준이다.

## 도쿄 도_東京都

　일본의 최대 도시인 도쿄 도는 23개 특별구, 26개 시가 있고, 약 1,200만 명의 인구가 살고 있는 세계적으로 특이한 행정도시 기능을 갖고 있다. 도쿄 도는 정치, 경제, 문화, 외교의 중심지로 산업문화의 최대 집중도시이다. 유럽보다는 뒤늦게 시작하였지만 1927년에 지하철을 개통하여 세계에서 가장 규모가 큰 지하철망을 만들어 대중교통이 발달한 도시 기능을 갖추어 중심 공업입국임을 과시하였다. 또 1964년 10월 세계 최초 고속철도 '도카이도 신칸센'을 개통하였다. 1964년에 '도쿄 하계올림픽'을 개최하여 올림픽 경기 장면을 TV방송으로 제작하여 일본 전역에 방송하였다. 미국은 세계 최초로 국제위성을 통해 '도쿄 하계올림픽'을 도쿄로부터 위성으로 수신하여 미국 전역에 올림픽 장면들을 TV로 중계방송을 하였다.

　도쿄 도_都는 1980년대 이후 국제화, 정보화가 진행되면서 일본의 국제적 지위향상은 국제금융도시로서 변모하여 세계 경제에도 큰 영향을 미쳤다. 옛 수도였던 '교토'에서 '도쿄 도_都'로 천도하여 중앙집권적인 절대주의적 국왕제의 수도로 정치, 경제, 문화의 중심지가 되면서 근대도시 형태를 갖추었다.

　그러나 제2차 세계대전 기간 동안 나가사끼, 히로시마 원폭 투하 전에, 1945년 3월 10일 새벽 도쿄 도 전역에 수많은 미국의 B-52 폭격기로 도쿄 하늘을 뒤덮었다. 이는 글리세린과 기름을 섞어 만든 '소이탄' 2,400톤을 3시간 동안 대공습하여 77만 호의 가옥이 파괴되고 하루에만 10만 명의 인명을 앗아가, 도시 전체는 화장터로 변한 아픈 역사를 가진 도시다. 그러나 전후 다시 건설한 근대 도쿄 도는 잿빛 콘크리트 구조물 신도시에 거대 기업의 본사, 금융과 외국 자본계 기업, 상업과 무역의 세계에서 가장 큰 중심도시로 발돋움한 메머드급 국제도시가 되었다.

 일본의 딜레마

일본은 1960년대 초기에 사회적 분열과 대립을 자제하면서 서구 국가를 따라 잡자는 통일된 비전을 갖고 국가 개발에 힘을 모은 결과 선진국 진입이 가능했다. 1960~1980년대 일본의 고도성장은 기업들이 글로벌 기업으로 도약하면서 가능했다. 일본 기업들은 이익이 적고 덜 매력적인 시장부터 시작하여 더 높은 곳으로 향해 경제부국에 진입하여 세계 정상에 올랐다.

일본 근대화의 선각자로 불리는 일본 게이오대학 설립자 후쿠자와 유키치_福澤諭吉는 일본 화폐 1만 엔 지폐에 있는 초상화 주인공이다. 그는 '탈아입구_脫亞入歐', 즉 '아시아를 넘어서 서구화'를 주창한 사람이다. 일본 국민들도 그의 주장을 믿었고 행동으로 실천하였다. 그의 주창대로 일본은 마이크로 혁명에서부터 소형 자동차, 정밀기계, 고급차 시장까지 대성공을 거뒀다.

그러나 1990년부터 디지털시대에 기술혁명을 이룩한 한국의 약진과 중국의 급격한 부상으로 일본 경제는 방향을 잃고 침체 일로를 치닫는 부분이 상당히 많아졌다. 일본 기업들은 경쟁의 맨 정상에 올라간 후 갈 데가 없어졌다. 대중 영합주의 정책과 도전의식 결여, 변화에 대처하지 못하고 버벌경제 붕괴 이후 현실에 안주한 탓에 경기침체가 이어지고 도전 의식도 사라졌다.

경제대국 일본도 2012년 국가 부채가 973조 엔으로 국민총생산_GDP 의 1.8배의 국채를 안고 있다. 주된 원인으로 급격히 늘어난 노인 인구에 대한 노령연금, 의료비 부담 증가에 기인한다. 장기 불황에 따른 경기부양책 수행을 위한 세출 증가, 감세, 세입 위축에 있다. 2011년 동일본 대지진으로 후쿠시마 원자력발전소 폭발로 일본은 큰 딜레마에 봉착하고 있다. 대재앙으로 입은 피해는 상상을 초월한다.

천 년에 한 번 온다는 진도 9.0의 대지진으로 3만여 명의 사망, 행불자가 발생하자 일본인들도 과거 '너도 나도 모두 함께' 라는 구호는 사라지고 있다. 결국 일본은 모든 원자력발전소 가동을 중지해 중대한 기로에 처해 있다. 한국과 중국의 부상, 인도의 신흥 경제대국 진입, 동남아의 많은 개도국들의 약진에, 일본은 다시 아시아로 돌아와야 한다고 자기들 스스로 주장한다.

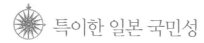

## 특이한 일본 국민성

일본 국민들은 상대에 대한 배려심이 없는 자아실현, 부의 축적에만 매진하는 국민이라는 인식이 국제사회에 널리 알려져 있다. 검소하고 근면한 이면에 아직도 이중적 사고를 가진 정치인, 기업인, 국민들은 우리에게 불신의 벽을 느끼도록 하기 때문에 가깝고도 먼 나라로 생각하는지 모르며, 슈퍼파워 미국의 종속형태 안에 있는지 모른다.

일본은 세계적 경제강국으로 국민들 대부분은 절대 빈곤층이 없다. 그러나 모든 국민이 풍요롭게 사는 것은 아니다. 경제성장으로 국민소득 증가와 함께 고물가로 풍요롭게 살 수 없는 구조다. 일본 국민성의 상징은 친절과 예절이다. 질서를 잘 지키고 남을 배려하는 정신은 어느 국민보다 우수함은 예전부터 알려져 왔다. 일본 국민들은 해마다 수많은 지진과 태풍으로 자연재해를 당해도 의연히 대처해 이를 잘 극복한다.

최근에 동일본 지역의 강력한 지진으로 발생한 센다이, 후쿠시마지역에 쓰나미로 수많은 가옥이 순식간에 폐허가 되고 수많은 사람들이 일시에 수장되어 생명을 잃는 모습을 보았다. TV에서 의도적으로 방영을 자제한 점도 있지만 이들은 어떤 극한 상황에서도 슬퍼하는 모습, 당황하는 모습은 보이지 않았다. 그리고 핵발전소가 폭발하여 많은 방사능이 누출되어 위기일발에 놓여도 위기를 극복하려는 모습만 보일뿐 정부를 원망하거나 남을 탓하지 않는 모습뿐이었다. 이들은 기본 식료품을 사러 가서도 줄을 서서 기다리다 차례가 되어 물건을 살 때도 싹쓸이 하지 않고 남을 위해 남겨 둔 모습을 보고 세계가 감탄하였다.

그러나 큰 재앙을 여러 나라에서 온정과 위로를 받아도 정부도 국민도 반가워하지 않았다. 일본 정부나 국왕조차도 온정을 베푼 많은 국가나 국민들에게 감사하다는 성명서 하나 제대로 발표하지 않았다. 이와 같은 현상을 보고 '독한 국민이다.' 라는 생각을 하였을 것이다. 이들에게는 스스로 해결할 수 있는 저력과 자신감이 있다는 의미도 있지만 선진국이라는 자존심도 작용한 것이다. 그러나 국제관례에서 볼 때 이 같은 행위는 인류애로 선의를 베푼 상대에 대한 예의가 아니다. 이 같은 정신력은 과거 일본의 전쟁역사에서 배운 것이다.

일본은 12세기부터 19세기까지 약 700여 년 세월 동안 200여 개가 넘는 나라가 수많은 전쟁을 치렀다. 결국 15세기에 이르러 '오다 노부나가'가 질서와 남을 소중히 하는 전략을 세워 전쟁에서 승리하고 천하를 통일한 시점부터 시작된다. 통일 정부는 국민들에게 '질서를 지키고 남을 배려하는 것이 전쟁에서 승리한 요인임'을 강조하고 국민들에게 이 정신력을 가르쳤다. 조직의 질서를 가장 우선시 하고 남을 배려하는 정신을 학교교육을 통해 학생들에게 역사가 남긴 정신을 꾸준히 교육하여 왔다. 오늘날 모든 학교에서 재난을 당했을 때 어떻게 대처하는지 정기적으로 훈련을 시키고 있다.

일본인들이 위기에 의연하게 대처하는 또 하나의 요인은 일본 국민들은 세계에서 책을 가장 많이 읽기 때문일지도 모른다. 기차나 지하철, 버스 등 대중교통 안에서 대부분의 승객들은 책 읽는 모습을 언제어디서나 볼 수 있다. 이들은 독서를 통해 인격을 도야하여 자신을 통제하는 강한 정신력으로 높은 경지에 도달한 국민들의 의식수준도 크게 작용했을 것이다.

 한 · 일 관계

한 · 일 양국은 1965년 한 · 일 국교정상화 이후 무역, 투자, 기술이전 등 각 부문에서 교류와 협력을 꾸준히 증대시켜 왔다. 2012년 한일 양국 한국 교역은 수출 397억 달러, 수입 783억 달러로 한국이 285억 달러 무역적자를 기록했다. 한국의 대일본 수출품은 석유제품, 액정제품, 반도체, 철강

판, 무선통신기기 등이며, 수입품은 부품, 기계, 반도체, 반도체 제조장비 등이다. 양국의 협력관계는 양국 모두의 경제발전에 크게 기여하였다.

한·일 간 국교정상화 후 한국의 외교는 미국과 일본 중심으로 전개되었다. 일본은 한국이 산업화로 가는 길에 다방면의 지원으로 양국 외교는 한·미·일 중심 동맹으로 발전하였다. 외형상으로는 상대를 존중하며 외교적, 경제적, 문화적 동반자로 발전하여 왔다. 그러나 경제협력을 축으로 한·일 관계가 순조롭게 진행되었으나 대일 경제 의존과 만성적인 무역 불균형이 계속되고 있다.

일본도 역대 대통령들이 취임하면 수상이 취임식에 참석하거나 발빠른 외교력으로 새로운 지도자와 향후 양국 간 파트너십을 위해 다양한 외교력을 발휘하는 국가이다. 그만큼 양국 간에 정상외교를 중요시하며 대통령을 자국으로 초청하고 우리 대통령들도 미국 방문 후 일본을 반드시 방문하는 전통적 우방국이 되었다.

그러나 일본은 대한_對韓 외교 과정에서 과거 식민지 종속 국가라는 이유로 우월감을 앞세워 순번제로 정치인들이 한국인의 감정을 거슬리게 하는 망언들을 계속 쏟아 내고 있다. 총리의 계속된 야스쿠니 신사 참배, 독도 영유권 주장, 역사교과서 왜곡, 위안부 강제동원 부정, 재일 한국인 차별 등을 통해 우리 외교에 갈등을 유발시켜 일본의 이중적 태도로 일본은 '가깝고도 먼 나라' 라는 신조어를 만들어 아직도 한국민들에게 진정한 우방이 아니라는 인식을 갖게 하였다. 역대 대통령들은 방일 때 모두가 '새로운 한일시대' 도래를 강조했지만 일본 측의 태도가 근본적으로 바뀌지 않아 크게 개선된 것은 없다.

그 이유로 첫째, 식민통치에 대한 일본 지도자들의 역사인식이 왜곡

되어 반성은 형식뿐이고 내면에서는 지난 역사를 미화하고 합리화하고 있다. 둘째, 제2차 세계대전 종전 이후 독일과 이탈리아의 정치 지도자들이 자국의 전쟁 책임을 명확히 인식하고 피해국과 피해자들에게 공식적으로 사과하고 피해보상에 최대한의 성의를 다한 것과 너무나 대조된다. 앞으로도 일본과의 외교는 일본의 진정한 반성과 사과를 유도하기 위해서는 과거에 연연하지 말고 국력을 키우는데 힘써야 하며, 일본보다 개방적이고 전향적인 자세로 대일정책을 전개해야 한다. 일본도 진정한 한·일 관계 개선을 원한다면 과거 잘못된 인식을 버리고 함께 노력하여 미래 지향적 발전을 이룩할 수 있도록 노력하여야 할 것이다.

 한 · 일 외교의 난제

　　일본 국왕은 전두환 대통령, 노태우 대통령 등 역대 대통령이 일본 방문 때 과거사 사죄는 항상 단골 메뉴였다. 전두환 대통령 방일 때 일왕이 "과거 일본의 식민지배에 대한 일왕의 사과" 언급, 1990년 5월 노태우 대통령 방일 때 일왕은 "불행했던 시기에 귀국의 많은 사람들이 겪었던 고난을 생각하면서 통석지념을 금할 수 없다."라고 두 번째 사과를 하였다. 또 노태우 대통령은 과거사 문제를 언급하면서 임진왜란 문제도 언급해 일본 외교관계자들을 순간 당황하게 하였다.

　　과거사 문제에 관한 한, 일본은 한국에 대해 일정한 범위의 선을 견지하고 있다. 1972년 일본과 중국이 외교관계를 맺으면서 공동성명에서는 "전쟁을 통해 중국 국민에게 중대한 손해를 끼친, 책임을 느끼며, 깊이 반성한다."는 내용이 표명됐다. 그러나 65년 한일조약 때의 공동 코뮤니케는 "과거 관계는 유감이며 깊이 반성하고 있다."고만 돼 있었다. 이는 강제합병조약이 대등하고 평등한 입장에서 조인됐다는 인식을 일본 정부는 바꾸지 않은 것이다. 한국 정부는 일본에 대해 "조선통치가 가혹한 제국주의적 지배였음을 인정하고, 한국·조선인에 대해 깊이 사죄해야 한다."는 취지의 정부선언을 내라고 우리는 주장했지만 이를 거부하고 일본은 자신들의 주장을 견지하고 있는 것이다.

역대 대통령들이 일본을 방문하는 외교 목적은 두 가지였다. 일본의 국왕이나 수상이 과거사에 대해 얼마나 사죄했느냐 하는 것과 일본으로부터 얼마의 경제 원조 혹은 지원을 얻어냈느냐 하는 것이다. 그래서 방일 수개월 전부터 양국 외교부서간의 실무협상에서 밀고 당기는 지루한 외교 교섭이 계속되고 서로의 조건이 맞아떨어지면 방일외교가 성사되는 것이 일반적인 사항이었다. 영리하기로 유명한 일본의 외교 엘리트들은 사과도 하고 돈도 주는 그런 멍청한 외교를 한 번도 아닌 수십 년간 왜 했을까?

외교란 일방적인 것이 아니라 서로 주고받는 것이라는 것은 누구나 아는 외교 상식이다. 만약 이런 외교 상식을 전제로 한다면 과거 한국 대통령들은 일본에게 도대체 무엇을 주었기에 과거사 사과와 경제지원까지 받아낼 수 있었던 것일까 하는 의문이 생긴다.

일본은 한국이 미국, 중국, 러시아, 북한이라는 테두리 안에 있으면서 미국이 한국에 대해 지정학적으로 전략적 가치 인정 및 혈맹 국가라는 인식을 일본은 알고 있는 것이다. 한편으로 중국과 러시아 견제를 위해 한국이 미국과 함께 극동지역에서 완충 역할을 하는 국가로 매우 중요한 위치에 있기 때문이다.

# 중국_China 외교

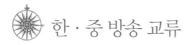 한 · 중 방송 교류

'86 서울 아시안게임은 한 · 중 간 교류의 획기적 전환점이었다.

중국은 '86 서울 아시안게임에 이어 '90 아시안게임 개최지가 북경으로 정해진 시점이라 '86 서울 아시안게임에 중국 선수단을 대거 참여시켜 경기 운영 진행 등 한국으로부터 다양한 벤치마킹이 필요했던 시기였다. 중국은 등사오핑의 개혁 개방이 시작된 시점에 한국의 약진에 관심을 갖기 시작한 때였다. 필자는 한국과 중국 정식 수교 전에 1989년부터 수차례 베이징 시를 방문하여 중국에서 제작한 뉴스나 방송 프로그램을 한국으로 위성을 통해 보내면서 많은 어려움을 경험했다. 당시 중국은 한국과 미수교국으로 뉴스 전송 사용료나 위성사용 요금에 대한 송금이나 결제 방법이 없었기 때문에 외교관계가 없는 상태에서 방송제작 협조 요청은 어렵고 지루한 인내심이 필요했다. 그러나 갖은 방법을 동원해서 중국 국영방송사 CCTV_China Central Television와 광파부_廣播部 : 정보통신부 공무원들과 접촉을 통해 지인들을 많이 만들었다.

이 인연으로 '90 북경 아시안게임 때는 우여곡절을 겪으면서 중국 정부로부터 위성전송장치_SNG 사용 허가를 받아냈다. KBS는 미국 LA에서 임차한 SNG장비를 베이징으로 운송 설치하여 아시안게임 경기 전체를 24시간 중계방송 할 수 있었다. 이후 1992년 양국 간 수교 당시 장면들도 베이징 시내에서 특집 방송을 통해 생방송을 하여 본격적인 방송교류를 하기 시작했다. 1992년 수교 후, 노태우 대통령이 처음 중국을 방문하였을 때에는 사전조사 때 그동안 많은 접촉을 통해 알게 된 중국 정부의 관료들과 통신회사, 방송국 대외협력 관계자들과 업무 요청 때는 과거에 비협조적 자세에서 적극적인 협조 자세로 바뀌어 업무 수행이 수월했다.

노태우 대통령의 첫 방중계획이 발표되고 정부 합동사전조사팀이 구성되어 필자도 북경으로 향했다. 필자는 양국 정부 합동회의에 참석하지 않고 중국 국영방송사인 CCTV를 방문하였다. 중국에서 정부 주도의 정부 공식행사의 방송제작 협조는 일본의 NHK처럼 국영방송사인 CCTV가

인민대회당(중국정부청사)

중국 CCTV로부터 임차한 임대차

전담하기 때문에 개별 접촉으로 업무 수행이 가능했다.

오래전부터 알게 된 지인들을 통해 뉴스 제작, 중계방송, 위성송출 등 제반사항을 회의를 통해서 협력 요청하였다. 이 회의에서 중국 CCTV에서 5명의 직원들을 한·중 정상회담 방송제작 전담팀을 구성하여 우리가 요구하는 모든 사항에 대해 합동으로 협조하는 성의를 보였다. 이들은 공식 환영식 행사가 열리는 인민대회당, 프레스센터로 사용할 호텔 연회장, 마이크로웨이브 설치 위치, 중계차 설치 등을 함께 동행해 확인하며 적극적으로 협력해 주었다. 당시에 한·중 간 정식 외교관계가 수립되었지만 노 대통령 방중 기간 동안 베이징에 주중 한국대사관은 정착이 안 된 시기였다. 양국 간 합동회의에서 의전은 쉽게 합의를 하였지만 경호 부분에서 경호방식이나 무기 소지, 통신부분에서 이견이 있었다.

이 후유증으로 정상회담 종료 후 청와대 외곽 경호원들이 귀국 때 베이징공항에서 경호원들과 출입국 직원들 간에 충돌하는 불상사도 있었다. 중국에서 외국 정상을 맞이하는 국빈행사는 모두 인민대회당에서 열린다. 인민대회당 앞 광장에서 공식 환영식이 열리고 정상회담, 국빈만찬 등도 동일 건물에서 개최되어 취재, 방송제작이 원스톱 시스템으로 이루어져 편리하다. 대통령은 베이징 시내에 있는 댜오위타이_釣魚臺에서 숙소로 사용하고 청와대 기자단 숙소와 프레스센터는 북경 시내에 있는 호텔을 임차하여 CCTV 협조로, 호텔에서 서울로 직접 전송할 수 있어 미국이나 일본에서처럼 방송제작은 애로사항이 없었다.

 한·중 외교 역사

1950년, 한국전쟁의 발발과 중공군의 전쟁 참전은 한·중 관계를 약 40여 년 동안 얼어붙게 만들었으며 한국은 그 기간에 중국 대륙이 아닌 자유중국이라고 불리던 대만과의 외교관계만 유지하게 되었다. 6.25휴전협정이 맺어지던 1953년, 이승만은 대만을 방문하여 장제스와 정상회담을 갖고 아시아에서 반공산주의 연대를 공고히 해 나갈 것을 확인하였다.

1965년 한일협정을 비준하여 일본과의 관계 정상화는 시도하면서도 북한의 맹방인 중국에 대해서는 여전히 적대시하였다. 그러나 일본은 1972년 9월에는 중국과 국교를 수립하였고 1972년 2월, 미국의 닉슨 대통령은 중국을 방문하여 냉전의 종식을 예고하였다. 1978년에 중국은 미국과 국교를 수립했다.

1976년, 쩌언라이_周恩來와 마오저뚱_毛澤東이 사망하고 중국에서 조금씩 개혁 개방의 움직임이 일기 시작하면서 한·중 관계에도 조금씩 변화가 일어났다. 1970년 말부터 간접교역의 형식으로 양국은 경제분야에서 교류가 시작되었다. 전두환 정권 시절인 1983년 5월 중국 민항기가 춘천에 불시착하는 사건이 일어나 정치적 교류가 처음으로 시도되었다. 민항기처리협상 과정에서 중국은 처음으로 대한민국이라는 국호를 사용하였고, 8월에는 중국 민항기가 한국의 비행 정보구역을 통과할 수 있도록 합의가 이루어졌고, 1984년 3월에는 중국 거주 한국인들의 모국 방문과 한국인의 중국 친지방문이 허용되었다.

1980년대의 중국은 북한과의 외교적 관계를 고려하여 철저히 정경분리_政經分離 원칙을 고수하면서도 민간교류의 확대를 위해 한국인들의 중국 관광금지조치를 해제하였다. 1990년대 들어 한 · 중 관계는 노태우 정권의 북방외교와 맞물려 급물살을 타게 된다. 1990년 10월에 무역대표 사무소가 개설되고, 1991년 1 · 2차 한 · 중 외무장관 회담에 이어 드디어 1992년 8월 24일 양국은 수교의정서_修交議定書를 교환하고 정식 수교를 맺게 된다.

1992년 9월 27일 노태우 대통령이 공식 방문하여 무역협정과 다양한 교류에 합의하고, 1994년 3월 김영삼 대통령 중국 방문, 1998년 11월 김대중 대통령, 2003년 7월 7일 노무현 대통령으로 방문이 이어졌다.

 역대 한 · 중 정상회담

냉전시기 대표적 적성국가로 분류했던 두 나라의 수교는 한국 외교사에 큰 획을 긋는 역사적 사건이었다. 양국은 수교교섭 과정에서 양국관계의 획기적인 발전을 위하여 정상회담이 필요하다는 합의를 하였다. 특히 한국 정부는 노태우 대통령의 방중을 계기로 한국 기업의 대중국 진출을 증대시키고, 양국 간 경제협력의 제도적 장치를 마련하여 경제협력의 규모를 지속적으로 확대해 나가는데 초점을 맞추었다.

노태우 대통령 중국 방문의 의의를 살펴보면, 첫째, 한국 국가원수로서 역사상 처음 중국을 방문하여 양상곤 주석과 한·중 정상회담을 개최하였다. 둘째, 한·중 수교 후 곧 바로 이루어진 노태우 대통령의 방중은 양국이 과거의 비정상적인 관계를 청산하고, 수교 공동성명의 기초 위에서 상호 선린협력 관계를 발전시키는 데 중요한 계기가 되었다. 셋째, 동북아 냉전체제를 종식하고 새로운 세계질서를 형성하는데 중요한 계기를 마련하였다. 노태우 대통령은 중국에 진출한 한국 기업에 대한 세제지원_稅制支援과 중국의 8차 5개년 계획에 한국 기업의 참여를 요청하였다.

## ☞ 노태우 대통령 중국 방문 일화

군사정권을 계승한 노태우 대통령은 외국 순방과 정상외교를 자신의 주요 치적_治積으로 내세우려는 경향이 강했다. 1992년 6월, 한·중 간에 비밀 수교교섭이 한창일 무렵, 노 대통령은 한국 측 수교교섭팀에게 중국 공식 방문을 관철시키라는 갑작스런 지시를 하였다. 당시 한·중 수교교섭은 대단히 험난한 과제였다. 암호명 '동해작전'으로 불릴 만큼 비밀리에 추진됐고, 한국전쟁에서 맞서 싸웠던 나라와의 수교이며, 중국—북한 관계, 한국—대만 관계 등이 얽혀 있는 최고난도 협상이었다. 그런데 이렇게 힘든 협상과정에 갑자기 "정상회담을 성사시키라"는 지시가 떨어졌으니 협상팀의 입지가 얼마나 곤란했는지 짐작할 수 있다. 실제 당시 협상 지휘를 맡았던 한 외교관은 "정상회담 문제를 제기하면서 우리는 과거사 정리, 북한과 중국 간의 관계, 대만 문제 처리 등의 주도권을 잃게 됐다"고 회고한 바 있다.

1992년 8월 한·중 수교가 체결됐고, 한 달 만인 9월 노태우 대통령의 중국 방문이 성사됐다. 정상회담을 얻기 위해 다른 많은 실익을 포기해야 했을 지도 모르는 일이다. 노태우 전 대통령은 과시성 정상회담에 얼마나 매달렸는지를 드러내는 유명한 일화다.

## ✹ 한·중 정상회담 합의 내용

김영삼 대통령은 북한 핵문제와 관련하여, 형식적이었지만 중국이 한반도의 비핵화 지지를 이끌어 냈다. 한·중 양국은 북핵문제 해결을 위해 장쩌민_江澤民 주석은 한반도의 비핵화를 철저히 지지하며 그것이 중국의 확고한 입장이라는 답을 받았다. 경제문제에 관하여, 김영삼 대통령은 대외협력자금 4천만 달러를 중국에 제공키로 하였으며 전자교환기_TDX, 고화질 TV, 항공기, 자동차 분야에서 두 나라가 긴밀히 협조해 나가기로 합의하였다. 특히 전자교환기_TDX는 차세대 교환기가 될 우수한 성능으로 소규모 합작에서 대규모 사업으로 확대하기로 하였다. 자동차 문제는 한국의 완성차가 중국에 진출할 수 있도록 검토를 요청하였고, 한국의 건설 사업이 중국의 제8차 경제개발 계획에 적극 참여할 수 있는 길을 열어 줄 것을 요청하였다. 이에 장쩌민 주석은 앞으로 장관급회담을 열어 구체적인 정부 간의 협의를 진행하고 업계에서도 실무당사자 간에 이 문제를 협의하도록 하자고 제의하였다.

김대중 대통령과 장쩌민 주석과 가진 정상회담에서 공동선언문을 통해 한·중 관계를 '선린우호관계'에서 21세기의 한·중 '협력 동반자관계'로 격상시켰다. 아시아 금융위기 극복을 위한 협력, 한반도 평화와 안정 유지를 위한 협력, '하나의 중국' 재확인, 양국 지도자와 정부 각 부문, 의회 및 정당 간 교류 확대, 경제·무역협력의 확대·심화 등 12개항에 합의하였다.

양국 간 교역확대를 통해 만성적 중국의 대한_對韓 무역적자인 무역불균형을 개선해 나가기 위하여 공동 노력하기로 하였다. 우리 측은 양국 간 경제협력을 확대하기 위해 중국 안휘성의 2개 사업에 대한 70억 원의 대외경제협력기금_EDCF 차관을 제공키로 하였다. 또한 금융감독관리 부문과 금융시장 상호개방 분야에서도 협력을 강화해 나가기로 하였다. 양국 정상은 '한·중 산업협력위원회'의 협력 사업을 지속적이고 적극적으로 추진하여 21세기 양국 간 산업협력관계를 새로운 단계로 발전시켜 나가기로 합의하였다.

초고속 정보통신망 및 전자상거래 등 국가 정보화 부문에서의 협력을 강화하고, 첨단통신기술 연구개발 분야에서의 협력을 지속적으로 추진해 나가기로 합의하였다. 김대중 대통령 방중의 성과로는 양국관계를 그동안의 '선린우호관계'에서 실질적인 '동반자관계'로 격상시켜 이를 공동성명 형식으로 문서화했다.

노무현 대통령의 방중을 계기로 북핵문제 해결을 위한 확대 다자회담과 당사자 간 해결 원칙을 놓고 다소 입장 차이를 보이긴 하였으나 한·중 관계를 '전면적인 협력동반자 시대'로 격상시키기로 합의하였다.

노무현 대통령과 합의한 10대 사업은 차세대 IT 협력, 미래첨단기술, 생명공학, 전력산업 협력, 중국 자원개발 협력, 베이징 상하이 고속철도 건설 협력, 환경산업 협력, 금융 협력, 유통분야 협력, 베이징 올림픽 지원, 서부 대개발 사업 협력 등이다. 이 밖에도 조약과 협정, 양해각서_민사·상사 사법공조 조약, 표준화 및 적합성 협력협정, 한·중 공학원간 과학기술협력 양해각서를 중국 측에 제안하여 합의에 성사하였다. 그러나 한·중 외교는 항상 북한문제와 맞물려 돌아가고 있으며 최근에는 한·중 간의 경제적인 교류가 크게 확대되면서 한·중 간의 새로운 경제적 관계정립을 위한 힘겨루기 양상도 보이고 있다.

후진타오 중국 국가 주석은 한·중 관계를 다음과 같이 언급하였다. "양국은 발전 속도가 빠르고 그 성과가 분명하며 잠재력이 거대하고 앞으로의 발전 전망이 드넓고도 밝다." 오랜 단절을 뛰어넘어 이제는 전면적 협력 동반자관계로 21세기 새로운 기회와 도전을 맞이하게 될 한·중 관계가 양국 모두에게 경제적 실리를 가져다주면서 국가 발전의 원동력이 되고 있다.

이명박 대통령은 한·중 수교 20주년을 맞아 중국을 방문하여 후진타오 중국 국가주석과 정상회담을 열어 김정일 북한 국방위원장 사망이후 한반도 정세와 한·중 FTA 등 현안을 협의했다.

두 나라 정상은 양국 외무장관끼리의 핫라인과 고위급 전략 대화를 활성화하는 등 양국 공통 관심에 대해 긴밀하게 협력해 나가기로 합의했으며, 원자바오 총리와의 면담에서는 북한이 개방하고 국제사회에 나올 수 있도록 중국이 설득해 달라고 당부했다. 또한 수교 20주년을 맞은 한·중 경제인들이 한자리에 모여 중국 베이징_北京 댜오위타이_釣魚臺에서 '한·중 경제인 오찬간담회'를 양국 간 경제협력 확대를 다짐했다. 손경식 회장은 환영사를 통해 "지난해 양국 간 교역규모가 2,200억 달러를 넘어서고 2만여 개의 한국 기업이 중국에서 사업을 영위하는 등 중국은 한국의 최대 교역국이자 제2위의 투자대상국"이라며 "올해 한·중 수교 20주년을 맞아 양국 경제관계도 보다 활기차고 성숙한 단계로 나아가야 할 것"이라고 말했다.

한편 이 대통령은 이날 오전 베이징에서 중국지역 동포 대표들을 초청, 재중 한국인 간담회를 갖고 한·중 관계 발전에 민간외교관이 돼달라고 당부했다. 이 대통령은 또 1992년 한·중 수교 당시 1,500명 정도에 불과했던 동포 수가 현재 65만 명 수준으로 급성장한 것을 평가한 뒤 그동안 다양한 분야에서 생업에 종사하면서 양국관계 증진에 기여해온 동포들의 노고를 치하했다.

간담회에서 참석 동포들은 재외 동포자녀 대상 의무교육 지원확대 및 중국 진출 한국 기업 지원 방안 등에 대해 질의했으며, 이 대통령은 이와 관련해 재외국민 자녀들에 대한 교육 지원책과 한·중 사회보장협정 체결 추진현황 등에 대해 설명했다.

 세계 2위 강국, 중국

중국은 면적 960만㎢로 한반도의 43배, 남한의 97배 세계 4위 면적을 가진 영토에 인구 13억 4,100만 명이 사는 대국이다. 개혁 개방 30년 만에

세계 1위 수출국, 2012년 말 현재 3조 1,811억 달러를 보유한 경제대국이다. 2012년 총 수출은 1조 8,986억 달러, 수입 1조 7,435억 달러로 무역수지는 1,551억 달러 흑자를 기록하였다. 중국은 자본주의 핵심인 시장경제와 사유재산제를 수용함으로서 중국 공산당 일당 지배체제는 무늬만 공산주의지 자본주의와 다를 게 없다.

공산주의란 공산당 일당 독재를 통해 자기들만의 유일체제 유지를 위해 정치적 수단으로 이용하고 있을 뿐이다. 중국은 오랜 역사 이래로 강대국이 아닌 적이 없었다.

 ## 중국 발전의 원동력

중국은 2001년 세계무역기구_WTO에 가입하여 중국의 경제체제를 세계자유무역 체제에 편입시켜 무역대국으로 부상하였다. 이 같은 급속한 성장은 우수한 인력과 풍부한 자원이 촉매가 되었다. 중국의 자원은 철광석, 구리, 석탄, 천연가스, 북동지역과 해상에서 채굴하는 석유 등 자원이 성장의 동력이 된 것이다.

산업화의 핵심인 철강 생산능력이 5억 6,780만 톤의 세계 1위를 바탕으로 공업화를 이루었다. 공업생산은 매년 10% 이상 성장하여 경제성장과 근대화의 측면에서 공업이 다른 분야를 능가한다.

금속공업과 기계설비 부문을 중점적으로 육성하여 산업구조는 노동집약 산업에서 자본 기술 집약 산업으로 이동하고 있다. 공업시설은 주로 동해안지역에 집중하여 상하이 시에만 공업생산량의 10%를 차지해 동해

안 전체 지역에서 60%의 공업생산이 이루어진다. 낙후한 서부지역 개발 계획도 계속 추진되고 있다. 전력난을 해소하기 위해 양쯔강 하류에 '샨샤_山峽 댐'을 1993년부터 건설하여 2009년에 완공하였다. 이 댐은 높이가 185미터, 길이 2,309미터, 저수량 393억 톤으로 세계 최대 댐으로 전력을 생산하여 산업발전에 이바지하고 있다.

중국은 2012년 GDP_국내총생산는 5조 8,782억 달러로 일본 GDP 5조 4,587억 달러를 추월하였고 약 3조 447억 달러의 외화를 보유하고 대미 수출액만 연간 4,000억 달러에 달하며 세계 1위 수출을 달성하였다. 2012년 중국 무역 총액은 3조 8,667억 6,000만 달러로 미국의 3조 8,628억 5,900만 달러를 앞질렀다. 중국은 미국에서 촉발한 '리먼 브러더 사'의 세계적 금융 위기 때도 880조 원의 경기 부양 카드를 사용함으로 중국의 재정이 이외로 탄탄한 것이 밝혀졌다. 중국은 경제적으로만 발전하는 것이 아니라 정치와 사회도 변하고 있음이 사회 곳곳에서 나타나고 있다.

과거 천안문 광장을 달리던 장관의 자전거 물결은 사라지고 대신 벤츠, 아우디, BMW, 폭스바겐, 한국 차들로 넘쳐 나고 지금은 세계 최대 자동차 생산국으로 연간 1,300만 대를 생산하는 국가가 되었다. 중국 경제 성장은 세계 질서에도 영향을 미친다. 또 하나의 신흥 경제대국인 인도와 디지털 실크로드로 연결하고 초고속 통신용 광케이블망을 완공하여 IT강국으로 태어났다. 빠른 경제성장과 세계 수준 경제를 달성하려는 욕망으로 전국 교통망을 확충하고 있다.

# 전 세계 자원 싹쓸이

중국은 낮은 위안화 가치를 바탕으로 수출을 증대하고 사회질서 유지를 위한 사회정책으로 세계 경제 불균형을 초래하고 있다. 즉 중국 영향력의 급속도 확산은 한 국가의 차원이 아니라 세계적인 문명 패러다임 이동으로 전개되고 있다.

최근에 중국 정치 지도자들은 막대한 외환 보유고를 바탕으로 전 세계와 아프리카를 대상으로 전방위 외교를 펼치며 자원을 싹쓸이하고 있다. 중국의 새로운 비전정책은 전국적으로 인프라 구축, 자원 확보, 수출품의 고부가 상품으로 전환 등 정책으로 세계 무역시장 판도의 변화를 시도하고 아시아를 떠나 세계적 금융허브로 경제 패권을 꿈꾸는 나라가 되었다. 더불어 인접국 또 하나의 큰 대륙 인도 시장에 진출해 일본의 막강한 정보력, 외교력으로도 추격할 수 없을 정도로 양국 간 교역량은 엄청나다.

인도가 추진하는 경제개혁. 개방정책에 전략적인 제휴방식으로 고속도로 건설, 휴양지 개발 등의 건설 진출, 저가 자동차, 철강, 통신, IT 등 무한의 국가 전략적 제휴로 상호 발전하고 있다. 많은 아프리카 국가에 매정된 화석연료 자원을 이미 확보했거나 계속되는 외교를 통해 자원 확보를 위해 전방위적으로 노력하고 있다. 중앙아시아, 아프리카, 중남미 국가들과 자원외교를 펼쳐 에너지를 싹쓸이 하는 모습을 보고 '중국은 에너지 블랙홀' 국가라는 비판을 받고 있다.

중국은 외교 소외 지대인 아프리카를 1960년부터 비동맹 외교 차원에서 아프리카를 중요시 하였고, 2009년 '아프리카 포럼'에 아프리카 53개국 중 48개국 정상을 초청하여 정상회의를 개최하였다. 최근에는 아프리카 자원국에 엄청난 달러를 투입해 대형 건물 무상 건축, 공공시설 건설은 물론 주석과 총리가 번갈아 가며 아프리카 각국을 방문하여 아프리카 연안 석유 탐사권 확보, 각종 자원 개발권 등 국제 원자재 확보에 올인하고 있다.

중앙아시아 국가인 카자흐스탄 등지에서 생산되는 천연가스를 도입키 위해 1,800km 가스관을 매설하여 이 나라로부터 가스를 직접 도입하고 있다. 러시아에서 생산되는 석유와 천연가스를 도입키 위해 250억 달러 차관을 러시아에 제공하고 시베리아—베이징—신장간 가스관을 건립하여 러시아로부터 화석연료를 도입하는 협정을 맺어 중국의 자원외교 결실을 이룩하였다. 전 세계 자원 블랙홀이라는 비판을 들으며 지구촌 곳곳에서 에너지를 빨아들이고 있다. 중국은 외국에서 세일즈외교도 국가가 전방위 외교력을 발휘하고 있다. 최근 이란에서 12척의 유조선 건조 입찰이 있었는데, 중국의 국유기업들이 입찰에 참여하고 주석과 총리가 로비를 통해 외교력을 집중함으로 한국 기업을 제치고 대형 국책 사업을 중국이 전부 차지하였다. 한국의 개인 기업이 대적하기에는 역부족이었다.

 중국 첫 항공모함 '바랴크' 호

중국은 미국이 지배하는 태평양의 제해권을 견제하기 위해 1998년 우크라이나에서 미완성 항공모함을 사들여 2002년 3월부터 9년 5개월 동안 개조한 첫 항공모함을 2011년 8월 10일 시험 항해에 나서 세계 10번째

항모 보유국이 되었다. '바랴크' 어원은 발틱해지역에서 건너온 바이킹족을 뜻하는 '바랑기아'이다.

중국의 항공모함 '바랴크'호

항모 제원은 길이 304m, 넓이 70.5m, 최대 배수량 5만 9,000t_미국 7함대 조지 워싱턴호의 절반)이며 증기터빈 엔진으로 최대 속력은 30노트다. 승무원 2,600명이 탑승하고 항공기 50여 대를 탑재할 수 있다. 그러나 바랴크호 전투력 규모는 미 7함대의 조지 워싱턴 항모와 비교할 수 없지만 중국 인접 제해권 행사에 사용하는 정도이다.

'바랴크'는 107년 전에 러·일 전쟁 때 1904년 2월 인천 제물포 앞바다에서 일본 전함 6척과 전투 중 패전하고 나포 위기에 처하자 러시아 해군은 이 순양함에 구멍을 내 스스로 수장시켰다. 그러나 일본은 1년 후 이배를 건져 사용하다 1916년 러시아에 다시 반환하였다. 러시아는 영국 스콧틀랜드에서 바랴크를 수리하여 독일에 다시 팔았지만 독일에 예인 중 스코틀랜드 앞바다에서 암초에 걸려 침몰하였다. 우크라이나에서 1988년 소련 항공모함으로 만들기 위해 70% 공정이 진행 중, 소련의 붕괴로 취역도 못하고 방치되다 1998년 중국 여행사에서 홍콩 해상 카지노로 개조해 사용한다며 2,000만 달러에 바랴크를 사들였다.

그러나 중국에 도착한 바랴크는 다롄_大連에서 오랜 기간 작업을 거쳐 중국의 첫 항공모함으로 다시 부활한 것이다. 옛 바랴크 깃발은 일본이 서방세계를 물리친 승리의 상징으로 보관하다 일본 패망으로 '인천시

립박물관'에 소장, 2010년 11월 러시아에 임대하여 현재도 러시아 전역 박물관에서 전시하고 있는 역사적으로 우리나라와 인연이 깊은 배이다. 이 항모는 2012년 8월 1일 인민해방군 건군 기념일에 정식 취역하였다.

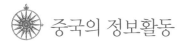 중국의 정보활동

중국은 현재 미국이라는 패권 국가를 견제하기 위해 정치, 경제, 군사력 등 필요한 모든 수단을 동원하고 있다. 최근 들어 중국의 대미_對美 스파이 활동이 미 국가 안보의 최대 위협요인으로 지목되고 있다. 중국은 해외로 외교관을 파견할 때 외교업무 외에 정보수집을 전담하는 인력을 함께 파견하고 있다. 중국 정보원들은 탁월한 능력을 보유하고 있으면서 미국과 러시아에 이어 세계에서 3번째로 많은 정보수집 인력을 보유하고 있다. 주요 목표는 미국의 정부와 군대 그리고 첨단기술에 대한 접근 및 정보수집이다.

미국에 산재해 있는 하이테크 연구소들은 현재 중국 정보원들의 주요 타깃이 되고 있다. 중국의 첩보원들은 보다 더 조직적이고 광범위하게 움직이고 있다. 중국의 정보기관은 특정 정보를 수집하는데 있어 모든 의문이 풀릴 때까지 수많은 낮은 단계의 정보원들을 활용해 매우 조심스럽게 정보의 조각을 모으는 방법을 사용하는데 이는 마치 모래 알갱이를 일일이 가져와 해변을 만드는 것과도 같다.

중국은 해외 정보수집을 위해 민간인들을 활용하기도 한다. 중국의 국가안전부는 해외 정보 및 기술 정보수집을 미국에 있는 중국인 여행객,

사업가, 과학자들을 고용한다. 이 대가로 국가안전부는 미국에서 살고 있는 중국계 유학생, 하이테크 기술자 및 연구원들에게 포상금을 지급하고 있다. 국가안전부는 이들을 미국의 민감한 최첨단 기술에 접근하게 만든 다음 이를 중국으로 빼돌려 군사적 목적에 사용하고 있다.

미국에 있는 15만 명의 중국계 유학생 및 연구원, 그리고 2만 5천 명에 이르는 중국 주재원들이 주요 정보원이다. 중국은 사회주의 국가라는 특성상 대단히 광범위하고 복잡한 정보조직을 운영한다. 중국이 한국에 파견한 공관원 숫자는 많지 않다.

반면 중국 정보원은 주로 언론사 · 항공사 · 합작기업과 같은 주재국 내의 중국 상주원으로 위장해 활동하며 화교들을 정보수집 요원으로 활용한다. 중국의 정보조직은 당_黨, 정_政, 군_軍에 모두 존재하며 이를 총괄하는 정보기관은 중국공산당 중앙 대외연락부(이하 대외연락부)이다. 대외연락부는 당의 대외 정보수집을 전담하는데 북한과의 외교관계는 모두 여기서 도맡아 일을 한다. 언론기관으로 신화사 통신은 대단히 중요한 정보 창구 역할을 한다. 신화사 통신 사장은 국무원 부장_장관급에 해당한다. 신화사는 중국 내 31개 지부, 국외 107개 지국을 운영하며 1만 명 이상 직원을 운영하며 정보원으로 이용한다.

 중국의 장기 전략

중국은 2030년경에 모든 분야에서 미국을 추월 할 계획을 세우고 있다. 마우쩌둥이 중국 1세대로 건국 지도자였다면 2세대 덩샤오핑은 근대화 지도자였다. 냉전체제가 붕괴된 후 덩샤오핑은 '도광양회_韜光養晦'의 수세_守勢 외교인 "칼날을 감추고 어둠속에서 힘을 기르며 결코 선두에 나서지 말자." 라는 방어 자세 외교에서 다시 공세 자세로 전환하여 미국의 일극체제에 맞서는 생존전략을 펼쳤다.

중국 3세대 지도자 장쩌민은 미국과 외교에서 현실적인 신뢰를 쌓고 문제점을 없애 양국 간 협력을 발전시키고 대항하지 않는 전략을 사용하였다. 그러나 같은 3세대인 후진타오는 경제적, 군사적 관심이 1차적이라는 자세로 전환하여 중국이 발전 속도를 내면 미국을 이길 수 있다는 전략을 구사하여 이 전략의 성과는 모든 분야에서 지표상으로 나타나고 있다. 중국은 슈퍼강국 미국도 이제 힘과 돈으로는 통제할 수 없는 나라가 되었다.

중국은 미국의 국채를 9,000억 달러를 보유하고 미국의 위안화 절상 압력에도 꿈쩍을 않는다. 몇 년 전 미국이 위안화 절상, 무역 마찰로 압력을 가하자 미국 보잉사와 여객기 도입 협상을 하던 중에 유럽 연합국 프랑스, 영국, 독일이 협력하여 생산하는 에어프랑스 기종 50대를 계약해 버렸다. 엄청난 규모의 고부가 상품 수출을 미국은 놓치고 말았다.

미국은 중국의 국채에 묶여 있고 중국은 미국의 달러에 얽혀 있다. 전 세계에 산재해 있는 화교들은 중국의 중요한 정보원이고 이들은 돈을 벌면 중국에 투자하므로 부를 축적하는 핵심축이 되고 있다. 아시아 45개국에 산재해 있는 화교들의 막강한 정보와 금융자산은 향후 중국이 아시아, 세계 금융허브를 이룰 수 있는 원동력이다.

## 중국의 복지정책

중국 정부는 후진타오 주석이 집권하면서 공무원, 경찰, 군인, 교직자 등 공공근로자에게 월급을 두 배로 인상해 최고의 대우를 하면서 부정부패 방지정책을 펼쳤다. 이들이 수령하는 월급은 월 평균 3,000위안_한화 약 50만 원 수준이다. 월급의 액수는 한국의 최저 임금의 절반에 불과하지만 모든 가정은 부부가 근로에 종사한다. 정부는 이들에게 집을 무상으로 제공하고 전 과정의 교육비를 지급한다.

또한 교통비, 연료비까지 무상으로 지급하고 명절 때는 TV 수상기나 고급 가전제품을 보너스로 혹은 현물로 지급하기 때문에 이들이 받는 임금은 문화생활 정도에 지출하거나 전액 저축을 할 수 있다. 따라서 공공근로자의 경우는 최고의 복지를 누린다. 그러나 소규모 개인 사업장에 근무하는 일반 근로자는 이 같은 복지 혜택이 없어 절대 빈곤자로 살고 있다.

## 중국의 딜레마

중국 인구는 한족이 대부분을 차지 하지만 55개 소수민족이 살며 인구는 공식 통계 발표에서 약 13억 명이다. 그러나 강력한 산아제한 정책으로 호적 미등재 인구를 합치면 인구는 약 15억 명이라는 사실을 중국인들도 알고 있다. 14개 소수민족은 산아제한이 없어 자녀를 원하는 만큼 낳을 수 있지만 양육비를 감당 못해 이들도 1~2명의 자녀만 낳는다. 조선

족도 현재 약 230만 명이 살지만 이들은 여러 가지 차별대우를 받으며 살고 있다. 중국도 한국처럼 주민증과 유사한 신분증을 소지하는데 신분증에 한족, 위구르족, 조선족 등 민족을 기재해 제도적으로 소수민족을 차별한다.

중국은 1인당 GDP 약 4천 달러 규모로 아직도 도시와 농촌 간 소득격차, 사회 불평등 등 많은 문제에 직면해 있다. 매년 개혁 피로와 공산체제 스트레스, 열악한 처우를 받는 2억 명의 농민공_農民工 문제를 중국은 해결해야 한다. 흔히 중국 경제의 강점으로 13억 인구가 버팀목이 되는 내수시장이다. 그러나 중국은 오랜 기간의 공산주의로 내수 진작에 필요한 사회보장제도가 없다. 그리고 인구의 30%는 절대 빈곤층이다. 중국을 여행하면서 소도시나 농촌 풍경을 보면 주거 모습은 농촌이나 도시외경은 질서정연하고 선진국 수준의 아름다운 주택을 볼 수 있다. 그러나 마을에 들어가 이들이 사는 주거시설을 보면 너무나 열악하다.

중국도 선진국으로 가기 위해서는 물질적 부만 추구하지 말고 상대 국가의 이견을 수용하고 상대를 이해하는 자세, 포용하고 개방적인 공개된 자세가 중요하다. 중국이 진정한 대국이 되려면 인권보장과 1당 독재의 종식, 언론자유를 보장해야 한다. 빈부격차와 젊은층의 높아지는 요구에 충족시켜야 하고 아직도 최저급 농촌문제 해결 등 문제가 산재해 있다. 중국의 외교 형태는 아직 글로벌 리더로서의 자질이 부족한 것 같다. 중국의 임금시스템은 기업주 및 국유기업 관리자가 전체 급여의 절반 이상을 모두 싹쓸이 하는 독식 구조이다. 사회주의 국가 중국은 이미 고소득, 저소득층이 분절되고 있다.

19세기~20세기처럼 경제력이나 군사력만으로 국력을 평가하는 시대는 지났다. 현재 중국은 빈부격차는 더욱 벌어지고 사회통합을 해치는 악성 종양을 어떻게 치유하느냐가 관건이다. 1당 공산체제가 무너지면 큰 혼란에 직면할 것으로 스스로 진단하기 때문에 아직도 사회 곳곳에 공산체제를 고수하고 있는 것이다.

미국은 중국의 부상을 다양한 방법으로 교란시킬 것이다. 또한 중국은 거대한 콘크리트 덩어리로, 곳곳에서 온실가스 발생 세계 1위를 유지하고 있다. 그리고 아직도 국가의 정책이 개인보다 국가나 집단을 강요하는 중국의 유교적, 사회주의적 전통이 있는 한 중국이 선진국으로 진입하는데 한계가 있으며, 미국을 추월한다는 식의 단선적 평가를 내릴 수는 없다.

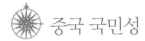 ## 중국 국민성

우리가 알고 있는 중국인들 하면 청결도가 떨어진다는 것이다. 중국 본토의 북방 국민들은 오랜 가난으로 건조하고 물이 많지 않은 땅에서 자란 사람들은 목욕이나 빨래 등에 여유가 없었기 때문이다. 필자도 1989년 북경을 방문 당시 중국인들을 보면 머리는 몇 일에 한 번씩 목욕, 세탁은 몇 주일에 한 번 정도하면서 사는 것을 자주 보게 되었다.

중국인 하면 우리는 흔히 '만만디'로 호칭한다. 이는 1949년 공산당이 집권하면서 경제체제를 단일 공유제 형태, 사회주의 계획경제에 의한 통제, 시장경제의 무시, 필요에 따른 평균 분배 방식으로 전환함으로써 국민 개개인으로 하여금 적극성이 상실하면서 만들어진 말이다. 그러나 개혁 · 개방 이후 국민들의 의식은 사회주의 계획경제에서 시장경제로 대전환함과 동시에 기업의 부속적 지위를 개혁하여 상대적으로 독립된 상품 생산자 및 경영자가 될 수 있게끔 변화시켰다.

　중국인은 외적인 환경이나 외모보다 실력과 실용을 중요시한다. 정장을 입고 넥타이를 매고 다니는 사람보다 점퍼나 편안한 옷을 즐겨 입는다. 더욱이 그들은 상사 상담 시 점퍼나 편안한 옷을 입었다고 해서 전혀 주눅 들지 않는다. 실질적인 것을 좋아한다.

　중국은 남녀평등사회로 거의 대부분의 여자가 직업을 갖고 있다. 사회주의 체제가 공고히 되면서 남녀평등이 일반화된 사회 관념이 되었다. 여성의 경우 경제적인 면에서 남자와 같이 결혼 후에도 직장을 계속 다니며 직장에서도 남녀가 똑같이 승진할 수 있게끔 되어 있다. 여자 고위관료 및 공장장, 총경리가 상당히 많으며, 가사노동, 자녀교육을 남녀가 같이 하는 경우가 많다.

　중국에서는 남자가 요리하고, 자전거 타고 시장을 보는 광경을 흔히 볼 수 있다. 중국 국민들은 직위, 연령, 성에 의해 차별대우를 받지 않는다. 차별을 받는다면 과거 한국의 이조왕정 때 여성에 대한 칠거지악_七去之惡이 있었든 것처럼 남자에게 칠거지악이 있다. 예를 들면 여자가 남자를 때리면 무조건 맞아야 하고 여자의 명령에 무조건 복종해야 하는 등 7가지 여성 우월 원칙이 존재하였다. 이는 1980년대까지 존재했는데 지금도 그 잔재가 남아 있다고 한다.

　후진국의 경우, 일반적 사항이지만 중국은 아직도 법체계가 발달되어 있지 않고 지키려는 법의식도 희박하다. 최근 개혁 · 개방 이후 외부로부터 각종 형태의 범죄가 발생하나 일부 범법자의 경우 자기의 행위가 위법 사실인지도 조차 모른다. 그들의 법의식은 중국인 특유의 '나 하나만 괜찮으면 된다' 라는 이기주의와도 결부되어 있다. 시장에서 저울 속이는 상인, 가짜 돈, 가짜 약, 가짜 골동품 등의 제현상이 변화의 과도기에 생기는 현상일지 모르지만 준법정신이 희박하다.

중국인은 인내심이 강하다. 사람의 힘으로는 자연을 이길 수 없다는 '천하대세' 와 '자연의 지배' 에 대해 자연환경에 순응하면서 살아온 데서 기인한다고 하겠다. 중국인은 포기를 잘한다. 중국인들은 '방법이 없다' 는 말을 즐겨 사용한다. 일을 추진하다가 난관에 부딪히면 쉽게 체념을 한다.

자기 일이 아니거나 자기의 이익과 관계없는 일에 대해서는 철저히 외면을 한다. 기차표, 영화관 표를 구입할 때에도 줄을 서서 기다리는 사람이 있는데도 끼어들기로 표를 사는 사람이 있어도 만류하지 않는다. 그러나 중국인의 개인주의는 일단 친구관계가 성립되면 흔적도 없이 사라진다. 우리들이 알고 있는 '중국인은 사귀기가 힘들지만 일단 사귀고 나면 자기 간까지 빼준다.' 하는 얘기를 실제로 확인할 수 있다. 중국인은 보편적으로 중화사상이란 민족적 우월의식을 가지고 있으므로 현지 고용원을 대할 때에도 동등 · 동류의식을 가지고 행동하는 것이 좋다.

중국인은 체면 깎이는 것을 상당히 싫어한다. 이는 중국 유교사상과 연관이 있다. 그래서 중국 부하 직원을 책망할 경우에는 필히 개인적으로 불러서 나무라야 하며, 중국인과 상담을 할 경우 상대방의 체면을 세워주면 상당히 쉽게 해결될 수도 있다.

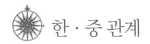 한 · 중 관계

1992년 8월 24일 수교로 62억 달러의 교역을 기록한 이래 2011년에 2,200억 달러를 기록해 35배가 증가하였다. 한 · 중 간 총 교역은 한국이 중국에 1,342억 달러를 수출하였고 864억 달러를 수입해 한국이 477억 달러 흑자를 기록한 계기가 되었다.

중국에는 현재 약 65만 명의 교민_조선족 제외이 살고 있으며 6만 6천 명의 유학생이 거주하고 있다. 양국 간 인적 교류는 초기 13만 명에서 640만 명으로 늘어나 명실공히 중요한 파트너 국가가 되었다.

한 · 중 관계는 멀리 삼국시대부터 시작되었다. 당나라는 신라의 주 교역 상대였으며 신라는 당나라에 비단, 마포, 금, 은, 인삼, 약재, 말, 모피, 공예를 수출했고, 비단, 약재, 공예, 서적을 수입했다. 고려는 정치적으로 송나라와 밀접한 우호관계를 맺으면서 북방민족을 견제했다. 또한 양국은 빈번한 교역을 통해 서로의 문물을 교환하였다. 조선시대의 전통적인 외교정책의 하나로는 중국의 왕조에 대해서 사대정책을 취하는 것이었다.

태조 이성계는 명나라에 사신을 보내어 새 왕조의 승인을 청하고 국호도 '화령_和寧'과 조선_朝鮮 두 개를 지어 보내서, 조선이란 국호를 선택받아 사용할 정도였다. 명나라, 청나라를 거쳐 일제 강점기, 해방 그리고 한국전쟁으로 이어져 오다 1989년 12월 냉전 종식이 선언되고, 1989년 5월에 소련의 고르바초프가 중국을 방문하여 중 · 소 관계가 정상화되면서 한 · 중 수교의 중요한 계기가 되었다. 그리고 노태우 정부의 한 · 소 수교의 성공이 중국에게도 영향을 미쳐 한 · 중 수교를 앞당겼다고 할 수 있다.

　중국은 한반도에 중대한 질문을 던지고 있다. 수세기 동안 조선의 왕들은 매년 조공_租貢을 들고 중국에 가서 충성을 맹세하고 중국의 보호를 받는 약속을 얻어 정권을 유지했다. 그러나 중국 왕조는 19세기 말 무력해진 중국이 서구 제국주의 세력에 의해 악화된 부패와 부조리로 무너지면서 붕괴됐다. 일본은 중국의 이런 취약함을 이용해 1895년 청일전쟁에서 중국에 승리하고 한반도 지배라는 엄청난 전리품을 챙겼다. 중국은 지금 북한에게 식량의 원천으로, 한국에는 주요 교역국으로 한반도에 큰 영향력을 행사하고 있다.

　그러나 중국은 북한이 핵무기를 포기하도록 설득하는 데 매우 실망스런 역할을 한다. 중국은 북한의 자기들만의 세습체제에 국제사회로부터 고립된 국가에 식량 문제, 에너지 문제 등의 헤게모니를 지고 있으면서 북한이 핵무기를 포기하는 부분에 방기_放棄하고 있다. 중국은 천안함 사건이나 연평도 포격마저도 '한반도 안정만' 되풀이 한다. 중국의 국력이 신장되면서 최근에 역사학자들을 통해 과거 발해가 동북공정을 이룩한 역사를 부정하고 있어 한·중 간 새로운 외교 마찰을 일으키고 있다.

　중국은 한반도에서 안정 논리는 결국 한국과의 무역으로 돈을 벌고 북한은 전략적으로 가치를 인정하기 위한 차원이다. 중국이 추구하는 아시아 정책은 아시아권의 베트남, 말레이시아, 필리핀 등 국가의 영해와 겹치는 남지나해를 장악하려는 전략을 구사한다. 이 같은 전략에 베트남은 중국의 남지나해 영유권 주장을 강력히 반대하며 미 해군 함정의 베트남 입항까지 허용하고 있다.

　역사는 적에서 동반자로 역전되는 즉 영원한 동반도 영원한 적도 없다는 세계사의 흐름 현상이 나타난 것이다. 한반도에서 동남아시아에서 공통의 문제는 중국의 부상에 어떻게 대응하느냐가 중요하다.

## 중국에 진출한 한국 기업

2000년대 이전에는 국내의 급격한 제조원가 상승 압력을 피하기 위해 대체 생산기지를 찾는 과정에서 지리적으로 가까우며, 저렴하고 풍부한 인력을 보유하고 있는 중국이 매력적인 투자대상지로 부상했다. 또 세계 최대의 잠재력을 가진 내수시장으로서의 매력에 이끌려 기업들의 대중국 투자 러시를 이루었다. 그러나 양적 증가에도 불구하고 중국의 불안정한 투자환경, 우리 기업의 역량 미흡 및 준비 부족 등으로 인해 실패하는 사례도 나타나고 있다. 중국내 토지, 인력난, 세수, 전력난 문제 등 각종 여건의 악화는 중국에 진출한 우리 기업에 부정적인 영향을 미쳤다.

양국은 1992년 8월에 수교 후 양국 간 교역은 2010년 기준 대중국 수출 1,161억 달러로 전체 수출비중의 31.9%, 수입 716억 달러로 수입비중 22.4%로 한국이 452억 달러 흑자를 기록하였다. 대중국 투자는 31억 7,000만 달러로 투자 대상으로 미국 1위에 이어 중국이 2위로, 중국은 우리의 최대 교역국이면서 경제 교류면에서 최대 국가가 되었다. 삼성진자는 중국 시안_西安에 세계 최대 반도체 공장을 설립 예정이다. 양국은 연간 약 600만 명의 인적 교류가 이루어지고 있으며, 인적 교류 확대로 중국에서 공부하는 한국인 유학생이 7만 명, 한국에서 공부하는 중국인 유학생 6만 명으로 상호 방문을 위해 대한항공이 중국 내 20개 도시에서 26개

노선을, 아시아나항공은 22개 도시 30개 노선을 각각 운항 중이다.

그러나 중국도 변하고 있다. 중국은 경제력 증가로 임금 수준이 급격히 상승하고 있고 사회보험 의무화, 노동쟁위 준수 등을 요구하고 있다. 그리고 중국 정부는 중국에 진출한 한국 기업에 종사하는 중국인들에게 중국 기업 임금보다 높은 임금을 요구한다. 평균 대졸 임금은 4천 위안_한화 약 70~75만 원 외에 4대 안전보험을 보장해야 한다. 중국은 한국 기업들이 대체로 중국 노동법, 법규, 규정을 잘 지킨다고 평가한다. 상하이 등 대도시에 진출한 한국의 기업들은 한국어 구사 능력이 좋은 중국인에게는 평균 임금보다 2~3천 위안을 더 지급해 좋은 대우를 하고 있다. 그러나 오늘날 중국에 진출한 중소기업체들은 사람을 구하지 못해 아우성이다. 중국 직원들이 임금 인상과 처우 개선을 요구하며 파업을 벌여 생산에 차질을 빚는 경우도 다반사다. 요즘은 과거 임금이 싼 중국에 진출했던 한국의 중소기업들이 사업을 접고 또 다른 저개발국으로 발길을 돌리거나 한국으로 되돌아오고 있다.

오늘날 중국을 아직도 국가 공권력이 움직인다고 생각하지만 개혁 개방 후 중국 최고 권력은 인민에게 있고 경제는 소비자에게 있음을 알 수 있다. 즉 중국도 인터넷 혁명을 통한 소통으로 모든 인민의 권리가 신장되고 있는 국가가 되었다.

# 소비에트연방_USSR | 러시아_Russia 외교

 김영삼 대표의 최초 소련 방문

1989년 겨울, 당시 김영삼 야당 대표는 소련 국책연구소 초청으로 모스크바를 방문하게 되었다. 당시 한국 언론들은 소련에서 방송을 시도하였지만 미수교국이면서 동서 간 냉전의 지속으로 소련 정부로부터 초청이 쉽지 않았다. 그러나 김영삼 야당 대표의 소련 방문을 계기로 KBS는 처음으로 소련 국책연구소에 취재를 요청하여 초청장을 받게 되었다.

연구소 측의 초청장이 비자를 대신하였고 여권에 출입국 스탬프도 없는 임시로 입국하는 형태였다. 김영삼 대표 소련 방문 때 필자는 9시뉴스 앵커와 PD, 카메라맨 등으로 구성된 극소수의 제작진이 처음으로 소련에서 방송제작을 위해 모스크바로 향했다. 공항에 도착하자 뚱뚱한 여자 안내원이 마중 나와 있었다. 이 여인이 가져온 차량에 탑승하여 호텔로 향하였다. 크렘믈린 대통령 궁에서 멀지 않은 시내 작은 호텔로 안내되어 숙소에 입실하였다.

배정된 숙소의 객실 출입문에 책상과 의자를 설치하고 붉은 완장을 두른 감시원이 출입문을 지키고 있었다. 담당 안내원이 없이는 절대 외출이 허용되지 않았고 식사도 반드시 안내원이 동행해야 가능했다. 호텔 식사는 검은 보리빵과 귀리 빵이 주 메뉴로 저급 수준이었다. 엄동설한의 모스크바 시가지는 매우 춥고, 그동안 러시아를 두려움의 대상으로 인식해서 도시에 대한 호감도 느끼지 못하였다. 호텔 정문에는 4~5세 어린이 집시가 언제나 우리를 노리다 다리를 잡히면 돈을 주지 않으면 절대로 풀어주지 않아 애를 먹었다.

모스크바 시에서 처음으로 KBS 9시뉴스 앵커 멘트를 붉은 광장에서 사전 녹화하고, 김영삼 대표의 방문 관련 인터뷰도 서울로 위성을 통해 전송하였다. 이곳에서도 중국에서처럼 방송분야 협조는 미수교국이라 협력이 안 되었다. 모스크바 시내는 연일 영하 10도 이하로 매일 눈이 내렸다. 도로는 눈과 얼음의 도시였다. 간간히 택시가 지나다녔지만 택시 잡기란 하늘의 별 따기였다. 그러나 택시를 잡는 방법이 있었다. 붉은색 말보르 _Marlbro 담배 한 갑을 들고 있다가 택시가 지나갈 때 담배 갑을 흔들면 택

크렘믈린궁 붉은 광장

시가 와서 선다. 택시비로 담배 한 갑을 주고 별도 택시 값을 주겠다고 흥정하면 목적지까지 갈 수 있었다. 미제 담배는 소련인들에게는 최고의 인기 기호품으로 구하기가 어려운 물건이었기 때문이다.

국영방송국은 정규 경찰이 출입문을 지켜 방문자는 반드시 방문 부서의 직원이 나와 동행해야 출입이 허용되었다. 문제는 국제업무 담당자나 대부분 직원들은 아침에 출근 후 자리를 비워 만나기가 어려웠다. 이유는 생필품을 사기 위해 국영상점이 문을 여는 시간에 줄을 서야 하기 때문에 모두 사무실을 비우는 것이었다. 고르바초프 대통령이 통치하던 시기에 1989년부터 소련은 재정위기로 국가 경제구조는 최악의 상황이었다. 모스크바 시에서 가장 큰 '굼백화점'에는 물건이라고는 없었다. 모든 국영가계는 생필품이 부족해서 정해진 시간에만 문을 열고 한정 판매만 한다. 그렇기 때문에 근로자들은 출근만 했다가 생필품을 사기 위해 대부분 외출을 했다. 이는 오랜 사회주의 관습으로 사무실을 비워도 문제가 되지 않는다고 하였다.

미국과 화해로 만든 모스크바 시내에 단 한 개의 '맥도날드 햄버거 가게'가 개점하면서 소련 현지화로 사 먹을 수 있게 되자 보리빵 맛에 지친 시민들은 맛있는 햄버거를 사 먹기 위해 차가운 날씨에도 불구하고 수백 미터에 이르는 시민들이 줄지어 기다리고 있었다. 물건이 없어도 시민들은 저항하지 못하고 현실을 인정할 수밖에 없는 것은 오랜 사회주의 억압정책에 길들여진 관습 때문 같았다. 당시 모스크바는 무질서와 식료품 품귀, 매서운 추위로 희망이 없는 도시 같았다. 눈이 내리는 자동차 앞 유리 와이퍼_wiper는 필수품이라서 자동차를 정지하면 와이퍼를 반드시 뽑아서 주머니에 넣고 볼일을 본다. 그렇지 않으면 도난을 당하니 어쩔 수 없다. 그만큼 모든 소비재가 바닥이 났기 때문이다. 밤이면 카페나 술집마다 매춘을 하는 여자 대학생들로 가득했다. 여대생들은 미화 100달러를 주면 외국인을 노인 혼자 사는 아파트 방을 임시로 빌려 이곳으로 손님을 안내하여 몸을 팔아 학교에 다니는 학생이 많았다.

이 같은 사실을 보고 결국 소련의 붕괴는 필연적이라는 사실을 알 수 있었고 불과 2년여 후에 소련은 해체되었다. 한 국가의 경제가 붕괴되어 나라도 국민도 수많은 고통을 당하는 모습은 한 순간에 일어난다는 사실을 알 수 있었다.

##  북한 식당에서 있었던 일

사상 초유로, 공산 미수교국 수도 모스크바에서 뉴스 제작을 마친 제작진들은 저녁 식사를 하기 위해 수소문 끝에 모스크바 시내에 있는 북한에서 직영하는 식당으로 향했다. 식당은 제법 큰 홀과 몇 개의 내실도 있는 모스크바에서 유일하게 한식으로 식사를 할 수 있는 곳이었다. 식당에는 젊은 북한 청년들이 국수 종류를 주문해 먹고 있으면서 우리를 가끔 쳐다보기도 했다. 모두 북한에서 파견한 벌목을 하는 노동자들이었다. 서빙을 하는 종업원은 우리 일행의 테이블로 와서 주문을 받으면서 "깔판을 주문할 것인가요?" 라고 물었다. 우리 일행이 무슨 뜻인지 몰라 대답을 못하자 "식사 때 반드시 먹는 밥 외에 기본 밑반찬을 주문하는지 묻는 것입니다."라고 설명해 주었다. 식사 때 주문하는 밥, 국수 외에 기본 반찬, 고기류, 국물, 술을 주문하도록 되어 있고 가격이 별도로 부과되는 방식이었다.

우리 일행은 깔판과 고기, 보드카 술, 밥을 세트로 주문해 열심히 먹고 있었다. 그때 방에서 식사하던 중년 신사 한 명이 보드카 술 1병을 테이블로 가져와 우리 일행들에게 술 한 잔씩 따라 주면서 "타국에서 동포끼리 만나 반가워 술 한 잔씩 드리는 것입니다."라며 이름도 안 밝히고 북조선 사람이라고 자기소개를 하였다.

일행들도 받은 술잔을 중년 신사에게 답례 술을 주면서 대화는 화기애애하게 무르익어 갔다. 그런데 한참 대화 도중에 방송제작팀의 KBS 9시뉴스 앵커 P씨가 "친구, 김일성이는 언제쯤 죽을 것 같애?"라고 물었다. 그러자 이 사람은 갑자기 벌떡 일어나서 "경애하는 수령님을 모독하다니!"라며 큰 소리로 노발대발하여 식당이 몹시 소란스러웠다. 곧 이어 방에 있던 북한인 여러 명 일행들이 몰려 나와 패싸움이라도 벌어질 듯한 일촉즉발의 순간이 되었다.

당시 모스크바 시에는 북한대사관을 비롯하여 북한에서 파견한 각종 상사, 근로자들이 북한의 독무대로 활동하고 있었지만, 우리는 공관이나 상사 등은커녕 우리 일행 외에는 한국인이라고는 아무도 없었다. 만약 이곳에서 집단 싸움이라도 벌어진다면 우리가 절대적으로 불리한 상황이여서 은근히 겁이 났다. 그러나 우리 일행들도 기세를 꺾지 않고 대항하자 이들도 각자 욕을 쏟아 내고 방으로 들어가 버렸다. 우리 일행도 서둘러 식대를 지불하고 호텔로 돌아 왔다. 북한 주민들에게 신처럼 생각하는 김일성을 친구로 호칭하고 죽을 날을 물어 본 것은 그들에게는 엄청난 충격으로 받아들인 것이다. 그러나 김일성은 불과 5년 후 1994년 결국 갑자기 사망하였다.

# 88 서울올림픽과 소련의 붕괴

88년 9월 28일 잠실체육관. 미국과 소련의 농구경기가 벌어지고 있었다. 이 경기를 지켜본 한국 관중들_주사파은 열광적으로 소련팀을 응원했다. 일부 관중들은 낫과 망치가 그려진 소련 국기를 흔들기도 했다. 심지어 "잘한다! 씨씨씨피"라는 엉터리 응원구호도 외쳤다. 러시아 키릴문자로 소련을 CCCP라고 표시하는데, 이를 영어 알파벳으로 옮기면 SSSR_소비에트연방공화국에 해당된다. 즉 키릴문자 CCCP는 '세세세르'라고 발음해야 한다. 그런데 일부 관중들이 소련 선수 운동복에 적혀진 러시아 키릴문자를 영어로 착각해서 '씨씨씨피'라고 읽은 것이다.

경기 결과는 82 : 76으로 소련팀의 승리였다. 세계 언론은 소련팀의 승리를 보도하면서 한국인들의 열광적 소련팀 응원을 대서 특필했다. 한국의 주사파들은 88 서울올림픽을 이른바 '분단올림픽 저지 투쟁'으로 전개하기 시작했다. 이들은 "88올림픽은 영구분단을 획책하려는 미국과 그의 하수인 군사독재 정권의 음모이기에 결사 저지해야 한다."고 주장하면서, 88올림픽을 저지하기 위한 각종 시위투쟁을 전개해 나갔다. 특히 주사파가 장악하고 있던 전대협_전국대학생대표자협의회은 '88올림픽 저지 투쟁'에 총력을 기울이고 있었다.

이러한 88올림픽 저지 투쟁노선은 이른바 '한민전_한국민족민주전선'이라 불리는 북한의 대남조직에 의해 주도됐으며, '한민전'의 대남방송인 '구국의 목소리' 방송은 "어떠한 희생을 치르더라도 분단올림픽은 반드시 저지돼야 한다"고 연일 선동하고 있었다. 그 결과 대학가는 88올림픽 반대 구호와 플래카드로 뒤덮여 있었으며, "88올림픽 저지"를 외치는 대학생들의 거리 투쟁으로 화염병과 최루탄으로 뒤덮였다. 당시 소련은 이른바 '평화와 민주주의, 그리고 진보를 향한 투쟁노선'을 주장하고 있었으며, "88올림픽은 평화와 진보를 위한 투쟁의 교두보가 돼야 한다."고 역설하고 있었다. "88 서울올림픽을 사회주의권 위상을 높이는 친사회주의 선전의 계기로 삼아야 한다."고 주장하고 있었던 것이다.

서울올림픽 개최 반대 주사파 조직들은 학생운동 조직을 통해 200명 정도의 행동대 조직이 훈련된 3학년 학생이 각각 1~2학년 학생 4~8명을 데리고 잠실체육관에 집결했다. 팀장 격에 해당되는 3학년 학생들은 이른바 '현장 지도부'의 지시에 따라 일사분란하게 움직였다. 미국에 대한 반감과 사회주의권에 대한 호기심, 그리고 약팀에 대한 동정심으로 어우러진 분위기가 체육관을 휘감고 있었는데, 약 200명의 조직된 응원단이 나타난 것이었다. 경기장은 완전히 소련 홈그라운드를 방불케 했다. 미국 선수들은 적지에 들어온 느낌을 받았을 것이다. 이러한 응원 탓인지, 예상을 뒤엎고 선전한 소련팀이 승리했다. 이날 외신의 주요 뉴스는 친미반공의 기지로만 알려진 대한민국에서 미국팀이 일방적으로 야유당하고, 소련팀이 응원되는 믿기 어려운 현상이 일어났다고 보도했다.

그러나 88 서울올림픽이야말로 "사망해 가던 소련 사회주의에 대해 마지막 일격을 가한 사건"이었다. 당시 소련공산당 중앙위는 "88 서울올림픽의 충격은 뇌사 상태로 누워 있던 소련 사회주의에게서 인공호흡기를 제거해 버린 것과 마찬가지였다."고 말하였다. 1980년 모스크바올림픽을 소련의 아프가니스탄 침공에 대한 항의로 미국을 비롯한 서구진영이 불참했으며, 이에 대한 항의로 1984년 로스앤젤레스올림픽을 동구진영이 불참했다. 그 결과 12년 만에 서구와 동구 진영이 모두 참여하게 된

88 서울올림픽에 대한 기대는 남다른 것일 수밖에 없었다.

당시 소련은 대한민국 수준을 우습게 알고 있었다. 서울에서 소련은 사회주의에 대한 선전장소로 삼으려 했다. 서방국가에서 열린 과거 올림픽과 달리 소련 언론에 대한 통제를 하지 않았다. 1985년 시작된 페레스트로이카_개혁와 글라스노스티_개방에 대한 고르바초프 정부의 의지를 강조하려는 의도도 있었다. 그런데 TV화면을 통해 비춰진 서울의 모습은 일반 소련 국민은 물론 소련 지도부를 경악시키기에 충분한 것이었다.

"서구가 잘 사는 것은 제국주의적 착취 덕분이며, 그나마도 일부 계층에 한정된 것"이라는 선전은 나름대로 설득력을 지닌 것처럼 들렸다. 그러나 대한민국의 모습은 달랐다. '미제국주의 착취 대상'인 한국이 저토록 발전된 모습을 보이다니? 도저히 이해할 수 없는 일이었다. 더욱이 페레스트로이카 등의 여파로 거의 여과 없이 서울의 모습이 소련 각 가정의 TV를 통해 방영되었다.

서울의 성공된 모습은 사회주의의 실패와 극렬한 대조를 이루며 소련 국민들 가슴 속을 파고들었다. 단지 소련 일반 국민들만이 아니었다. 소련 지도부도 '정신적 공황'을 맛보았던 것이다. 소련과 사회주의 국가들은 88 서울올림픽을 보고 충격을 받았으며, 마침내 1989년 베를린 장벽과 동구권마저 붕괴되었다.

 노태우 대통령 소련과의 수교에 얽힌 비사_秘史

고르바초프는 서울올림픽 개막 전날인 1988년 9월 16일, 시베리아의 크라스노야르스크에서 "한반도 상황이 전반적으로 향상된다는 전제 아래 한국과 경제관계를 공고히 하기 위한 기회가 생길 수 있다."라는 연설을 했다. 고르바초프는 또 "소련, 중국, 일본, 북한, 한국의 해안선이 만나는 지역에서 군비감축과 군사행동 제한을 위한 다자간 협상"을 제안했다. 노태우 대통령은 이에 대한 대응으로 1988년 10월 유엔총회 연설에서 고르바초프가 언급한 5개국에다 미국을 포함하는 "평화협의체" 구성을 촉구했다. 이후 1990년 5월 고르바초프 소련 대통령이 자신의 수석 외교 보좌관인 도브리닌을 서울에 보냈다.

한국에서 열리는 전직 국가수반회의_IAC:Inter Action Council 참석을 빌미로 방한한 도브리닌은 노 대통령에게 소련과의 경체협력에 관한 의사를 타진하고, "소련 측은 수교의사를 가지고 있는데, 한국에서 만날 수는 없고 워싱턴에서 미·소 회담을 전후해 샌프란시스코에서 만날 용의가 있다."라는 고르바초프의 의사를 노 대통령에게 전했다. 당시 소련 측은 도브리닌의 특수 임무를 극비로 추진해 외무장관인 셰바르드나제 조차도 모를 정도였다. 5월 23일에는 전직수반회의_IAC 참석자 초청만찬을 가졌는데, 노 대통령과 도브리닌은 청와대 상춘재에서 만났으나 한국 정부는 철저히 비밀에 부쳤다.

밀사는 노 대통령에게 한·소 정상회담 제의를 전하면서 "소련의 당과 군부, 외무부도 한국 정부와 정상회담을 반대한 상황이므로 한·소 정상회담 제의를 외교 경로를 통해 확인해서는 안 된다."고 전했다고 한다. 노 대통령의 측근 참모중에는 "그의 말 한마디에 놀아나는 희대의 사기극에 휘말리는 것이 아닌지 우려" 하는 사람도 있었다고 한다. 소련 측 보좌관은 노 대통령에게 방미 기간 중 "고르바초프 서기장은 샌프란시스코 시

인근에 있는 스탠포드대학에서 강연이 예정"되어 있다며 샌프란시스코에서 노태우 대통령을 만나자고 제의한 것이다. 노태우 대통령은 소련 측 제의를 수용하고 극비리에 회담 준비를 지시하게 된 것이다.

　노 대통령은 5월 24일부터 26일까지 일본 방문 후 외신들은 노 대통령이 소련 대통령을 만난다는 이야기가 조금씩 흘러나왔다. 발표는 나중에 하기로 한·소 양국이 합의해 놓고 있는 상태였다. 결국 노 대통령은 1990년 6월 5일 샌프란시스코에서 고르바초프를 처음 만났다.

 막후교섭

　샌프란시스코에서 회담을 하자고 한 것은 소련 측이지만 그 이전에 한국 정부는 몇 가지 채널로 소련에 접근했다. 제6공화국 들어서 북방정책을 추진하면서 중국을 염두에 두었다. 그러나 중국보다는 소련이 더 쉽다고 생각하고 더 빨리 성사될 수 있을 것이라고 판단해 소련을 집중 공략했다. 수교가 없는 상태에서 양국 정상이 모스크바 방문이나 고르바초프의 서울 방문은 불가능했다. 그러던 중에 고르바초프가 워싱턴을 방문하여 귀로_歸路에 블라디보스토크와 시베리아를 거쳐 돌아간다는 정보 보고가 있었다. 한국 정부는 즉시 소련 측과 접촉해 블라디보스트크에서 양국 정상이 만나자고 제의했는데, 소련 측이 도브리닌을 보내 샌프란시스코가 더 좋겠다고 회답해 온 것이다.

　도브리닌이 청와대 외교안보수석과 만남에서 소련이 경협 차관을 먼저 달라고 하자 외교안보수석은 "경협차관 의제는 모양새가 좋지 않다.

양측 모두에 좋지 않다. 수교 이전에 경협이 이루어지면 우리가 수교를 마치 돈으로 산 것이 된다. 당신네는 최대강국인데 먼저 경협을 받으면 수교를 돈으로 판 게 된다. 우리가 경협을 할 원칙이 있으니까 이걸 수교 뒤로 미루는 게 좋겠다."고 했다.

당시 외교안보수석은 도브리닌에게 "우리나라에서도 한·소 수교에 대해 비판하는 사람이 많다. 당신네들이 우리와 경협을 하는 마당에 북한에 고도 정밀무기, 전투기, 전차 미사일이나 군사협력, 군사원조를 주게 되면 경협이 어렵다."고 하자 "대북 군사협력은 한국과의 경협이 이루어지면 중단하겠다."고 했다. 그 약속이 지켜져서 그 후 소련은 북한에 전투기, 전차, 미사일 수출을 중단했다.

##  샌프란시스코 한·소 최초 정상회담

당시까지 소련은 군사대국으로 한국에게는 두려운 공포의 대상국이었고 특히 고르바초프 서기장의 '페레스트로이카_개혁' 제창으로 인기는 서방 세계에서도 최고조에 달해 있던 시기였다. 노태우 대통령은 국내에서 정치적으로 진정한 민주정부 실천을 위해 임기 중 중간평가 약속을 선언한 상태였다. 이 같은 상황에서 소련의 제의는 노태우 대통령에게 매우 중요한 외교 성과로 인정받아 국면전환을 꾀할 수 있는 기회였다. 외무부와 청와대는 이 만남을 극도의 비밀로 진행하였다.

그래서 통상 해외순방과는 다른 방식으로 정부 대표단도 극소수의 인원만으로 구성하여 정상회담에 대비하였다. 약속한 일정에 따라 노태우 대통령은 미국 샌프란시스코로 향했다. 의전이나 경호 인원도 필수 최소 인원만 동행하여 회담 하루 전 1990년 6월 3일 현지에 도착하여 샌프란시스코 시내 중심 언덕에 있는 '페어몬트 호텔'에 머물렀다.

그러나 고르비_애칭 대통령은 약속한 날짜 시간에 나타나지 않았다. 오전 11시가 되어도 나타나지 않아 수행단이나 노 대통령은 노심초사 불발까지 의심하기 시작하며 입장이 난처할 수도 있는 상황이었다. 노 대통령이 샌프란시스코에 도착한 후 정부에서 공식적으로 한·소 정상회담 개최 사실을 발표하여 국민들은 역사적인 양국 정상 만남의 내용에 전 국민의 관심은 샌프란시스코로 향하고 있었다. 오전 11시가 넘어서 고르바초프 소련 서기장 일행이 회담장 호텔에 도착하여 양국 정상은 역사적인 만남이 성사되었다.

KBS 중계차는 회담 전날 우여곡절을 겪으며 회담 장소인 호텔 내부에 카메라 한 대를 양국 정상이 처음 만나는 장소에 설치하여 위성을 통해 생방송으로 한국의 시청자들에게 방송할 수 있도록 준비해 둔 상태였다. 생방송 시작은 고르바초프가 도착하기 3시간 전부터 시작되었다. KBS 9시뉴스 메인 앵커 P씨와 해설자가 회담에서 어떤 의제가 논의될 것인지 해설을 하면서 호텔 앞에 운집한 수많은 샌프란시스코 시민들 모습과 함께 계속 방송하고 있었다.

회담 의제는 소련의 극심한 재정 악화로 소련 대외 외채에 대해 1989년 모라토리움_지불유예을 선언하여 고르바초프 서기장은 한국 측에 경제협력 차관을 요청하는 회담이었다. 결과론이지만 소련 측이 우리에 대해 관심을 가진 것은 소비재 때문이었다. 당시 소련은 개방을 하고 나서 소비재가 동나다시피 했다. 그래서 제일 급한 것이 소비재를 대줬으면 좋겠다는 것이었다. 그 다음에는 한국의 발전모델이 자기들에게 도움이 된다는 것이었다. 따라서 앞으로 소련이 시장경제 체제로 옮겨가는 과정에서 한국 기업과 한국 정부의 경제개발 담당 각료, 참모들의 협력을 받고 싶다는 것이었다. 게다가 소련이 외국으로부터 돈을 많이 차입하고 있는 형국으로 가능하면 현금 차관을 많이 받고 싶다는 입장이었다.

노 대통령은 고르비의 제안에 배석 참모들에게 "우리가 얼마 정도를 도와줄 수 있는지를 검토하라."고 지시했다. 참모들은 "소련이 제의한 50억 달러는 어렵고 30억 달러가 적당하다"고 보고하면서 반은 현금 차관, 나머지 반은 물자로 주는 게 바람직하다는 것이었다. 소련은 한국이 아시안게임과 올림픽을 치르면서 보여준 모습과 경제력, 한국의 능동적이고 자신에 찬 외교정책 등이 복합적으로 평가하면서 한국 측 제의를 수용하였으며 양국 정상은 한·소 수교에 합의하였다.

이 회담에서 고르바초프 서기장은 노태우 대통령에게 소련 방문을 초청하였다. 노태우 대통령은 정상회담 당시 고르바초프 서기장에게 대소련 차관 문제 외에 "김일성과 만남을 주선해 달라."고 요청하였다는 사실과 고르바초프 서기장이 "기념촬영을 거부하려 했다"고 그의 회고록을 통해 발표하였다. 물론 회담 당시에는 뉴스로 발표하지 않았던 비밀 사항을 20여 년이 지나 공개한 내용이다.

샌프란시스코 정상회담 후 양국은 외교적으로 모든 분야에서 급속도로 발전하여 동년 12월 14일에 노태우 대통령의 역사적 소련 방문으로 이어져 마침내 또 하나의 우방을 만들었다. 이를 계기로 1990년 10월 30일 소련 주재 한국대사관을 모스크바에 설치하였고 연말에는 이중과세방지협정, 투자보장협정 등을 체결하였다.

1990년 12월 14일부터 17일까지 노태우 대통령이 소련을 방문하고 이듬해 4월에 고르바초프 서기장이 제주도를 방문하여 2차 정상회담을 가져 양국관계는 오랜 우방국처럼 급속히 발전하였다. 그러나 소련의 재정위기는 계속되자 1991년 8월 소련 보수파가 중심이 된 쿠데타가 일어났다.

쿠데타를 계기로 소련 연방이 해체되고 러시아연방, 우크라이나 등 10개 공화국_CIS, 독립국가연합이 독립하였다. 소련이 해체되면서 러시아로 국가명이 바뀌고 보리스 옐친을 대통령으로 선출하였다. 1992년 옐친 러시아 대통령이 방한하여 한 · 러 기본관계조약에 서명하고 옐친 대통령은 처음으로 민간여객기 대한항공_KAL을 러시아 공군기가 시베리아 상공에서 격추하여 수많은 민간인이 희생된데 대해 공식적으로 사과를 하였다. 1994년 6월 김영삼 대통령이 러시아를 방문하여 북한 핵문제 공조, 양국 간 교류 확대 방안에 합의하였다. 이를 계기로 러시아는 1996년 러시아와 북한 간 군사동맹관계를 폐기하였다.

 한 · 소 정상회담 8시간 생방송 일화

1990년 6월 2일 회사에서 퇴근하여 집에 도착하여 현관문을 열자마자 아내가 "빨리 회사에 전화를 하라."는 것이었다. 그 당시에는 휴대전화가 없는 시절이라 집전화로 회사에 전화를 하니 "즉시 다시 회사로 나오라."는 것이었다. 또 외국에서 큰 사건이 발생하여 '위성시간을 빨리 확보해야겠지.' 생각하고 저녁도 안 먹고 회사로 나갔다. KBS 보도본부장 방에는 본부장, 보도국장, 보도기획국장, 청와대 출입기자 등 핵심 간부들이 대기하고 있었다.

필자가 도착하자마자 보도본부장은 청와대 출입기자에게 상황 설명을 하라고 지시했다. 설명 요지는 1990년 6월 4일 현지시간 오전 10시에 미국 샌프란시스코 '페어몬트 호텔'에서 노태우 대통령과 소련 고르바초프 서기장이 정상회담을 하는데 역사적인 한·소 정상회담 장면을 생방송으로 중계해야 한다는 것이었다.

동서 냉전체제에서 미·소 간 대결에서 시베리아 상공에서 민간여객기의 미사일 격추로 수많은 민간인이 희생되면서 군사적 초강대국인 소련과 대적조차 못했던 한국은 소련이라는 말만 들어도 두려움의 대상 국가였을 시기였다. 이 회담은 공식적으로 청와대가 외교라인을 통해 추진하는 해외 순방외교가 아닌 모든것은 극비리에 추진되어 아직 공식 발표도 하지 않은 시점이었다.

이 방송계획은 KBS, MBC 간 특종 보도로 경쟁해야 하는 대형 핫뉴스라는 것을 직감으로 알 수 있었다. 당시에는 민방인 서울방송_SBS도 없었고 케이블뉴스 전문채널 연합텔레비전뉴스_YTN, 매일경제뉴스_MBN 등도 없었기 때문에 오직 두 방송사가 치열한 특종 경쟁을 하던 시기였다. 회의 내용은 6월 4일 역사적인 한·소 정상회담을 미국 샌프란시스코 시에 있는 '페어몬트 호텔' 회담장에서 생방송으로 방송하여 시청자들과 국민들을 깜짝 놀라게 하는 것이었다.

특별 생방송 제작팀은 회의에서 9시뉴스 앵커와 외곽 취재 펜기자와 카메라기자, 편집, 생방송 연출 PD 등 극소수의 인원으로 구성하였다. 필자는 사무실로 돌아와 여러가지 방법을 생각해 보았다. 정상회담 장소가 샌프란시스코 시내 정상에 있는 '페어몬트 호텔'이라 위성시간을 확보하는 것이 가장 큰 문제라고 생각하였다.

### ⚡ 생방송 준비

샌프란시스코가 큰 도시가 아니기 때문에 큰 이벤트를 방송으로 제작하는 데는 한계가 있다는 판단을 하고 LA에 있는 필자가 평소 잘 알고 지내던 미국의 유명 방송 제작회사인 '프로덕션' 사장인 '로버트 월드 _Robert Wold'에게 전화를 하였다. 그는 마침 퇴근하지 않고(LA와 서울의 시차는 17시간) 사무실에 있었다. 반갑게 안부 인사를 나누고 샌프란시스코에서 "한·소 정상회담을 생방송으로 커버해야 한다"는 내용을 설명하고 비밀을 지켜 줘야 한다고 다짐을 하였다. 그에게 "방송 제작용 중계차와 SNG 임차"를 부탁하였다. 사장은 비밀은 걱정말라며 "원더풀" 하면서 무척 좋아서 펄쩍 뛰었다. 자본주의 전형적인 대표 국가인 미국 기업인들은 돈벌이면 세계 어디든지 달려가는 근성이 있어 미국은 필자가 좋아하는 나라다.

사장은 "미스터 림 파트너가 무척 아름다운 처녀"라고 강조하며 낄낄 웃으며 현장 담당자에게 전화를 바꿔 주었다. 알고 보니 LA방문 때 몇 번 만났던 '제인'이라는 여자였다. 그녀에게 가장 먼저 SNG_Satellite News Gathering 중계차량에 카메라 3대, 휴대전화를 포함한 일체 방송 제작 장비를 탑재시켜 샌프란시스코로 즉시 이동하라고 주문하였다. 회사의 누구와도 상의하지 않고 필자 스스로 결정한 것이다.

제인에게 "중계차량, SNG차량이 현장에 도착하면 즉시 샌프란시스코 시 경찰서에 가서 회담장 페어몬트 호텔 앞에 차량 '주차허가증'을 받고 서울 KBS 제작스튜디오와 샌프란시스코 중계차 간 통신전용 전화선 2대를 신청하라"고 주문하였다. 샌프란시스코 호텔 예약을 부탁하고 다음 날 호텔에서 만나기로 약속을 하고 전화를 끊었다.

수차례 미국 프로덕션사와 방송 제작을 하면서 경험한 일로 프로덕션사는 방송제작 수주를 받으면 책임감이 투철하여 모든 구성원은 팀장에게 절대 복종하고 고객을 최고의 왕으로 대접한다. 방송 제작 현장에 중계차를 설치하면 주변에 경계띠를 두르면 가장 먼저 간이 화장실이 경계띠 안에 설치되고 제작 스탭들에게 음식을 제공하는 '셰프'가 나타나 음식 주문을 받는다. 셰프_Chef는 근무지로 음식을 배달하고 모든 종사자들은 근무지 안에서 식사와 용변을 해결한다. 제작 스탭들은 중계차 설치 현장에서 절대로 외출을 못한다. 돈벌이면 무조건 좋아하고 근로자는 업무에 최선을 다해 고객에게 만족할 만큼 헌신적인 서비스를 한다. 그러나 이들은 식사를 하면서 필자가 밥을 안 먹은 줄 알면서 절대로 빵 한 조각 먹어보라는 말을 안 한다. 대단히 야속하지만 미국인들의 문화로 이해해야 한다.


### ⚓ 현지로 출발

전화를 끊고 워싱턴 D.C에 있는 인텔샛트 국제위성 예약센터에 전화를 걸어 6월 4일 사용 가능 위성시간을 전부 파악한 다음 총 8시간 동안 위성을 한국통신_KT에 예약을 마쳤다. 물론 최종적으로 위성시간 확정은 안 된 시간이지만 8시간 동안 예약을 한 것이다. 중간마다 이미 다른 나라에서 위성 10분_기본 위성 사용시간 시간이 수차례 예약된 관계로 8시간 동안 10분씩 공백이 생겨 사용할 수 없었지만 본사에서 다른 자료 화면으로 커버하거나 서울 스튜디오에서 진행자가 해설방송을 하면 되기 때문에 큰 문제가 안 되었다. 필자는 제작팀 일행들보다 먼저 혼자 아침 일찍 샌프란시스코행 비행기에 탑승하기 위해 공항으로 향했다. 김포공항에서 샌프란시스코 직항 비행기에 탑승하니 갖가지 걱정이 앞섰다. 아무리 하드웨어를 준비했어도 위성시간 확보가 안 되면 만사가 허사기 때문이다.

현장의 입지 조건이 좋지 않은 것을 알고 있었기 때문에 모든 것이 걱정만 앞섰다. 김포공항을 이륙하여 비행 11시간 만에 비행기는 샌프란시스코시 상공에서 착륙을 위해 고도를 낮추고 있었다.

토목 공학적으로 도저히 건설할 수 없다는 불가사의한 붉은색 '금문교_Golden Gate Bridge'가 멀리 보이고 시내 언덕에 자리 잡은 빌딩들도 보였다. 세계에서 가장 아름다운 다리라는 명성을 가진 금문교는 1937년 5월 27일 개통했다.

캘리포니아 주 서안의 샌프란시스코 만_灣과 태평양을 잇는 골든게이트 해협을 가로지르는 이 현수교는 마린반도로 이어지고 동쪽은 오클랜드와 마주보고 있다. 녹 쓰는 것을 방지하기 위해 붉은색 페인트를 매년 도색하는데 1년이 걸린다고 한다. 길이 2,825m, 너비 27m, 다리 중앙부는 해수면으로부터 81m나 돼 다리 밑으로 대형 선박은 물론 비행기도 통과할 수 있게 설계되었다.

국제공항에서 입국 수속을 마치고 택시를 타고 시내로 향하는 샌프란시스코 시내 상공의 하늘은 너무나 맑고 아름다웠다. 샌프란시스코 시는 캘리포니아 주 서부에 속하며 인구는 약 80만 명이 사는 쾌적한 도시로 매년 수많은 관광객이 방문하는 항구도시다. 금문교를 찾는 것 외에 시내 항구에서 즐기는 다양한 체험 외에 도심 정상까지 설치된 비탈길 땅

위에 철로를 깔고 차량을 케이블로 운행하는 케이블차를 타는 것도 관광 코스다.

이 도시는 미국에서 동성애자가 가장 많이 사는 도시로 1990년 초 큰 지진으로 피해를 입었을 때 하늘의 저주를 받아 지진이 발생하였다고 한 도시다. 시 인근에 사립 명문 스탠포드대학과 버클리대학이 있고 IT 메카의 실리콘밸리로 유명한 '산호세' 도 가까이 있다. 샌프란시스코는 대통령 방미 때마다 필자도 여러 번 방문한 곳이지만 이날처럼 시내로 가는 시간이 오래 걸리는 때는 없었다. 그만큼 마음이 급하고 초조해서였다.

정상회담장 근처 호텔에 도착하여 약속한 호텔 로비에서 제인을 만났다. 차량을 타고 밤새도록 이동하여 조금 전에 도착했다는 것이었다. 반갑게 인사를 나누고 함께 회담장 앞에 세워둔 SNG_Satellite News Gathering : 위성을 통해 뉴스를 중계한다는 용어 중계차량에 가서 우리가 필요한 방송제작 장비들을 점검 결과 문제가 없었다.

그러나 제인의 설명에 의하면 이미 미국 FBI_Federal Bureau of Investigation 연방수사국와 소련 KGB_Commitee for State Security 소련비밀경찰 요원들에 의해 샌프란시스코 전화국마다 통신실에 밀봉스티커를 붙여버려 우리가 반드시 현장에서 사용할 전화선을 중계차까지 설치할 수 없다는 것이었다. 생방송에 있어서 서울 KBS와 미국 현지 중계차와 상호 위성 대담을 하고 연락을 할 수 있는 전화가 안 된다니 난감했다. 다행히 코디네이터가 휴대전화기 한 대를 가지고 있다는 것이었다. 무선전화기는 무전기만큼 큰 것이었지만 서울에 전화를 해 시험해 보니 통화가 잘 되었다. 또 전화기에는 수신용 잭_Jack이 있어 이 전화기로 현장 앵커와 서울 KBS뉴스 부조정실과 통화가 가능했다.

그러나 KBS뉴스 진행부조와 연락할 전화가 없었다. 당시 미국에서도 휴대폰을 지금처럼 임차해 사용할 수가 없는 시대였다. 미국은 위성 강국으로 이때 이미 휴대폰 크기가 큰 무전기만한 휴대전화기를 특수업체만 사용하는 시기였지만 한국에는 당시에 휴대폰이 없었던 시기였다. 마지막으로 한국통신_KT 위성청약센터에 전화를 하니 담당자가 전날 청약한 위성시간이 모두 사용 확정이 되었다는 것이었다. 천만다행이었다.

제인은 중계차 제공 회사 직원이 시내로 진입하면서 샌프란시스코 경찰서에 가서 주차 장소 차량 주차허가증을 받아와 운전석 쪽 유리에 붙여 호텔 앞에 주차하였고, 차량 주변에 출입 금지용 가드레일까지 설치하였다고 알려 주었다. 중계차 설치 장소 사용 문제가 해결되었다. 미국은 사전 허가 없이 절대로 차량을 특정지역에 주차할 수 없다는 사실을 많이 경험하여 시급한 문제를 코디네이터에게 미리 주문하였던 것이다. 모든 것이 순조롭게 해결되었다. 곧이어 KBS 방송 제작진들이 도착하고 대규모 인원의 MBC 제작진도 회담장 근처에 보였다. 마지막으로 회담이 예정된 다음날 아침 일찍 정상회담장 안에 두 지도자가 만나는 장면을 촬영할 카메라를 설치하는 문제가 남아 있었다.

아침 일찍 LA에서 온 프로덕션 중계차 팀들이 카메라 케이블을 설치하자 미국 FBI, 소련 KGB 요원들이 집요하게 방해하였다. 다행히 고르바초프 대통령 도착시간이 예정보다 늦어져 시간적 여유는 있었다. 평소에 잘 아는 청와대 근접 경호원들에게 협조를 받아 간신히 카메라 케이블과 카메라 한 대를 호텔 내부 회담장 로비에 설치할 수 있었다.

이 카메라 한 대가 회담장에 소련 고르바초프 대통령 도착 장면과 노태우 대통령과 고르바초프 서기장의 최초 만남을 생방송으로, 한국으로 보내 한국 국민들이 시청할 수 있는 유일한 매체였다. 미국 중계차 방송 제작진들이 약 50미터 떨어진 중계차에서 호텔 내부까지 카메라 케이블을 설치하기 위해 호텔 유리문과 계단을 오르내리며 열심히 작업한 결과 성공적으로 카메라 설치를 완료할 수 있었다.

### ☆ 특별 생방송 시작

생방송은 현지시간 오전 8시 한국시간 새벽 1시에 시작되었다. 회담이 예정된 시간 훨씬 전부터 현지에서 생방송은 시작하였다. 한·소 정상회담을 생방송하는 자체가 방송 역사에서 큰 사건이었기 때문이다. 회담장 현장 중계차에서 생방송 장면은 대서양지역인 샌프란시스코에서 한국으로 위성 전송이 안 되기 때문에 SNG를 통해 미국 국내 위성을 통해 독일 '라이스팅' 지역 위성지국에서 수신하여 다시 태평양 위성과 인도양 위성을 번갈아 가며 사용하도록 8시간이 예약되어 있었다. 다른 나라가 위성시간을 예약하여 몇 번씩 10분씩 현장 중계가 중단되기도 하였지만 8시간 동안 생방송을 하는데 큰 지장이 없었다.

단일 방송 프로그램을 8시간 동안 위성 생방송을 한 것은 한국 방송역사상 최초였다. KBS가 이미 생방송을 진행하고 있는 시간에 치열한 경쟁자 MBC도 KBS 중계차 차량보다 50미터 뒤에 자리를 잡아 방송을 준비하고 있었다. MBC는 중계차를 호텔 근처에 설치하려고 했지만 샌프란시스코 경찰청으로부터 중계차 설치 허가를 받지 못해 회담장 권역과 아주 먼 곳에 중계차를 설치하였다. 양 방송사는 무언의 방송 경쟁이 시작되었다.

오전 9시쯤 샌프란시스코 시민들이 고르바초프를 보겠다며 구름처럼 몰려들었다. 잘 생긴 '페레스트로이카' 제창자 고르바초프는 미국 시민들에게 인기가 대단했다. 기마 경찰들이 거리 정리를 하였지만 너무 많은 인파 때문에 현장 정리에 애를 먹고 있었다. 예정된 시간에 고르바초프는 나타나지 않았고 노태우 대통령은 호텔 숙소에서 대기하고 있었다. 나중에 안 일이지만 스텐포드대학에서 강연시간이 지연되면서 외교적 결례를 하였다고 한다. 예정된 시간이 훨씬 지나서야 고르바초프 서기장이 '페어몬트호텔' 회담장에 도착하여 노태우 대통령과 역사적인 첫 만남이 이루어졌다.

KBS가 간신히 설치한 카메라를 통해 두 정상이 만나는 장면들이 국내 시청자들에게 생생히 전달되어 새로운 방송의 역사가 탄생되는 순간이었다. 회담이 지연되었지만 정상회담은 예정대로 진행되어 이 장면은 KBS 전파를 타고 시청자들에게 방송함으로, 노태우 대통령은 국내외적으로 야당 정치인들에게 중간평가를 약속한 정치적 부담을 들게 되는 계기를 만들었다.

 샌프란시스코 한 · 소 정상회담 결과

이 회담에서 고르바초프 소련 서기장은 소련의 외채 모라토리움_지불유예) 상황을 설명하고 한국 정부에서 약 50억 달러 경협차관을 제공해 달라고 타진하였다. 노태우 대통령은 "50억 달러는 부담이 된다." 며 "30억 달러의 차관을 제공하는 수정안을 제시" 하면서 대신 "소련과 한국이 정식 외교관계를 수립하자"고 제의하였다. 고르바초프 서기장은 노태우 대통령이 수정 제의한 30억 달러 차관 제공을 수락하면서 한 · 소 양국 간 외교관계는 물론 모든 분야에 동반자 관계를 맺기 위해 노태우 대통령이 빠른 시일 내에 소련을 방문해 달라고 초청하고 노 대통령도 초청을 수락하였다. 냉전시대를 마감하고 두 나라간 수교를 한다는 발표는 전 세계 유명 보도 매체를 통해 KBS가 현장에서 생방송한 장면을 인용하여 보도함으로 한국과 소련은 국제사회의 집중 조명을 받게 된 것이다. 대통령의 결단력과 외교능력이 얼마나 중요함을 보여주는 대변혁의 외교 성과였다.

## KBS, MBC 방송 경쟁에서 KBS의 완벽한 승리

회담 후 노 대통령은 워싱턴 D.C로 이동하여 미국 대통령과 비공식 회담이 예정되어 있어, 우리 제작진도 샌프란시스코 중계를 마무리하고 워싱턴 D.C로 이동하였다. KBS 제작진은 워싱턴 D.C에 있는 한식 식당에서 식사를 하다 우연히 MBC 제작진들과 만났다. KBS 제작진들은 바로 옆 테이블에서 MBC 제작진들이 있는 것을 보고 승리에 도취하여 술을 주고 받으며 중계 성공을 자축할 때 MBC 제작진 테이블에서는 침묵 중에 밥만 먹고 있었다. MBC 제작진은 중계차 방송 장소가 회담장 호텔과 거리가 너무 멀고 수많은 미국인들 때문에 카메라 케이블을 설치하는데 시간이 오래 걸렸다. 설상가상으로 카메라 케이블 길이가 짧아 호텔 내부까지 설치하지 못했다.

또 KBS가 위성시간을 먼저 선점했기 때문에 MBC는 위성시간도 확보하지 못했고 카메라 케이블 설치도 실패하여 역사적인 한·소 정상회담 현장 방송을 하지 못하고 완벽하게 방송을 펑크 낸 것이다. MBC는 9시뉴스의 메인 앵커, 해설자와 PD 등 많은 제작진이 KBS와 경쟁하기 위해 현장에 투입했지만 방송은 완전 불발로 끝나 당시 상황은 방송사 입장에서 치욕적인 사건으로 MBC 집행부는 후일에 대규모 문책 인사를 단행했다는 소식을 듣고 한편으로 대단히 미안했다. 외국에서 방송 뉴스의 특종은 핫뉴스가 발생 시 빠른 정보력과 위성시간 선점, 발 빠른 하드웨어 소프트웨어의 대처가 얼마나 중요한 사실인지를 일깨워 주는 것이기에 방송제작 일화를 소개하였다.

워싱턴 D.C에서 한·미 정상회담 행사를 마치고 귀국 길에 KBS 제작진들은 일부는 서울로 귀국하고 필자와 앵커 등 몇 명만 하와이로 이동하였다. 와이키키 해변에서 KBS 9시뉴스 앵커멘트를 제작하여 위성을 통해 서울로 보내고, 다음날 호놀룰루 섬의 여러 곳을 관광하고 제2차 세계대전 동안 일본군의 진주만 공습으로 격침된 바다 속 미주리 호, 애리조나 호 항공모함을 구경하였다. 호놀룰루에서 방송을 마치고 귀국할 때 대한항공_KAL 측에서 1등석 좌석으로 업그레이드 해줘 처음으로 비행기 1등석 좌석을 타 보았다. 대한항공 측의 배려에 너무 고마웠고 돈의 위력을 실감할 수 있었다.

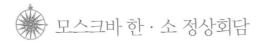

## 모스크바 한·소 정상회담

필자는 소련의 급변하는 과정 동안 당시 김영삼 대표 소련 방문을 시작으로 역대 대통령마다 러시아 방문이 이어져 그때마다 모스크바 시를 방문하였다. 당시에 모스크바는 방문 때마다 상황이 달랐다. 이는 정치적 격변, 경제적 어려움 등으로 모스크바는 저무는 나라임을 알 수 있었다. 그러나 양국 간 외교적 관계 개선으로 역사적 한·소 정상회담은 결정되어 청와대 의전, 경호, 홍보로 구성된 사전 선발팀이 구성되었지만 필자는 이들과 합류하지 않고 미리 모스크바로 출발하였다.

회담 의제와 경호 회의는 양국 대표자 간에 크렘플린 궁에서 이루어져 필자는 크렘플린 궁에 갈 필요가 없었다. 대신 소련 국영방송_GOSTELE RADIO 측과 중계차 임차, 전송용 장비를 임차하면 뉴스 진행이 됨으로 처음부터 방송사 측과 준비만 하면 되었다. 예전에 수차례 국영방송국을 방문한 적이 있어 방송국 국제협력 담당자를 잘 알고 있었기 때문에 우리가 요구하는 사항들에 대해 우호적으로 협조해 주었다. 대통령의 공항 도착 장면 생중계, 모스크바 호텔 프레스센터에서 서울로 뉴스 직접 전송을 위한 준비만 하면 되어 쉽게 문제가 해결되었다.

공식행사로 의회 연설, 모스크바대학에서 연설 등 행사가 다양하고 복잡했지만 방송사 측에서 모두 협조를 잘 해줘 생방송을 하는데 문제가 없었다. 청와대 홍보실에서 보도를 위해 크렘플린 궁에 인접한 유럽에서 가장 큰 호텔인 '모스크바 호텔'에 신문, 통신, 방송보도를 위해 프레스센터를 만들었다. 모스크바 행사 후 노 대통령은 상트 페테르부르그_구 레닌 그라드를 방문하는 계획이 예정되어 있어 필자는 이곳에서 뉴스 준비를 위해 혼자 상트 페테르부르그행 국내선 비행기에 탑승하였다. 상트 페테르부르그 지방 방송국을 방문하여 필요한 사항들에 대한 협조를 구하고 사무실에서 중년 여성들이 주는 큰 커피 잔에 블랙커피와 빵을 얻어먹었다.

사회주의 국가는 어디를 가도 방송국 제작 요원들은 여자 직원이 대부분으로 한국과는 크게 다르다. 할머니, 중년, 젊은 여인들이 방송 프로그램을 제작하고 남자들은 힘든 조명 부분을 담당하는 몇 명만 볼 수 있다. 모든 협조가 가능하다는 담당자에게 위성시간을 전하고 다시 모스크바로 돌아왔다.

청와대 홍보팀에게 크렘블린 측과 협의한 사항들을 확인 결과 크레믈린 대통령궁에서 벌어지는 공식 환영식이나 정상회담, 공동성명 등의 행사는 중계차 출입을 허용하지 않는다는 것이었다. 결국 크렘블린 궁에서 공식 환영식 장면 생중계를 포기하고 대신 공항 도착 장면만 생중계하는 것으로 결정하였다.

 모스크바 택시기사 집 방문

한·소 정상회담 사전조사 기간 동안 모스크바 시에서는 일반 차량의 렌터카 제도가 없어 활동 기간에 택시를 이용하였다. 특히 겨울철에는 택시 잡기가 어려워서 택시를 렌트하는 것이 훨씬 경제적이었다. 렌트 택시 기사는 영어가 유창하지는 않아도 의사소통은 되었다.

기사는 하루 렌트 요금으로 미화 200달러를 요청하였지만 홍정을 하여 하루 150달러를 지불하는데 합의하여 택시를 이용하니 업무를 보는데 수월했고 기사도 매우 좋아했다. 그는 택시를 운전하면서 "이젠 사회주의는 망했으니 열심히 일해서 돈을 많이 벌어야 한다."고 눈을 크게 뜨고 강조했다. 금발 머리에 눈동자가 파란 눈을 가진 체구가 큰 청년이었다. 하루 업무가 일찍 끝나 택시기사에게 "귀가해도 좋다"고 하니 "자기 집에 가서 저녁 식사를 함께 하자."는 제안을 하였다. 이외의 제안에 가정집을 방문하는 것도 괜찮을 듯싶어 이른 저녁 시간에 기사 집에 도착하였다.

어린 아들이 한 명 있었고 부인이 반갑게 맞아주었다. 부인은 백인이었지만 정숙하고 동양적인 관능미가 있는 예쁜 모습을 한 30대 초반인 듯 했다. 아파트는 15평 정도의 집이고 실내는 평범한 장식품도 갖추고 있었다. 부인은 얼마 후 술과 안주를 준비해 상에 차려 식전 술상을 차려주었다.

술은 보드카와 맥주, 포도주 등 여러 가지가 나왔다. 기사는 "보드카를 각 1병씩 마시자."고 제의하였지만 나는 "보드카 대신 포도주를 마시겠다"고 하니 기사는 도수가 높은 보드카를 마시겠다고 하였다. 술안주는 가지 속을 파내고 양념과 다진 고기를 넣어 찐 것이 가장 맛있었고 다른 안주도 입에 잘 맞았다. 기사는 술자리에서도 "소련이 더 일찍 망했어야 했다"고 또 열을 올리면서 이제는 자신이 "더욱 열심히 일해서 부자가 될 수 있다"며 포도주를 따라 주었다. 저녁 식사를 마치고 빈손 방문이라 부인한테 봉투에 100달러 한 장을 넣어 선물로 전달하니 기사와 부인은 무척 좋아했다. 기사는 술에 취해 자신의 차로 호텔에 태워준다고 우겼지만 집 앞에 나와 다른 택시를 타고 호텔로 돌아왔다. 기사의 넋두리는 그동안 사회주의 국가에서 겪은 고통에서 해방되는 순간을 단편적으로 표현한 것이지만 오랜 소련 사회의 많은 점을 시사해 소개하였다.

 KBS, MBC의 두 번째 방송 경쟁

노태우 대통령의 최초 소련 방문은 한국민들은 물론 언론사들에게는

여러 가지로 중요한 핫뉴스였다. 당시에는 KBS와 MBC 외에는 다른 민영 방송사가 없었기 때문에 양사는 청와대 출입기자단과 별개로 대규모 방송단을 구성하였다. 최초로 모스크바에서 저녁 9시뉴스를 진행한다는 계획으로 양방송사 특집 방송단은 모스크바에 도착하였다. 뉴스 PD, 외곽 취재를 위한 대규모 펜기자, 카메라기자로 구성하고 뉴스 편집기 등 제작용 장비와 9시뉴스 메인 앵커들도 함께 도착하였다.

특히 MBC는 샌프란시스코에서 한·소 정상회담 생방송 경쟁에서 불방_不放의 실패를 만회하기 위해 대규모 제작단을 구성하고 백미_白米 한 가마와 전기밥솥, 부식을 운반해와 모스크바 호텔에 베이스캠프를 차렸다. KBS도 노 대통령 방문 전에 9시뉴스 메인 앵커와 대규모 방송단으로 구성된 사전 제작팀을 모스크바에 파견하여 프레스센터로 사용할 모스크바호텔에 취재 캠프를 차려 양사 취재진들은 불꽃 튀는 취재 경쟁이 벌어졌다.

그러나 위성을 공동으로 사용하기 때문에 특종도 상대사가 결국 알 수밖에 없는 상황이었다. 드디어 역사적인 노 대통령이 방문하는 날 공항에서 행사는 KBS 주관으로 중계차로 제작하여 한국으로 보내 생방송으로 진행하였다. 청와대 출입기자의 기사는 대변인이 발표하는 내용만 보도하기 때문에 특종은 있을 수 없었다. 결국 외곽 취재진의 기사로 특종을 하려는 양 방송사의 치열한 경쟁이 시작되었다.

이 같은 경쟁은 청와대 홍보에서 볼 때 결코 싫지 않았고 통제할 이유가 없었다. 양측은 기사를 서로 먼저 서울로 보내겠다며 충돌이 벌어졌고, 취재한 특종 기사를 보여주지 않고 숨어서 편집하는 등 전쟁 수준의 광경이 벌어졌다. 두 방송사 간 경쟁의식은 샌프란시스코 한·소 정상회담 생방송 실패를 만회하려는 MBC와 결코 경쟁에서 질 수 없다는 KBS 때문에 승자도 패자도 없이 양사의 골은 더욱 깊어만 갔다.

 역대 한·소 정상회담

노태우 대통령은 1990년 12월 13일부터 17일까지 고르바초프 소련 서기장 초청으로 모스크바를 방문하였다. 대통령의 역사적 방문행사를 공항에서 직접 중계방송을 하기 위해 공항 활주로에 러시아 국영방송에서 빌린 대형 중계차를 준비했다. 12월의 모스크바는 매우 춥고 눈도 많이 내렸다. 활주로에는 눈이 많이 쌓여 항공기 착륙을 걱정하였지만 항공기 도착 전에 대형 제설용 비행기 엔진으로 순식간에 눈을 없애고 행사장

모스크바 붉은광장 야경

에 붉은 카페트가 깔리고 소련 측 의전장과 정부 고위층이 도착하면서 KGB를 비롯한 소련 경찰들이 공항 곳곳에 배치되어 물샐틈없는 경호가 시작되었다.

항공기 문이 열리고 소련 의전장이 기내로 들어가 대통령을 영접하고 대통령 내외가 트랩을 내려오면서 역사적인 소련 방문이 시작되었다. 간단한 공항 영접행사를 마치고 크렘블린 궁으로 가는 길은 모든 도로를 폐쇄하고 대형 KGB선도 경호 차량에 소련 경호원들의 압도적인 경호 방식에 청와대 경호팀은 할 일이 없어 보였다.

크렘블린 대통령궁 안에 있는 영빈관에 대통령 숙소가 마련되었고 공식, 비공식, 기자단 숙소는 크렘블린 궁 옆에 있는 '모스크바호텔'에 머물게 되었다. 도착 후 크렘블린 궁에서 공식 환영식을 열고 뒤이어 한·소 정상회담을 개최하였다. 샌프란시스코에서 첫 대면이 있었기 때문에 양국 정상은 우호적인 입장에서 회담에 임했으며, 양국 간 정치, 경제, 과학, 문화 등 제반 문제에 합의를 보았다.

정상회담 내용은 청와대 출입기자들이 촬영한 화면과 육성을 편집하여 위성으로 서울로 전송하였다. 정상회담 후 다음날 노태우 대통령은 모스크바대학에서 "냉전의 벽을 넘어 평화와 번영을 위하여"라는 제목으로 연설을 하였다. 물론 이 연설도 중계차를 빌려 한국으로 보내 생방송을 함으로써 우리 국민들도 노 대통령의 북방정책의 결실을 피부로 느꼈고 전 세계에 공표함으로 새로운 시대의 개막을 여는 순간이 되었다. 뒤이어 러시아 역사적 도시 상트 페테르부르그를 방문하여 시장 영접을 받고 물리기술 연구소도 방문하였다. 노태우 대통령은 상트 페테르부르그 시에 있는 세계 3대 박물관_대영 박물관, 루브르 박물관, 에르미타주 박물관 중 하나인

에르미타주 박물관을 관람하고 소련 방문을 마무리하였다.

　김영삼 대통령은 1994년 6월 1일부터 6월 7일까지 러시아를 방문하여 크렘플린대통령 궁에서 '보리스 옐친' 대통령과 정상회담, 공식 환영식, 러시아 상원에서 연설을 하였는데 이 연설도 중계차로 생중계하였다. 방문기간 중 6.25 관련 전쟁문서 사본을 증정받았고 양국 간 공동선언문에 서명하였으며 해상사고 방지협정에 서명하였다. 귀국 길에 하바로프스크, 블라디보스톡 시를 방문하여 교민 접견, 블라디보스톡 해군기지를 방문하고 해군 의장대의 사열을 받았다. 이후 김대중, 노무현 등 역대 대통령들이 러시아를 방문하였다.

 대한항공 007기 격추 사건

　1983년 8월 31일 오전 3시 47분쯤 대한항공_KAL 007편 보잉 747 여객기가 사할린 섬 상공에서 소련 수호이-15 전투기의 공격을 받고 추락했다. 한국인 81명을 포함 탑승자 276명 전원이 사망했다. 이 사건을 조사한 미국 측은 KAL기가 기기 고장으로 소련 영공에 잘 못 들어갔고 이를 소련이 격추한 것이라고 사고 원인을 밝혔다. 그러나 소련 측은 KAL기가 캄차카 반도와 사할린 섬의 소련 군사기지 정찰 목적으로 영공을 침범해 격추한 것이라고 주장했다. 이 사건 후 비무장 민간항공기를 공격한 소련의 만행에 국제적 비난이 쏟아졌다.

　당시 요격기 조종사 겐나디 오시포피치의 증언은 "관제소로부터

KAL기를 국제관례에 따라 유도착륙 시키라."는 명령을 받고 "여객기에 300미터까지 접근하여 007기와 같은 고도로 비행하면서 경고등을 깜박거리며 수차례 유도착륙 신호를 보냈다고 하였다. 하지만 KAL기는 비행을 계속했으며 조명탄을 네 차례 발사했는데도 여객기가 아무 반응을 보이지 않고 오히려 고도를 높여 조종사는 다시 관제소에 보고를 하자 격추 명령을 받았다."고 말했다.

사고 후 소련은 민간여객기인지 몰랐으며 미국이 소련의 반응을 알아보기 위한 고의적인 도발로 오해했다고 발표했다. 이 사건으로 자본주의 진영과 공산주의 진영의 관계는 다시 악화되었으며 미국 로날드 레이건 대통령은 소련을 "악의 제국"이라고 비난했다.

 ## 대한항공 블랙박스의 진실

일부 외신은 시베리아에서 소련 전투기에 격추된 대한항공_KAL-007의 블랙박스를 노태우 대통령에게 보여 주었다고 보도했으나 이는 블랙박스가 아니라 격추된 대한항공기 잔해였다. 보리스 옐친 대통령은 잔해를 노 대통령에게 보여줌으로써 옐친 나름대로는 친분과 성의를 표시하려 했던 것이었다. 그 친분과 성의 표시의 제스처는 우리 측에 사전에 귀띔도 하지 않고 선물을 준비한 것이다. 그때 옐친의 입장에서는 노 대통령과 한국을 매우 필요로 하고 있을 때였기 때문이었다. 소련의 대외 외교에 한국을 이용하려는 측면이 있어 한국과 친한 것을 대외적으로, 특히 일본에 과시하기 위함이었다. 또 하나는 한국으로부터 경협을 더 많이 받았으면 하는 생각이 있었다. 당시 옐친은 한국에 대해 무척 호감을 갖고 있었다. 반면 북한에 대해서는 적개심을 감추지 않아 그것을 충분히 느낄 정도였다. 그런데 그가 우리를 속인다거나 사기극을 벌였다고는 상상할 수도 없는 일이다.

옐친 대통령이 회담장에 격추된 KAL기의 잔해를 가져온 것은 자기 나름대로는 사과하는 뜻이 있었으며 또 노 대통령에게 잔해라도 전달하겠다는 의미로 가져온 것이었다. 이후 옐친은 방한중 구소련—북한 간의 우호협력조약 중 전쟁 발발 때 제1조인 무력자동개입 조항의 폐기를 약속하고 북한과의 군사동맹 관계를 정리했다. 옐친 러시아 대통령은 1992년 11월 18일 한국을 방문해 노 대통령과 정상회담을 갖고 국회의사당 본회의장에서 공산당 포기와 한국의 경제발전 모델을 배우겠다고 연설했다.

##  러시아의 새로운 정치 지도자 푸틴

러시아는 1991년 소련 붕괴 후 과도기를 거쳐 1999년 12월 31일 보리스 옐친이 사임하면서 '블라디미르 푸틴'을 그의 후계자로 지명하였다. 푸틴은 1952년 10월 7일생으로 당시에 국민들은 그가 누구인지 아무도 몰랐다. 그는 법대를 졸업하고 정보계통의 직업을 선택하기 위해 KGB 첩보원이 되었다. 그는 당시 고향 레닌그라드에서 근무하였다. 후에 동독으로 부임하여 근무 중 1985년 고르바초프가 등장하여 페레스트로이카를 제창하여 1989년 동유럽으로 확산되고 11월 9일 베르린 장벽이 무너지자 동독의 분열을 못마땅하게 생각했다.

1990년에 귀국했을 때, 소련 연방은 붕괴되었고 그의 고향 레닌그라드는 상트 페테르부르그로 변경되었다. 그는 1996년 러시아 정적들은 옐친 대통령을 음해해 그를 권좌에서 몰아내려고 하자 푸틴은 KGB시절 확보한 그들의 여자관계, 비리에 대한 자료로 정적들을 잠재우자 1999년 옐친은 푸틴을 후계자로 지명하였다. 47세에 러시아 임시 대통령이 된 그는 민심 현장을 점검하고, 서민적 외모와 연설의 달인으로 국민들의 추앙을 받기 시작하였다.

2000년 5월 선거에서 높은 지지로 대통령에 당선되어 정식 대통령으로 취임하면서 "국가 안보와 안정이 가장 중요하다."라는 정치적 소신을 피력하면서 대통령직을 수행하였다. 푸틴은 대통령에 취임 후 석유, 가스 산업을 국유화하였고 석유 수출로 경제가 호전되면서 러시아 국위를 회복시켰다. 석유, 가스 수출이 전체 수출의 63%를 차지하면서 쇠락한 초강대국에서 국제무대 주연으로 다시 돌아온 것이다.

옐친이 집권한 러시아는 전략, 전술핵무기 재강화와 고성장으로 다시 세계 선진 대열에 진입하였다. 에너지를 무기로 한 외교적 영향력을 강화하고 전략무기 체제를 재강화하고 나섰다. 푸틴은 2000년 대통령 취임 후 소련, 러시아를 통틀어 처음으로 북한을 방문하여 북한과 철도 연결, 운송 협력, 전력망 연결, 에너지 협력, 중공업 개·보수 사업 등 실질 협력 강화에 나섰다. 러시아의 군사력 증강과 천연가스 국유화 선언과 가격 인상 등으로 유럽의 많은 국가를 불안하게 하였다. 한 지도자의 강력한 리더십과 풍부한 자원으로 강한 국가로 도약시켜 그의 재임 7년간 연 평균 6.5% 이상 성장을 기록하였다. 지금은 세계 3~4위의 외환 보유국, 세계 8위의 경제대국을 이룩하여 G-8국가로 G-7 정상회담에 합류하는 저력을 보였

된 간판이나 상품, 시그널 등을 쉽게 볼 수 있으며 게임과 인터넷 등 IT 관련 사업 역시 활발히 자리를 잡아가는 중이다.

## 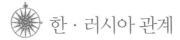 한 · 러시아 관계

러시아는 아직도 여전히 세계적 강국이다. 러시아는 유럽 국가이면서도 아시아 국가이다. 1860년부터 조선과 러시아는 관계를 맺기 시작했다. 러시아와 일본 전쟁에서 패한 러시아는 일본의 조선병합을 가능하게 만드는 계기를 제공했다. 1905년 이후 광복이 이루어질 때까지 러시아와 한국과의 관계는 사실상 단절상태에 놓이게 되었다. 1945년 해방 후에 다시 소련은 북한에 진주하여 북한을 통치하면서 역사는 다시 단절되었다. 한 · 소 관계는 제24회 서울올림픽 대회를 앞두고 소련 외무부 영사단 일행이 입국, 외교문서의 하나인 구상서_口上書를 교환한 것을 시작으로 새로운 계기를 맞이했다.

소련과 한국은 1988년 서울올림픽을 계기로 소규모 교류가 시작되었다. 소련 예술단이 서울에 왔으며 올림픽 대회에는 788명의 선수단을 파견하였다. 1990년 6월 4일 미하일 고르바초프 소련 공산당 서기장과 샌프란시스코에서 노태우 대통령과 정상회담을 갖고 수교원칙에 합의했다. 이어 9월 30일 양국 외무장관이 뉴욕의 유엔 본부에서 만나 외교관계를 맺었다. 1990년 12월 14일부터 17일까지 노태우 대통령이 모스크바를 방문한 데 이어 1991년 4월 고르바초프 대통령 내외가 1박 2일 동안 제주도를 방문함으로서 양국은 새로운 시대를 맞이했다.

그러나 샌프란시스코 한·소 정상회담에서 한국이 제공키로 한 30억 달러의 소련에 대한 경제협력 차관은 1991년 소련의 정세불안으로 처음 약속한 30억 달러 규모의 절반에 못 미치는 현금과 소비재를 포함하여 14억 7,000만 달러만 소련에 제공하였다. 현재 러시아는 차관 제공 금액의 이자로 3억 1,000만 달러로 '불곰사업' 무기로 상환하였다. 양국 간 군사기술협력에 관한 MOU 체결로 우리보다 20~30년 앞선 군사기술인 컴퓨터와 유사시 적의 통신장비를 마비시키는 장거리 탐색레이더 EMP_핵 전자기파 방호기술, 잠수함 충전용 연료 전지 등을 한국에 제공하여 경협차관을 상계하기로 하였다.

그러나 아직도 원금 14억 7,000만 달러는 현존하고 있는 상태다. 푸틴 전 대통령은 한국이 러시아에 대한 약속한 외채 30억 달러 제공 불이행을 못마땅하게 생각하고 대통령 재임 중 북한과 가까운 외교정책을 펼쳤다. 일부에서 소련에 제공한 경협 자금 30억 달러를 놓고 비판도 많았지만, 러시아가 북한에 무기 지원하지 않은 액수만 따지더라도 30억 달러는 갚고도 남은 셈이라는 게 당시 한국 정부의 판단이다.

최근에는 이명박 대통령이 한·러 정상회담에서 2015년부터 연간 소비량의 20%에 해당하는 750만 톤의 천연가스를 도입하기로 합의하고 북한을 경유한 파이프라인 건설이 합의되면 현재 동시베리아에서 3~4일 만에 블라디보스톡 송유 터미널에 도착한 연료를 액화가스로 바꾸어 선박으로 도착하는 수송방법에서 파이프라인을 통해 직수입이 가능한 것이다.

최근에 북·러 정상회담에서 파이프라인 건설을 합의함으로 향후 에너지 공급이 저비용으로 가능하게 되었다. 러시아로부터 파이프라인을 통한 에너지 수입 외에 한국은 자원·에너지 협력 분야 가스전 공동개발, 유전 공동탐사와 개발, 러시아 광물자원의 공동탐사, 기술협력, 공동개발, 해운 교역 등이 증대될 것이다. 러시아는 세계 최고, 최초의 항공우주기술과 핵기술, 첨단무기를 자체 생산 보유한 나라로 여전히 강국이다.